特别感谢天津财经大学案例专向经费的资助！

法科研究生案例教材
律师培训实训教材

天津财经大学法学院
天津市律师协会　　联合出品
天津市案例法学会

天津法律案例

（2015～2017）精选丛书

律师卷

总主编　陈灿平
本卷主编　杨玉芙

法律出版社
LAW PRESS · CHINA

从司法方法与司法管理视角推进中国特色的案例制度

（代序）

陈灿平

中国司法发展和司法统一之途，采单纯择一、非此即彼的传统的成文法或判例法模式已为多数专家所否定，①司法实务界和法学理论界关注的重要问题是：如何让现行的案例指导制度发挥更大的作用，发挥真正的实效？在建立英美式的本源型判例法制度被多数专家否定的情况下，建设中国司法解释型的案例（判例）制度是否可行，②抑或，能有第三条道路？实践部门对建构和加强案例指导制度已经有了很多制度设定和具体措施，③许多权威媒体和学术期刊亦对案例之宣传及研究抱以极大之热情，是故，为了中国特色的法律案例制度之发展，笔者亦不揣冒昧，进行探讨。

一、司法解释型案例制度之误区

不少研究者从典型案例司法解释化的角度探索中国式的案例（判例）制度，④笔者将其理论概括为司法解释型的中国案例（判例）发展之路。如果将中国式的案例（判例）制度定位为一种司法解释，则中国案例制度的命运必然与司法解释的命运

---

① 参见曹建明：《加强案例研究推进法治现代化》，陈光中、谢正权：《关于我国建立判例制度问题的思考》，谢晖：《经验哲学之兴衰与中国判例法的命运》，刘武俊：《判例法与司法知识的传承》等文章，载武树臣主编：《判例制度研究》，人民法院出版社2004年版。

② 参见于朝端：《建立以判例为主要形式的司法解释体制》，载《法学评论》2001年第3期；赵岩：《法律解释方式：从司法解释到判例》，载《烟台大学学报》（哲学社会科学版）2001年第1期等文章。这些文章认为，特定司法机关作出的判例可以作为现行司法解释的第二载体，在司法解释的表现形式上应当实现从抽象的、一般的解释方式向具体的、个案性的判例解释模式过渡。笔者将以上主张概括为“司法解释型案例制度”。

③ 如最高人民法院发布的《关于案例指导工作的规定》以及40多个指导性案例等。

④ 同前引②于朝端文、赵岩文。

密切相连。案例(判例)一旦成为司法解释,必然具有法定的约束力,成为一种在裁判文书中可以引用或必须引用的法源,虽则其只是较低层次。将案例(判例)定位于司法解释,实质上源于这样的一种制度构想:最高司法机关应走扩张、强化司法解释的司法统一和发展之路,发展案例制度是为改进和完善司法解释服务;最高司法机关应在司法解释中树立最权威、最明确的理解,以便下级法院遵照执行,细致、齐备、发达的司法解释是中国司法质量提升的必要条件;典型案例司法解释化更符合功利主义和现实可行性的目的选择。理论根基方面,将案例(判例)定位于司法解释源于这样的判断:法律即是规定真理,司法即是对真理的发现和守护,所以,司法解释及其过程归属于真理判断的范畴,亦即,"法律统一适用不仅在于规范的统一,而且对于具体规范的含义也应当有唯一正确的结论"。⑤

但事实上,法律只是一种经由形式上的民主程序所产生的普适性规则,一种人类理想、法律家理性及各种现实利益综合作用、相互妥协后达成的产物,司法和司法解释并非真理判断之过程。"实在法是意志和理性的产物,这种混合是可变的和不稳定的"。⑥ 由于人类认识能力的限制,法的完整性"只是永久不断地对完整性的接近而已"。⑦ "法律的解释不是真理的判断,而是价值和正义的判断,不同的解释的对立,不是像自然科学的对和错,事后可以用事实证明其是非的。"⑧司法审判的核心过程是法律推理,法律推理本质上是一种行为选择,而行为选择的灵魂则是价值和目标判断。⑨ 价值判断是论证的核心,也是法律推理的灵魂,这一点已经是学界的共识。⑩ 在案件尤其是疑难案件中,无论是法律漏洞的弥补、规则歧义的消解、抽象规则的具体化以及案件结果之法律效果和社会效果的预测,都需要审判者甚至审判组织根据价值和目标来决断。因此,即使是同一案件,由于审理者价值、目的和目标的不同,对同一法律规则的适用也会出现不同的结果。诚然,对个案而言,法律规范应当具有最优的法律解释和解释适用,但据此就认为对法律具体规范可以作出普适性跨时空的、唯一正确无误的规范性司法解释,显然是扩大了人类的认知水准,更超过了中国最高司法机关的实际能力。法律规范,正是由于其用语上适当的概括、体系上妥帖的设置,在结合和服务于不同的司法目标和群体价值时,取得了其在适用解释上因时空变换而依法伸缩的正当性、必要性和可行性,从而维护了

---

⑤ 康泽洲:《建构我国刑事判例制度之定位分析》,载《判例与研究》2003年第5期。

⑥ 沈宗灵:《现代西方法理学》,北京大学出版社1992年版,第315页。

⑦ [德]黑格尔:《法哲学原理》,范扬、张企泰译,商务印书馆1982年版,第225页。

⑧ 谢长廷:《法治的骗局》,台湾久大文化股份有限公司1987年版,第50页。

⑨ 参见张继成:《价值判断是法律推理的核心》,载《北京科技大学学报》(社科版)2001年第1期。

⑩ 参见颜厥安:《法与实践理性》,中国政法大学出版社2003年版,第89页。

其在复杂多变之社会现实和繁杂迷离之司法个案中相对的正确性、权威性和稳定性、适应性。故此,对法律规范进行司法解释时应具有唯一正确的结论之观点是值得怀疑的。

另一方面,司法解释权的根本依据和本质属性在哪里,仅仅是传统所言的立法者授权、实践中需要吗?有必要从公共政策和公共事务管理的角度进行研究。司法解释,因其实质上具有一体遵循的显在的强制性效力,必须作为法源在法律文书中运用,故其制定之过程,本质上也就是最高司法机关参与公共政策之过程。在经典的分权理论中,法院是不应参与公共事务决策、也不享有公共政策创制权的,但随着现代社会急速发展、法院地位在国家权力体系中必然性的上升,为服从司法公正所体现的社会公正之最高目的需要,"就必须赋予法院一定的决策参与权,它有权通过审理案件的方式参与超出所审案件的宏观事务决策过程"。⑪ 实践中,行政机关在其行政管理活动中享有一定的公共政策创制权,司法机关在法律适用中享有司法解释权和司法管理权正反映了这一发展趋势。从各国的通例来看,司法权力"通常都允许最高司法机关制定审判活动的具体规则,并允许其对司法行政事务进行管理,但绝对不允许其制定作为审判依据的一般法律规范。"⑫即使是英美法系的法院,也只能在裁判具体案件中依照法律的精神创造个别规则。

可见,问题的核心不在于司法机关是否应当具有公共事务或公共政策的参与权,是否应当具有司法解释权,而在于此参与权主要是司法解释权之限度。笔者认为,此限度有三:第一,司法解释参与和司法有关的公共事务与公共决策,不能主动地提前性创制,制定者对社会矛盾的反应须保持相对保守的立场并遵循合法的程序。司法审判以不告不理为原则,立场必须居中,司法正义的本性乃"恢复性正义"、"矫治性正义"。第二,司法解释应针对法律具体应用中有监督和指导价值的疑难问题,而不能针对一般社会关系,司法解释不应侵袭到本应由行政部门管理的公共事务领域。第三,任何司法解释不能超出法律规定的范围和程度。法律的权威性、稳定性之价值高于司法个案得到解决的局部性利益;如果超出法律规定之范围,即使确属涉及国家和公共利益的重大紧急问题、法律或立法解释又来不及反应,也应在向全国人大请示并得到授权后方可制定相关司法解释。

至此,当今中国的司法解释恐怕首先考虑的不应是如何扩张、如何将案例(判例)直接纳入式地强化,而是应首先关注司法解释的复位和定位问题,如何依法对

---

⑪ 参见左卫民、周长军:《变迁与改革——法院制度现代化研究》,法律出版社 2000 年版,第 100 页。

⑫ 胡锦光、张德瑞:《论人民法院行使审判权的自律性——兼及审判权的界限问题》,载《法治论丛》2005 年第 7 期。

现有的司法解释进行规范和改进。其实,司法解释从来都是纯粹的,不具有准立法的掺合性,司法解释又是受限的,不应像实践中表现的那么万能。司法解释之必要,乃在于最高司法机关基于其对全国情况的宏观了解、对法律体系的准确把握、对法律原则的精深理解,在疑难、新型案件出现时,能提供对法律规范最优的判断识别及对法律条文本身深层蕴涵意义的发现和强调,从而解决司法疑难、体现司法指导,进而维系司法统一、实现司法公正。司法解释,顾名思义就是根据司法实践在司法权限内对法律具体适用问题进行解答和释明,它只能是对法律内含意义的一种阐明,不能做越权性、违反基本法理的创设或改变。日本学者牧野英一根据法律进化论,曾将法律解释分为三个阶段:第一阶段是把法看成神明的命令,必须与此相对应地进行文理解释;第二阶段是把法看成立法者意志,与此相符进行逻辑解释;第三阶段是把法看成是时代精神的体现,对法进行法社会学解释。⑬ 司法解释是法律解释的一种,当然也可以进行法社会学解释,但其限度绝不能超越法律语词的"文义射程"。⑭

在法律和司法解释有适用上的冲突时,任何时候都是应适用法律而非司法解释,即使司法解释出现在法律之后。若司法解释与法律没有冲突,属于对法律的一种正确、合乎法理的说明,则当然可以适用司法解释。这就能够简单明了地解释——为什么新颁布施行的合乎法律精神和法理的司法解释可以自然地适用于一切尚未审结的案件,即使该案件发生之时司法解释并未颁布——原因很简单,合乎法律精神和法理的司法解释本身就是法律应有含义之说明,而非新创设之法即"新法",所以不存在事后法和法律、司法解释之间溯及力的问题。因此,我们认为,在司法适用中并不需要对法律规范作出过于统一、严格、具体、明确的规定,因为这种理想的统一、严格、具体、明确,一方面是不可能达到的(当前司法解释的冗长、抽象以及所面临的困境正印证了这一点),另一方面,它违背了司法解释的本位属性,也不利于发展法官的法律解释和适用能力。

主张建构司法解释型的案例(判例)制度的根本原因在于包括司法部门在内的民主、法治精神的普遍欠缺以及对绝对权力(尤其是行政式的命令式的权威)的历史性崇拜,当今司法几乎完全受控于最高司法解释的现实可以雄辩地证明这一点。将案例(判例)制度定位为司法解释的第二载体正是意图加强这种控制。⑮ 但显然,最高人民法院所具有的最高之司法权威应当来源于其所代表的人类最高的司法智慧和司法理性,而不应当源自行政化的权力崇拜。对绝对权力的崇拜,从短期看可

---

⑬ 转引自陈兴良:《法律解释的基本理念》,载《法学》1995年第5期。

⑭ "文义射程"日本刑法学界也有人称为"用语的可能含义"。

⑮ 同前引⑤康泽洲文,第7页。

能会有即时的利益,甚至可能收到所谓的“司法统一”的即时之效,从长远分析却是危害真正的法治和法院的健康发展的。从权力的根本属性而言,司法权乃是一种判断权、平衡权、裁量权,司法权之所以不能进入立法权的领地,乃在于宪法的根本安排(我国宪法也运用分权和制约的原则来安排国家权力体系)以及司法权自身的性质和职责所限。当司法权异化为兼具立法、司法双重性质之权力时,权力间的制约、监督、平衡被打破,立法机构和立法权将更加弱化、萎缩。因此,我们有必要警惕任何一种权力,在自身利益和社会利益集团的驱动之下,成为难以控制的利维坦。⑯对于由于立法力量、经验、技术等方面原因造成的法律规范的失误和缺陷,理当依靠加强立法机关的建设来解决(作为应急的办法,尚有由司法机关提出建议再由立法机关制定立法修正案和立法解释等途径进行补救),不能功利性地放任或依靠暗含变法、立法因素的司法解释来满足一时之需。更进一步,应该由全国人大或其授权的专门性机构对可疑的司法解释进行全面的违宪性和违法性审查。

当然,司法权威是需要的,在中国尤为急需。那么,从何种途径能合法而有效地达至司法权威呢?在后形而上学的时代,独断的价值主张已经不能提供答案,只有如哈贝马斯所言,经由“理想对话情势”条件下主体间商谈所达成的合意才能为政治领域和司法领域内的合法性、可接受性以及由此带来的权威性提供依据。在中国,情况要更复杂一些。在可以讨论的政治体制和可以言及的政治话语内,除了执政党和人大要呵护、支持、尊重和发展司法权威以外,⑰法院尤其是最高法院自身的指导思想和路径选择对司法权威的影响举足轻重。从国外大陆法系国家如日本的情况考察,其最高裁判所的判例所采用的观点并不对下级裁判具有法律上的约束力,它更多的是通过一种内在的合理性来赢得下级审判机关和理论界的支持。⑱在当今全球化、多元化、信息化的文明社会里,国家权力的运用越来越依靠内在的合理性而非命令、武力或暴力,对于居中裁判的司法来说尤其如此。

因此,案例(判例)不应再像司法解释那样具有普遍的法律拘束力,申言之,案例(判例)不能定位于司法解释。如果再将案例(判例)定位于司法解释,我们就可能在歧路上越走越远。也许是到了该警醒的时候:对静态的文本性的法条、司法解释的过度推崇和迷恋将使动态的实务性的司法管理和司法方法难以发展,而后者才是提高审判质量和发展法官能力的明路。如果我们不能从长远和根本的角度关注这个问题,而仅仅着眼于一时之需和自身利益式的行政化的权威,则我们将永远

---

⑯ 利维坦是《圣经》上所说的一种强大无比的怪兽,英国唯物主义哲学家霍布斯最早借用它来象征君主专制政体的国家。

⑰ 参见陈灿平:《司法改革及相关热点探索》,中国检察出版社2004年版,第31~35页。

⑱ 见前引⑤康泽洲文。

在规律的边缘和之外徘徊。

二、司法方法和司法管理视角之进路

现代民主与宪政的安排中,司法审判权被赋予了法院,而法律规则被适用于个案时,因"任何一种人类语言,都不可能将某个法律规定表达得精确到可以完全排除法官在解释和适用它时的自由裁量权",⑲即不得不进行解释,那么,根据事物的性质和社会制度的分工及效率原则,除了将解释权授予法院以外别无选择,尤其在中国这样的立法机构力量薄弱、权力虚化的背景之下。当权力被授予时,理性的制度设计当是考虑如何限制此权力的任意行使。因此,问题的关键就成为:不应考虑如何消灭司法解释权,而应考虑如何限制司法解释权和裁量权的任意行使。博登海默认为,"有一种方法可以预防这种专制情况的发生,这就是法律方法。"⑳法律方法、司法方法,尽管本身仍存在争论且需要深入研究,但法律方法和司法方法至少给我们提供了基本的解释标准和限制。因此,从司法方法的研究、管理与运用着手,可谓我们改进司法解释制度、发展案例指导制度的正路。

事实上,法院的司法发展,正是诉讼制度、法官素质和司法管理、司法方法综合作用、渐进发展的过程,任何一方面不可偏废。但司法方法性的司法管理一直被过于忽视,几乎很少有人从科学的角度深入研究现代司法意义上的法院管理,更没有人将案例制度与司法方法性的管理制度相联系。现代司法意义上的法院管理,不是行政化管理,更不应是对行政权力、行政级别的绝对崇拜,而是民主化、科学化基础上的适应于信息与文明社会的司法方法性和司法程序性的管理。它是指法院以符合审判活动规律的司法方法性制度建设为基础、以案件和法官为核心、以合理必要的惩戒为手段,通过设置合理的组织和层级,对法院的人、财、物、方法、信息、时间进行资源优化和调控,以达到司法公正之目的之全部活动。㉑ 本源意义和科学管理视野中的法院管理必须以审判业务管理和司法方法管理为核心,许多法院的司法保障性行政事务甚至法官考评晋升业务日益外包就说明了这一点,司法方法的研究热潮也反映出这一点。

从世界各国的法制发展看,越是法治发达国家,法院管理越是与案件的实际运作过程控制、与程序法制度、与司法方法密切相关,因为他们的职业道德和行政保

---

⑲ 彼得·斯坦、约翰·香德:《西方社会的法律价值》,王献平译,中国法制出版社2004年版,第55页。

⑳ [美]博登海默:《法理学、法哲学与法律方法》,邓正来译,中国政法大学出版社1999年版,第419页。

㉑ 同前引⑰陈灿平书,第36页。

障等管理性问题早已由国家通过民主、科学、合理的制度得以外部解决。㉒ 以美国法院管理中的法官手册为例,虽然它只是管理指导性的制度手册,但在其管理制度的条文中,出现了"案件移送程序""快速审理法""挑选陪审员""不公开开庭程序""引渡程序"等具体的操作性指令,㉓这些规范和规程,类同于职业行规,没有法定拘束力,但具有事实上的拘束力。它是美国多年来司法经验、司法智慧、司法方法、司法技术的汇总,对于新任法官快速入门、规范法官办案起到了相当重要的作用。因此,只要以符合并遵循成文法律为前提,只要不设定超越法律规定的权利义务尤其是不给当事人设定义务,最高人民法院完全可以建立规范和指导法官办案方面的司法管理性制度、司法方法性制度。

中国的司法审判指导工作中,有相当部分属于司法审判管理和司法方法指导。司法审判指导工作具有双重属性,就其所运用的依据和所作出的裁判而言是法律性的,具有法律上的拘束力;就其所运用的许多方式方法方面的制度而言是管理性和方法性的,具有事实上的拘束力。法制的统一性、司法的公正性只有通过审判办案的技术化、规范化才能实现,其中,标准化、科学化、符合审判规律的法院管理和司法方法是前提。㉔ 中国法院的审判指导工作中行政化管理现象严重,森严的行政化官僚体系和不符合审判规律、不注重司法方法、不以法官及案件为核心的管理制度已经足以使再先进的诉讼程序法、法官法甚至法院组织法都可能形同虚设。因此,提高审判质量,保证司法公正,不仅要依法加强法律性的"文件指导",如加强司法解释的规范性、实用性,提高司法解释的针对性、科学性,更应重视并加强司法管理工作和司法方法方面的制度建设,其中就包括可以建立案例监督与指导一类的制度,通过案例的监督、规范和示范、指导,来扎扎实实地渐进提高法官的审判能力和审判质量。

笔者之所以提出案件监督与指导制度简称"案例督导制度"的观点,乃从易于被决策者接受、不致误导普通公众以及凸显制度层面的区别意义等角度考虑,因为:第一,使用"案例指导制度"之提法显得软弱无力,而且很难与此前已有的案例指导制度相区别;第二,使用"判例制度"的提法,容易引起公众的误会,以为中国要搞英美那一套的判例法,会出现"法官造法";第三,如使用"案例监督制度"之提法则又有与"审判监督制度"相混淆之虞。案例监督与指导制度,立论于《宪法》第

㉒ 笔者认为,人员基本素质、法官保障和待遇、法院正常的办案经费和办公条件等管理性问题应当由国家解决,法院自己不可能解决,也不应当由法院自己解决。比如,法学博士进了法院并不能保证其不被世俗同化而进行权力寻租,最高法院因待遇等原因招不进法学教授等,就是这这方面的明证。

㉓ 参见吕忠梅总主编:《美国法官与书记官手册》,法律出版社2005年版,目录及相关具体内容。

㉔ 同上注,序言部分。

127条、《人民法院组织法》第10条以及相关的诉讼法条文等明确的法律依据之上。为避免对“案例督导制度”中的“案例”作过于泛化的理解，我们赋予“案例督导制度”中的“案例”一个特称，即“督导性案例”。“督导”一词不是生造的，普通公众都能够理解它指的就是监督和指导。

“案例督导制度”，本文特指为最高法院凭借其确立并公开发布的典型案例对司法审判进行监督和指导的司法方法性的管理制度。从计算机检索的结果看，“案例督导制度”和“督导性案例”具有独特性和专属性，具有维特根斯坦所言的语词方面的精细的区别意义。㉕“案例督导制度”提法之新颖性在于：体现出“理”与“力”的结合，“监督”是从“力”的角度考虑的，而“指导”主要从“理”的层面着眼。“案例督导制度”和“督导性案例”库的建立，等于在某个案件的司法审判之前，除了抽象芜杂的法律法规和立法解释、司法解释之外，有了生动形象的参照标尺，又由于它对当事人、法官和社会公众是同等公开的，因而对于保障法律思维的统一、保障司法公正和防治司法腐败具有重要意义。同时，由于其属于事前的督导，故从法经济学的角度看，可节省司法制度的总运行成本。也可以说，是加强审级制度和改革事后性的审判监督制度的一个新思路。

案例督导制度的实质在于：尽管受法律框架和法律文化的限制，但从司法管理和司法方法的角度着手，也可以有助于实现成文法律和异动现实矛盾作用下同类型案件之间应有的统一性、平衡性、公正性。案例督导制度本身并不必然与判例法相联系，其完全可以是审判指导和司法管理、司法方法中自有、自在的。现代意义上的判例法制度即使在英美，也是十八九世纪才得以正式确立的。㉖但高级别法院通过权威案例对本级及下级法院进行类型化的监督指导之事实，完全发端于判例法制度正式诞生之前。因此从某种意义上说，运用案例进行监督指导的制度可能是司法审判最基本、最底层的规律之一，它直接体现着司法公正要求下的司法统一，并具有维护法院正当性和维持自身有效运作的价值。案例监督指导一类的制度，看似以国外判例制度为由头，实则是独立自在的，在中国已有多年的实际运行基础，只是一直没有系统化、规范化并上升为鲜明的制度而已。现在从司法管理和司

㉕ 在谈到语言与思想的关系时，维特根斯坦写道：“当我用语言想时，除了词句表达外并没有‘意义’通过我的脑海：语言本身更是思想的工具。”参见维特根斯坦：《哲学研究》，汤潮，范光棣译，三联书店1992年版，第145页。

㉖ 梁治平先生曾明确指出：“大致说来，在开始的很长一段时间里，先例只是具有诱惑力的权威。进入十九世纪以后，它渐渐发展成为一种绝对的规则。从一些著名的案例来看，这一过程在上议院是从1861年到1898年，而在上诉法院各庭，则在十九世纪的九十年代到本世纪初之间。”参见梁治平：《英国判例法》，载《法律科学》1991年第1期。

法方法的视角强调和突出出来,并非要生造一种中国特有的制度或照搬西方判例法制度,其实只是恢复事物的本来面貌,对一个重要的规律进行发现和揭示。

三、案例监督与指导制度之法理

(一)合法性问题

现行《宪法》第127条第2款规定:“最高人民法院监督地方各级人民法院和专门人民法院的审判工作,上级人民法院监督下级人民法院的审判工作。”《人民法院组织法》第10条第2款也明文规定:“上级人民法院监督下级人民法院的审判工作。”因此,案例督导制度中的“监督”有明确的法律依据,当无疑义。应当着重指出的是:多年来,我们对宪法和法院组织法规定的监督职责缺少足够的重视、缺少深入的理论分析更缺少理直气壮的依法运用,因而直接在某种程度上导致了地方法院自由裁量权的过度膨胀和局面失控,进而导致了司法不公和司法腐败。正如法律上的自由没有不受限制和制约的自由一样,司法的内部独立和案件的审级独立,并不意味着不受限制、不受监督。笔者认为,《宪法》第127条第2款具有至高的效力,其中的“监督”职能应当加以特别的审视和认真的研究。“监督”,字面上的意思是:严密注视并督促,[27]而法律上的特别意义在于:法院之间的“监督”区别于检察院之间的“领导”和行政机关之间的“命令”,乃宪法特设的为确保司法公正和司法统一而在人民法院系统内设立的一项特殊职能,其具体内涵笔者概括为三个方面:(1)运用审级制度和审判监督制度从偏个案公正方面保证司法公正,简称个案性监督;(2)运用司法解释从法律规范的明确化方面确保司法公正,简称普适性监督;(3)运用案例监督与指导一类的制度从法官法律推理论证的角度深度保证司法公正,即司法方法性监督,简称方法性监督。而且,“监督”的三个方面内涵是相互联系、相互促进的。

如果说,审级制度是从职权方面确定了上级法院对下级法院个案的直接监督,那么,案例督导制度可以看成是最高人民法院运用已判决生效的同类案件之典型案例对下级法院未决个案进行形象化、类型化的事前督促和示范,从偏司法管理、偏司法方法的角度辅助、深化并加强审级制度。从《人民法院组织法》第37条的规定看,法院审判委员会的职责包括“总结审判工作经验”、“讨论决定其他有关审判工作的重大问题”,而审判委员会是法院内部的最高审判组织,审判委员会的职能当然也是法院的职能。由此,由“监督”和“总结”等职责派生出的“指导”职责在合法性方面亦当无疑义。案例督导制度之实质,就是总结审判经验并讨论决定如何统一、规范并提高司法审判质量的一种司法管理和司法方法性的具体方式方略。

---

[27] 《现代汉语规范词典》,外研社、语文出版社2004年版,第533页。

因之,案例督导制度符合法律明文规定以及宪法和诉讼法所载的司法公正和司法统一的法律原则。

学界研究中,民商法领域多数人赞成加强案例指导一类的制度,但在刑事领域中,有人基于刑法的终极性、严厉性,认为判例制度可能会违背罪刑法定原则,进而推导出反对意见:既然在中国刑法领域不能搞判例,则整个中国的司法也没有必要搞判例一类的制度。[28] 笔者认为,应当清醒地看到罪刑法定的明确性要求与刑法系统的开放性要求之间存在的冲突,应当充分关注罪刑法定之明确性要求在繁杂变迁的司法现实中存在的困境,这种冲突和困境在全球化影响下的高速工业文明和复杂信息文明社会中表现尤其明显。这种两难困境表现在:倘若全面排斥模糊性概念,则杜绝了法律发展的可能,使法律蜕变成僵死的教条;倘若全面引入概括性条款与需要填充价值的概念,则又将对法的明确性及其相关的价值构成直接的冲击。[29] 从大陆法系(成文法系)晚近的发展看,大陆法系(成文法系)国家已经显示出强烈的事实上(虽然不是法律上)的判例法倾向:没有充足理由最高法院不会推翻自己的判决,并且其下级法院对最高法院判决的态度,也颇类似于普通法法系中下级法院对上级法院的态度。[30] 即使是成文法和罪刑法定,也必须跟随时代而发展,现在的罪刑法定早已不是其最初的机械含义,时代的发展不断赋予其新的含义和更准确的边界。罪刑法定是一个时空和语境的概念,甚至具有文化性,具有学理领域、立法领域、司法领域的区别性,明显的例子是:其一,在中国,实质正义高于一切的司法文化使得检察院经常运用“举轻以明重”的逻辑来追诉疑难案件之当事人,且将它们解释在法律条文用语的语义射程之内;其二,认为罪刑法定原则在立法领域应坚持实质理性高于形式理性,而在司法领域应坚持形式理性高于实质理性。[31] 表面上看,罪刑法定下的司法解释疑难重重,但只要将刑法视为开放而非封闭、发展而非僵死的系统,理论创新当大有作为。

更重要的,从司法方法性管理制度角度提出案例督导制度,与英美法系的判例和大陆法系的判例制度有本质性区别,也与司法解释型案例制度在发展路径和性质定位上根本不同。我们的宗旨和立意在于反映司法现实中而非立法设想中的案件的类平衡规律,着眼于运动变迁中实现司法尺度统一、进行司法方法之管理,既

---

[28] 参见储槐植、李相如:《中国不应采用判例法制度——兼论罪刑法定原则的贯彻执行》,载赵秉志主编:《刑法评论》第1期,法律出版社2002年版,第35～39页。

[29] 劳东燕:《罪刑法定的明确性困境及其出路》,载《法学研究》2004年第6期。

[30] [德]K.茨威格特:《普通法与大陆法中发现法律的方法和诉讼程序》,高鸿钧译,载《外国法译评》1991年第2期。

[31] 参见田宏杰:《中国刑法现代化研究》,中国方正出版社2000年版,第47～51页。

与判例制度中的设立新罪名或司法立法无关,“督导性案例”本身也从未有立法之权力,它反映的只是司法公正最高要求下的实质正义。事实上,就连对建立中国判例制度持反对意见者也看到了案例的价值,甚至主张应当将最高人民法院通过的并经公开发布的“典型案例”上升规定为司法解释的另外一种形式。㉜ 是故,不能将“案例督导制度”与英美法系的判例法制度相混淆,认为其违反罪刑法定原则,因为我们所称的“督导性案例”既不是法源,也没有法定的约束力。加强和依法规范法律解释、司法解释是一个进路,而从司法管理、司法方法的角度建立“案例督导制度”,可谓另外一个进路,二者并行不悖。

二者是并行不悖的,而且是相互促进的。正是由于有案例案件的依托,司法解释才具有正当性,才符合全国人大常委会《关于加强法律解释工作的决议》中“最高人民法院和最高人民检察院分别就审判工作和检察工作中具体应用法律的问题进行解释”之规定的立法原意。司法解释应当满足以下三个条件:(1)要有具体的事实来源和基础;(2)应当要有被解释的法律条文;(3)应当表现为原意解释,不能够无限制地扩张解释。只有满足以上三个条件的司法解释才是正当性的。㉝ 司法解释之定位乃是一种裁判规范,一种成文法和案件事实之间法官赖以办案的裁判规范,必须有案例案件为依托,才具有合法性、正当性和针对性、有效性,司法解释才不至于异化成为行政化的文件或另外一种“成文法律”。综观日本、德国等大陆法系国家判例要旨集,其中“要旨”条文都是与判例相联系的,每一个“要旨”或者说“裁判规范”的下方均附有判例。㉞ 而中国,选择司法解释不依托案例的道路来适用成文法律,出现了若干危机:司法解释不仅冗长,表述方式如同成文法律,人们仍然需要对之进行解释,而且时时受越权解释和解释不当之质疑;下级司法机关即使认为最高司法机关制定的司法解释有错误也必须遵守,于是造成了司法解释的效力与权威高于成文法律的不正常现象;下级司法机关成为司法解释的机器,缺少能动性,司法能力难以提高。㉟ 这恰好从反面证明,基于宪法、人民法院组织法、诉讼法条文的“监督”“指导”职能而生的司法方法和司法管理性的案例督导制度,可以在法理和司法实践的正当性本源中找到其合法与合理存在的空间。

㉜ 参见前引㉘储槐值等文,第39~41页。

㉝ 参见赵钢、刘学在:《关于修订〈民事诉讼法〉的几个基本问题》,载《法学评论》2004年第2期。

㉞ 日本的一个裁判要旨(相当于中国的一条“司法解释”)是这样写的:“根据信用金库法设立的信用金库,不相当于商法上的商人。59(オ) 557 63·10·18 第三小法庭· 判决 155-21”,载马太广编译:《判例所表现的商法法理》,法律出版社2004年版,第5页。

㉟ 参见张明楷:《法治、罪刑法定与刑事判例法》,载《法学》2000年第6期。

(二)必要性问题

成文法表面上由固定的文字表述,似乎颇具确定性,但问题正好出在其"文字"和"用语"上。文本文字和用语的外延模糊性、语义多样性、时代变迁性和抽象简约性,给成文法留下了极大的解释空间。司法人员可以在用语可能具有的含义内造法,但又声称自己没有造法;甚至可能在用语可能具有的含义之外造法,同样声称自己只是解释成文法。[36] 规范性法律文件为维护其权威性和稳定性,不可能朝令夕改,而现实中,尤其是中国这样的转型性社会,"有一百条法律,却至少有一百零一个法律问题"。更毋庸置疑的是,法条和司法解释从来不会与纷繁复杂的案件一一对应或自动对应。[37] 司法到底怎样才能解决成文法与复杂个案之间的稳定性与适应性、原则性与灵活性、理论性与实践性、抽象性与具体性、有限性与无限性的矛盾,把握其间的平衡和适度呢?多数论者认为,在西方法治发达国家,解决这个难题一方面依赖其高素质的法官,另一方面日益依靠成文法和判例法的相互借鉴。[38]

而当今之中国,司法审判主要依靠并似乎迷信司法解释。客观而言,中国式的司法解释没有摆脱成文法的抽象性、有限性和滞后性的弱点,与其说它是极具操作性的裁判规范,不如说它更像成文法和"文件"。与缺乏限制和规则的扩张解释相比,与"中国特色"的缺少案例依托、缺少案例联系的司法解释相比,即使是只从司法方法性管理角度建立的案例监督与指导制度也更加具有明确性,更加能够限制司法机关的擅权。法律解释方面研究的新近成果表明,司法中的法律解释不仅包括司法解释,也包括法官裁量解释;法律解释不仅体现在司法解释文件之中,也存在于法官书写的裁判文书之中。[39] 法律解释和司法解释的生成必须自具有"习惯、惯例"意义的案例而始。法社会学认为,从习惯到惯例,或从惯例到法律的演变并非是界限分明的,韦伯曾言,"法律、习惯与惯例属于同一个统一体"。[40] 法律规则之生成同样遵循这一原理。因此,中国的司法解释以案例(判例)为依托,才具有正当性、生动性和实用性,才属于真正意义上的裁判规范。因之,发展案例监督与指导一类的制度成为一种必需。虽然目前还只能从司法方法性的管理角度入手,却也能收到异曲同工之妙。

让我们回到司法的现实和社会的需要角度分析。现今中国的实际情况是,法

---

[36] 同前引[35]张明楷文,第37页。

[37] 参见前引B17陈灿平书,第6页。

[38] 参见王利明:《论中国判例制度的创建》,贺卫方:《统一之道》,陈卫东、李训虎:《先例判决·判例制度·司法改革》等文章,载武树臣主编:《判例制度研究》,人民法院出版社2004年版。

[39] 参见梁治平主编:《法律解释问题》,法律出版社1998年版。

[40] [德]马克斯·韦伯:《论经济与社会中的法律》,中国大百科全书出版社1998年版,第20页。

院案例资源处于一种封闭、浪费和混乱之中,而社会对案例资源迫切需要。虽然,《最高人民法院公报》《人民法院案例选》《中国审判案例要览》等书刊以及某些法院、某些部门在案例监督与指导方面做了大量有益的工作,但由于统一性和规范性的缺乏,司法资源整体上仍存在着比较大的浪费,案例监督指导工作也基本上停留在形式和表面,督导性案例的整体效力和实质作用难以体现。更重要的是,我们的司法解释往往是最高法院的工作人员在有限的办案经验、案例了解和调查研究之后起草出台的,对全国相关案例的复杂性、特异性之深度把握不够,对案例中基于中国特殊司法背景下的司法经验、司法智慧的借鉴吸收也不够,从而增加了司法解释受到质疑的可能性。[41] 从法与社会之关系的另一层面看,社会普遍重视法院的案例,法律研究者、工作者包括新闻媒体、普通公众都关注法院案例,但法院从案例方面满足公众和媒体对司法公开、司法透明以及法制宣传、提高全社会法律意识方面的迫切需求所做的工作仍然存在不足。因此,统一的制度、由最高人民法院主导的案例监督与指导制度就成为一种迫切的现实需要。

再从法官能力的增进和司法质量的提升的角度权衡。法官能力的增进,实际上必须依靠办案实践中技术的娴熟、经验的积累和案例的借鉴、智慧的碰撞来完成。对一起新的案件,尤其是疑难、复杂或新类型案件,不能够仅依据法律和司法解释文本,借助其个人经验和思辨逻辑办案,而应当站在巨人的肩膀上、借鉴案例库中的智慧进行审理。个人经验和思辨逻辑式的小作坊的办案模式,不仅远远落后于现代司法审判,与中国古代的借鉴“断例”、“成案”等也有相当距离。[42] 表面上看,我们的法官往往表现出法律解释能力和具体适用能力不强,不能正确理解法律本意并公正地行使自由裁量权,因此,似乎需要更多更明确的立法和司法解释,但实际上,立法和司法解释越多,法官对法条和规范性法律文件的依赖就越重,法官自身的法律解释、法律推理和法律运用能力就越发难以提高。而通过建立有效的案例监督与指导一类的制度,可以使运用规范的法律解释、法律思维成为一种良好的司法习惯,使司法统一、裁量一致成为一种司法文化,使法律的一致性、确定性和可预见性得到充分维护,进而使法律的价值得到切实实现。

最后,从法律文化和制度经济学的层面进一步考量。中国文化和司法发展的一个致命弱点在于,对理论、文本和会议等过于崇拜,对实证性的、技术性的、操作性的、经验性的东西重视不够;辩证理性盛行,而分析理性、实证理性欠缺。这一点,逻辑学家陈慕泽先生看得很清楚,并指出了发展出路:“全球化使得传统的中华文化

---

[41] 有法学家曾指出:要研究合同诈骗罪,不研究上百个案例是不行的。审判实务专家也道出办案的真谛:不办几百件案子,是没有审判指导的发言权的。

[42] 参见周道鸾:《中国案例制度的发展》,载《法律适用》2004 年第 5 期。

正在拥抱两个世界,一个是现代科学技术,另一个是法制社会和法制精神。纳入这两个世界需要实证精神和逻辑精神,需要分析理性。科学理性需要辩证理性,也需要分析理性。分析理性需要辩证理性之柔,辩证理性需要分析理性之刚。刚柔相济,中华文化将在全球化中创新光大。"[43]事实上,当前中国的法在某种程度上已经成为形式意义的法,而非行动中的法、司法中的法。我们的法律法规和司法解释条文不可谓不多,但执行情况包括司法情况却不尽如人意。要使行动中的法和司法中的法发达起来,单靠增加文本立法和司法解释是很困难的,实践中的法必须靠[44]实践中的规则和制度建立,司法管理、司法方法方面的制度必须加强。

从新制度经济学角度而言,正如诺斯指出,"制度是一个社会的游戏规则,或更正式地说是人类设计的、构建人们相互行为的约束条件。它们由正式规则(成文法、普通法、规章)、非正式规则(习俗、行为准则和自我约束的行为规范),以及两者的执行特征组成。"新制度经济学的核心观点认为,制度包括正式制度和非正式制度,制度能否解决实际问题,关键在于正式制度和非正式制度的融合。[45] 如果说我们的法律法规和司法解释是主导性制度、法律性的制度,则案例督导制度可谓辅助性制度、管理性的制度,即示范、指导并监督实际办案的法律推理、行为习惯等方面的制度。中国明文的"法"不可谓不多,而有效的非正式制度、辅助性制度、操作性制度、管理性制度严重匮乏。因之,案例监督指导一类的制度到了必须重视的时候。

(三)可行性问题

不少人怀疑,我们的法官没有受过类似判例法方法论的教育和训练,按法条办案的思维方式难以改变,而且,中国法官的职业能力和职业道德似乎无法保证其严格依照"督导性案例"办案,因此这项司法管理性、司法方法性的制度恐怕难以推行。笔者认为,实际上,中国法官借鉴案例办案已经是普遍而非个别的现象,许多法官都有"例"的思维和打比喻、作类比的习惯,中国法制史中依例办案也有许多明证。虽然,中国已有的案例制度与西方的判例制度有许多区别,但是,在依例行事、类比思维的本质上是相通的,只是规范性、一贯性程度和"例"的效力等方面有很大差别。"英国法律是成文的判例法,它和法典法的唯一不同之处,只在于它是用不同的方法写成的"。[46] 最新情况表明,在中国的许多法院,尤其是高级法院和最高法

㊸ 陈慕泽:《分析理性与古代中华文化之缺失》,载《中国人文社会科学发展研究报告 2005》,中国人民大学出版社 2005 年版,第 404 页。

㊹ [美]道格拉斯·诺斯:《新制度经济学及其发展》,路平、何玮编译,载《经济社会体制比较》2002 年第 5 期。

㊺ 参见盛洪主编:《现代制度经济学》(上册),北京大学出版社 2003 年版。

㊻ [英]梅因:《古代法》,商务印书馆 1984 年版,第 8 页。

院,对机械适用法条的摒弃、对案例智慧和法理观点的重视,已经成为一种潮流。由此说明,断言“中国法官就是机械地依法条办案”是不符合实际的。而且,即使是依法条、依“文件”办案,其思维方式也并非不可改变或难以改变。有例可证的是,在成文法思维很严格的德国,1992~1995年,联邦财政税务法院公布的判决中有99%引用了判例;在1990~1994年,联邦行政法院的判决中引用判例的比例是98%”。[47]“无论是法国还是德国,下级法院都遵从上级法院的判例,不仅制定法,判例也成为重要的法源”。[48] 关于中国法官的职业能力和职业道德问题,正是因为平均意义上的法官能力不高,才需要“督导性案例”加以示范、帮助和指引;法官职业道德方面,案例督导制度恰恰可以防止擅权的法律适用和臆断的自由裁量,切实推进职业道德的建设。围绕建设和发展案例监督与指导制度,可以培养、形成一个具有符合法治形式要求的、理性的思维方式的法律共同体。

接下来又有人质疑,这项制度的运行成本似乎很大,实际效果如何保证,如果法官违反了“督导性案例”的法律要义,有何惩戒措施,这些措施的法律依据是否充足?关于制度的经济成本问题,任何国家在选择任何制度安排时,都要比较不同的经济效果。但是,社会制度的安排有其特殊性,法经济分析学鼻祖科斯在其名著《社会成本问题》中指出,“在设计和选择社会安排时,我们要考虑总的效果”。[49] 虽然从短期和局部看,推行案例督导制度要花费很大的人力、物力、财力,但从全国的整体看、从长远的发展看,却是很大的节约、巨大的收益。因为它使个人和地区性的重复劳动得以避免,使司法经验和智慧得以传承、积累和增进、流通,对于研究者、司法人员和整个社会而言,都是巨大的财富。事实上,中国各级法院的调研人员、案例编撰人员为数不少,案例的报送、交流、印发渠道和机制也比较健全,可以说,建立案例督导制度已经有了很好的基础。只要把握好度,本着循序渐进的原则,案例督导制度的运行成本实际上并不是想象中的那么巨大。

至于违反“督导性案例”的管理性惩戒措施,基本可以在现行法律框架内解决:第一,对于裁判处理结果大体公正、只是没有充分注意“督导性案例”中的法律要义的,可以在案例督导制度中规定“由上级或本级法院的审判委员会进行司法管理性的提示和警示,并与法官的目标管理考核挂钩”;第二,对于裁判处理结果不公正且没有注意“督导性案例”的,可以在案例督导制度中规定“给予相应的司法管理性的行政处分,并对错案依照法定程序进行处理”。需要特别指出的是,“督导性案例”

---

[47] 转引自王利明:《论中国判例制度的创建》,载武树臣主编:《判例制度研究》,人民法院出版社2004年版。

[48] [日]大木雅夫:《比较法》,法律出版社1994年版,第126页。

[49] Coarse, *The Problem of Social Cost*, The Journal of Law & Economics, Vol. 1 ⅢI, 1960, p. 44.

首先以不违背立法和司法解释为前提,这些惩戒措施均在依法改判的法律框架之内,其与直接违反法律、司法解释的追究惩戒措施相比,只处于辅助的阶位,力度上要弱、认定程序要严格、惩戒时间也要滞后一些。

此外,案例监督与指导制度也是司法规范化的应有之义。笔者曾经在《司法哲学与司法杂学》《司法本学与规范化》等文中指出:不管从政治哲学的高度还是从强调符合国情的角度来认识和发展中国的司法,司法本身的规律、司法本身的学问、司法本身的规范化问题,始终是无法回避的核心问题。司法之内的司法规范化问题不首先解决,单单强调司法之外的杜绝干扰或社会支持,也是难以提高司法质量、难以实现司法公正的。那么,司法怎样规范化,司法规范化的主要内容是什么?除了职业道德方面急需加强学习、教育、规范、监督以外,就是职业能力的规范和培养。职业能力的养成,除了司法人员个人的学习、司法组织定期的考试考核以外,必须建立与司法日常业务密切相关的长效性制度和机制。就法院的司法审判而言,从司法管理、司法方法与具体案件诉讼结合的角度建立案例监督与管理一类的制度,可以上升到"司法规范化"的高度进行认识和运作。

四、案例监督与指导制度之实务

(一)"督导性案例"之性质和效力

如前文所述,我们将案例监督与指导制度中的案例赋予其特殊称谓"督导性案例"。本文研究中的"督导性案例"系指:由最高人民法院依审判管理职能确立的、经适当程序和适当形式公开发布的、具有典型监督和指导意义的、已经发生法律效力的裁判案例。"督导性案例"应当在指定的《最高人民法院公报》等权威的刊物上发布,它不必是完美无缺、十全十美的案例,但是它的地位、影响和效力显著高于由各级法院内部和学者自由选编的案例,它具有审判实务方面指引、导向的实际影响和具体、明确的指导作用,即,具有"事实上的拘束力"。

应当承认,我们对"法律上的拘束力"、"事实上的拘束力"等研究不多,但是,从梁治平先生推崇的观点可以得到有益的启示:"最有价值的意见,认为先例之具有拘束力,实在是处于保护权利的稳固、法律的确定和一致的需要"。[50] 对事实上的拘束力(约束力),不应理解为只存在个案上的"事实上的拘束力",实际上,确乎存在着同类案件中的司法管理和司法方法性质方面旨在维护法律确定性和司法稳定性的"事实上的拘束力"。"事实上的拘束力",虽然不具有"法律上的拘束力"之显明、高阶的效力,但其作用不可低估。"法律上的拘束力"往往必须通过"事实上的拘束力"来体现,事实上的拘束力在现实社会中尤其是中国这样缺乏法治传统和显

---

[50] 参见[日]宫本英雄:《英吉利法研究》,骆通译,中国政法大学出版社2004年版,第19~21页。

规则意识的国家,有时候其作用和效果更加直接和明显。

本文研究中的"事实上的拘束力"是指:本级和下级法院必须充分注意并顾及,否则,如明显背离并造成裁判不公,将面临司法管理方面惩罚和纪律处分的危险,案件也将依照法定程序被撤销、改判或者被再审改判。[51] 这种危险,表面上看是因为明显背离了"督导性案例",实质上却是通过"违反了明文规定的实体法和程序法"来实现的。"事实上的拘束力",实际上就是从审判管理和司法方法角度给法官增加一种对"督导性案例"的强制性的注意义务,再绕道通过法定规则以实施惩戒。在这里,作为审判管理制度、司法方法进路与诉讼程序制度结合视角下推出"督导性案例"不属于正式的法律渊源,[52]其内容必须以不与法律和司法解释相抵触为基本前提,这是其与英美法系国家判例作为主要法律渊源的根本区别。

(二)"督导性案例"之确定主体

当案例监督与指导上升为一种全国性的制度,必须科学考虑和设定"督导性案例"确定者的主体资格。就当前而言,最高法院应当是"督导性案例"设定的唯一主体,因为,如果允许各级法院都享有这一职能,设定主体不单一,必然导致"督导性案例"被滥发、滥用,造成司法管理的混乱,有悖于设立此项制度的初衷。而且,最高法院作为唯一主体的好处还在于不仅可以在制度建立之初,将"督导性案例"控制在一个适当的数量上以循序渐进,有效地消除督导性案例过于庞杂可能导致的弊端,而且,从司法统一和设立标准方面更易控制。任何一个有判例制度或类判例制度的国家,其判例库都是渐次积累发展而成的,不可能一蹴而就。当然,高级法院作为最高法院确定督导性案例的辅助机关是可以考虑的。由于中国地域广大、情况复杂,借助地方高院的代表性、辐射面和影响力,能够使案例督导制度更加可行。在条件成熟以后,可以将督导性案例的设定权扩大到各高级人民法院,当然高级人民法院的督导性案例仅在本区域内发挥其司法管理制度的效力。

有一个问题:检察院能否对法院的"督导性案例"进行监督?存不存在检察院对"督导性案例"提出抗诉之可能?在现行的宪政和司法体制之下,最高人民检察院对最高人民法院有法律监督权。我们认为,这种监督权与法院内部的上级法院对下级法院的监督职责有明显区别:第一,具有外部性,第二具有层级对应性,第三,主要体现为对法院具体案件的监督。由于"督导性案例"虽然已经具有脱离具体案件、针对类型性案件的指导性质,但毕竟与具体案例紧密相连,无法保证其彻底的

[51] 日本《裁判所法》第4条、第10条规定的"事实上的拘束力"是可以"变更判例",日本《刑事诉讼法》第405条规定的"事实上的拘束力"是当事人"可以上告"。

[52] 有人将其归结为辅助性第二层次的法律渊源,参见牛克乾:《刑法渊源、规范性刑法解释与刑法判例》,载《法律适用》2004年第5期。

真理性和永久的正确性,因此,理论上存在着被撤销和被提起抗诉之可能。[53] 为应对此局面,防止尴尬,可借鉴法院组织法中审判委员会开会时可以邀请检察长出席的规定,[54]采取以下措施:预设性地增加一条规定,在"督导性案例"讨论决定时邀请检察长参与讨论,发表意见;或者,在讨论决定之后,加一道程序,听取检察院意见后再行正式公开发布。

(三)"督导性案例"之入选标准和程序

督导性案例,设立之目的在于监督、指导并规范、统一实际案件的具体审判。因此,其设定标准和入选范围与疑难案件不同。疑难案件,是指在审判实践中碰到了法律模糊、空白或冲突、矛盾的情形难以决定取舍应适用的法条之案件,它可能包括新类型案件、有重大影响案件,但往往不能涵盖易发、多发等案件。而易发多发案件的数量往往占据大多数,对于这些在数量上占据大多数的案件,在司法方法、说理论证、法律推理方面其实也需要规范指导,以利法官素质的提高和法律思维的统一。设立案例监督与指导一类的制度,其目的不仅仅是近期目标的司法统一,更注重的乃是长远性的司法质量和法官的司法方法技能之提高。

因此,入选标准方面,确定为督导性案例的可以是至少具备下列条件之一者:(1)新类型案件,正确运用法律原则裁判,裁判理由和裁判结果对社会价值取向和未来法律发展有明显积极意义;(2)易发、多发案件,适用法律精当、有典型代表意义;(3)疑难复杂案件,裁量准确、有突出借鉴意义;(4)有重大影响的案件,对维护司法公正和体现社会价值有相当现实意义;(5)其他类型案件,对如何具体适用法律条款有普遍指导意义。因为,从各地法院经常请示以及各级法院审判委员会讨论的案件类型的实证分析看,这些案件往往是最需要示范和监督、指导的。[55] 从最高司法机关的正式文件看,也主要是这几类。[56]

入选程序方面,各级法院已经生效的、符合上文中实体条件的案例均可报送,但是所有报送候选的案例宜由该级法院审判委员会讨论通过。报送案例应按规定的格式撰写,并附判决书。对于审判实践中重大疑难与急需解决的问题,最高法院

[53] 一方面,中国司法仍然是"依法纠错"(沈德咏先生关于"有错必纠"的准确表述),审判监督的期限和次数没有限制;另一方面,中国的立法变动比较频繁,因此"督导性案例"被撤销是正常和可以理解的。

[54] 《人民法院组织法》第38条第3款规定:"审判委员会举行会议时,同级人民检察院检察长或者检察长委托的副检察长可以列席。"

[55] 同前引⑰陈灿平书,第129~141页。

[56] 参见《最高人民法院关于案例指导工作的规定》第2条、《〈最高人民法院关于案例指导工作的规定〉实施细则》第2条和《最高人民检察院关于案例指导工作的规定》第3条等规定。

也可以向各级法院征集相关案例,从中择优选取。预备作为督导性案例报送的案例到达高级法院后,严格审查把关是必要的,有利于提高督导性案例的质量并提高最高人民法院的工作效率。相应地,最高人民法院可以设立督导性案例方面的专职审委会委员以减轻工作压力,程序上督导性案例必须由最高人民法院审判委员会多数通过。

(四)"督导性案例"之运用与管理

如何在司法管理中具体运用督导性案例,存在若干疑难。首先,在新的案件审理过程中,有关的督导性案例由谁来发现和提出?如果由法官主动行使发现权、提示权,则有违法官中立、被动的基本法理;如果法官不发现督导性案例,不注意并顾及督导性案例,则将面临违背督导性案例而被改判的危险。笔者认为,主张权应当由律师和当事人行使,法官在判决前没有就有关督导性案例进行释明的义务,但是,在判决中,法官必须发现、注意并顾及督导性案例。第二个问题,法官怎样在裁判文书中具体运用有关的督导性案例?既不能明文引用督导性案例,又必须顾及督导性案例,似乎是一对矛盾。笔者认为,充分注意并顾及督导性案例指的是遵循督导性案例的法律要义并在说理部分中融入表述。由此,可以避开督导性案例的运用是作为事实运用还是规范运用的争论。[57] 法院裁判中是否只有事实和规范呢?显然不是。裁判的核心实际上是法官的说理论证。"权威来自于确信和承认。对有理性的现代人而言,确信是由证明过程决定的,承认是由说服效力决定的"。[58] 因此,法官的说理论证具有特别重要的地位,是裁判中除了事实(含证据)要素、规范要素之外的核心要素。督导性案例的核心是其中的法律要义,即法官业务管理、司法方法、职业思维之"理",此"理"既非普适的法条,也非仅仅存在于个案的事实,乃连接法条和事实的关键之"理",它具有普遍的法定拘束力、个案的法定拘束力之外的第三种属性:事实的拘束力性质。第三个问题,在诉讼法没有明确规定的情况下,当事人能否以已生效案件违背"督导性案例"提起审判监督程序?由于"督导性案例"的"事实上的拘束力"性质和效力,当事人不能直接以之作为申诉事由。但是,一旦明显违背了"督导性案例",首先,法院自身会从管理的角度进行监督,其次,当

---

[57] 张卫平先生在《本土先例:观察与思考》一文中提出了指导性案例的运用是作为事实运用还是规范运用的核心问题,文见武树臣主编:《判例制度研究》,人民法院出版社2004年版,第1020页。

[58] 季卫东:《法治秩序的建构》,中国政法大学出版社1999年版,第53页。

事人从诉讼法的有关规定中,[59]不难找到申请再审的法定理由。

案例督导制度必须有专门的落实和负责机构,否则不可能切实推行。日常事务性工作方面,可以增设新的机构如“督导性案例编纂委员会”。而督导性案例决定性机构应当是最高人民法院审判委员会。因为审判委员会的职责就是总结审判经验,讨论决定重大、疑难、复杂案件的法律适用,讨论决定本院已经发生法律效力的判决、裁定、调解书是否应当再审和其他有关审判工作的问题。诚然,当前中国绝大多数法院的审判委员会已有沦为讨论具体案件工具甚至损及审判公开、直接言词、合议庭民主评议等诉讼原则之危险,但在理论研究上,揪其一点不计其余,终究难免有以偏概全和过于激进之嫌。事实上,正是唯经济发展是从、唯GDP指标是从的社会决策使得法的自由、正义、秩序之价值位阶零散错乱,自由和正义在功利与经济利益面前黯然失色。而法院的审判委员会,这个本应是最有水平、最有能力、最讲法治、最讲民主的司法审判组织,也成了学界诟病最多的个案评判机构!另一方面,地方法院,尤其是中级法院和基层法院,怎样“总结审判经验”,总结什么经验,以及最高法院和高级法院在总结审判经验上有什么区别,这些重要的问题,都缺乏深入、细致、具有可行性的研究。

在审判委员会问题上做过多的争论其实没有必要,笔者赞同张明楷教授的观点,单纯的批判无助于建设,如何解释好法律并运用好法律(即使立法上由于技术和经验的缺乏、国情的限制可能会有空白、模糊、漏洞或失误),如何提出建设性方案,才是当务之急。本文主张,审判委员会成为案例督导制度的负责和实施机关,不仅可以实现其总结审判经验的主要职责的回归,而且,可以使审判委员会的改革获得新的生命力。最高法院应当成为唯一的督导性案例决定机关,而地方法院可以成为辅助性的提供、研究和贯彻、实行机关,在法治环境许可后,案例督导制度可以进一步发展,省级甚至地方法院都可以设立在本级法院及下级法院适用的督导性案例。如前文中关于“可行性问题”论证时所述,只要有明确的负责机构,并采取有力的司法管理措施和依法的改判措施,案例督导制度的实际推行和实际效果就有望得到保证。

---

[59] 《刑事诉讼法》第204条规定:“当事人及其法定代理人、近亲属的申诉符合下列情形之一的,人民法院应当重新审判:(一)有新的证据证明原判决、裁定认定的事实确有错误的;(二)据以定罪量刑的证据不确实、不充分或者证明案件事实的主要证据之间存在矛盾的;(三)原判决、裁定适用法律确有错误的;(四)审判人员在审理该案件的时候,有贪污受贿,徇私舞弊,枉法裁判行为的。”民诉法第一百七十九条关于当事人申请再审多了第(四)项:“人民法院违反法定程序,可能影响案件正确判决、裁定的”。行政诉讼法第六十二条规定:“当事人对已经发生法律效力的判决、裁定,认为确有错误的,可以向原审人民法院或者上一级人民法院提出申诉,但判决、裁定不停止执行。”

结语:现实中的展望

关注现实,我们清醒地看到,由于中国现有案例监督与指导的功能性和制度性缺失,也由于既定的司法惯性和法律氛围、司法环境之限制,即使从司法管理、司法方法与审判程序相结合的角度建立、推行全国性的案例监督与指导制度也并非易事、并非一蹴而就。建立和推行案例督导制度,除理论的准确定位和制度的科学创设外,尚需从强化裁判文书的说理、建立激励机制促进督导性案例生成的数量、注意与法律解释体系的协同促进、加强法院的信息化网络化建设以及提高法官的整体素质等方面做出相当艰难而持久的努力。

但是,建立案例监督与指导一类的制度,绝非功利之计,诚乃实在与实干之路。"一切法院的裁判都应当与上级法院或本法院就同类案例所作的裁判相符合",⑩司法审判是法律文本、法官素质、司法管理、司法方法等综合作用的过程,司法方法性的管理制度可以在法律文本和法官素质之间架设有益的桥梁、发挥更大的作用。案例督导制度所具有的合法性、必要性、重要性和可行性,使之在保障司法公正和提升司法质量方面,有望成为有效的渐进之路。而且,由此带来的相关理念变革更加重要:**中国司法之发展,不能再走过分依赖法律文本和司法解释的道路,从司法管理、司法方法的视角完全可以有崭新的进路;司法体制限度内的司法管理制度应当创新,司法管理制度可以包含案例监督与指导一类的司法方法性制度;传统的计划经济下的行政化审判管理应当向体现审判内在规律的现代法院管理回归,司法方法性管理制度在与审判程序制度的结合、促进方面当大有可为。**非如此,司法发展徘徊不前的局面不能打开,非如此,一线法官的"动手能力"和"审判技术"不能产生实质性飞跃,⑪人民法院的审判质量和司法水平不能得到实质性提升。

诚然,中国的法治之路任重而道远,但是,怀特黑德说得好,"进步的艺术是在变革中保持秩序,秩序中保持变革。"至少,我们可以这样确信:案例监督与指导一类的司法方法性管理制度,将在中国司法审判发展变革的进程中有效地发挥其过渡、辅助和推进性的作用。⑫

---

⑩ [法]勒内·罗迪埃:《比较法导论》,徐百康译,上海译文出版社1989年版,第58页。

⑪ 目前,以法律推理、法官思维等主题研究司法方法论正成为热点,为法学界和司法界所普遍关注。笔者使用"动手能力"和"审判技术"之类的语词,只是表达法官与医生之间的暗合和类似,同时,几乎所有初做法官者的经历都说明,在刚开始办案和办理疑难复杂案件时,确实必须遵循"有样看样"的基本规律,必须学习和借鉴他人的经验和智慧。

⑫ 诺斯指出:非正式制度的作用是渐进性的,参见[美]道格拉斯·诺斯:《新制度经济学及其发展》,路平、何玮编译,载《经济社会体制比较》2002年第5期,第10页。

目　录

一、刑事代理

二、民事代理

三、商 事 代 理

四、非 诉 代 理

一、刑事代理

1. 周某、王某等人破坏易燃易爆设备案

姚　婧*

【案例要旨】

破坏易燃易爆设备罪是侵犯公共安全的犯罪，指故意破坏燃气或者其他易燃易爆设备，足以危害公共安全的行为。这是一种以燃气等易燃易爆设备为特定破坏对象的危害公共安全的犯罪。其与盗窃罪的界限，主要看受破坏的易燃易爆设备是否处于正在使用中，破坏行为是否足以危害公共安全。

【案情简介】

2015 年 9 月的一天，被告人周某、田某伙同吴某（另案处理）、刘某（在逃）利用事先准备好的铁锹、阀门、油管等工具，到中国石化管道储运有限公司天津输油处某输油管线某处，在输油管线上打孔并安装阀门。2015 年 10 月的一天，被告人王某被其担挑刘某叫来拉货（刘某未告知王某具体拉什么货物），同被告人周某、吴某一起驾驶油罐车来到该地点，打开阀门，盗窃原油一车，造成该输油管线原油泄漏，后将盗窃的原油销售获利。2016 年 5 月 5 日，被告人周某主动到公安机关投案自首。

被告人王某于 2016 年 4 月 1 日因涉嫌破坏易燃易爆设备罪被天津市滨海新区公安局塘沽分局刑事拘留，2016 年 5 月 5 日被指定居所监视居住，2016 年 5 月 13 日被取保候审。

案发后，被告人周某、田某、王某的家属分别主动退赔人民币 20,000 元，共计人民币 60,000 元。

【代理意见】

我们作为王某的辩护人，认为本案系涉嫌破坏易燃易爆设备的共同犯罪，主要

---

* 代理律师：姚婧，天津裕如律师事务所。案例来源：天津市滨海新区人民法院裁判文书。供稿单位：中华全国律师协会公司法专业委员会。

涉及被告人王某在犯罪中所起的作用、王某的认罪态度及悔罪表现、是否存在前科等问题。

一、检察院《起诉书》以被告人王某破坏易燃易爆设备追究其刑事责任，对于该案的定性问题，我们不持异议，被告人王某对其行为亦悔恨不已，表示愿意认罪。

二、辩护人认为被告人有以下法定从轻和酌定从轻的量刑情节，希望法庭量刑时能予以考虑。

（一）被告人王某系从犯，应当从轻或减轻处罚

《刑法》第二十七条规定："在共同犯罪中起次要或者辅助作用的，是从犯。对于从犯，应当从轻、减轻处罚或者免除处罚。"

本案中，被告人王某在整个犯罪过程当中，系碍于情面被其担挑刘某纠集，参加到犯罪活动中去的，在前期的购买犯罪工具、开挖管道、打孔及后期的销赃工作其并未参与，在案件中其充当的角色仅是追随者，而非犯罪的组织者、策划者；加之其犯罪情节较轻，社会恶劣影响程度较小，在案件中起到的是辅助、次要作用，故此，应当对其从轻或减轻处罚。

（二）被告人王某归案后，能够积极配合公安机关的侦查工作，主动坦白自己所犯全部犯罪事实，具有法定的从轻情节

《刑法》第六十七条第三款规定："犯罪嫌疑人虽不具有前两款规定的自首情节，但是如实供述自己罪行的，可以从轻处罚；因其如实供述自己罪行，避免特别严重后果发生的，可以减轻处罚。"本案中，被告人王某从被采取强制措施的第一天开始，至今天的法庭庭审，一直坚持实事求是的原则，如实交代所有与本案有关的犯罪事实，并积极配合侦查机关的工作，认罪态度诚恳，坦白得比较彻底，极大限度地节约了公安司法机关的办案成本。故此，对被告人王某可以依法从轻处罚。

（三）被告人王某系初犯、偶犯，无犯罪前科，属于酌定量刑情节

王某犯罪前没有不良嗜好，无犯罪前科，在家庭乃至整个村子里是公认的老好人。其初中毕业后一直从事大车运输工作，没有接受更高的教育，法制观念淡薄，此次犯罪主观恶性小，犯罪情节较轻。且其已于 2016 年 5 月 13 日被取保候审，对其适用缓刑确实不致再危害社会，同时王某系本市人，对其适用缓刑方便社区监管，具有可操作性。

综上，考虑到被告人王某的犯罪事实、性质，悔罪表现，社会危害程度，恳请法庭能够依据上述事实与法律，对其从轻处罚并依法使用缓刑。

【裁判结果】

法院认为，被告人周某、田某、王某破坏易燃易爆设备、危害公共安全，造成严重后果，其行为均已构成破坏易燃易爆设备罪，系共同犯罪。公诉机关指控被告人周

某、田某、王某的罪名事实清楚、证据充分，罪名成立。周某系自首，依法可以从其或减轻处罚；田某、王某到案后能如实供述犯罪事实，依法可从轻处罚；三被告均有积极退赔情节，可酌情从轻处罚，综合考虑被告人的犯罪情节，认罪态度、悔罪表现及社会危害程度，对被告人周某依据《中华人民共和国刑法》第一百一十八条、第二十五条第一款、第六十七条第一款、第七十二条第一款、第七十三条第三款、第七十六条之规定，对被告人田某、王某依照《中华人民共和国刑法》第一百一十八条、第二十五条第一款、第六十七条第三款、第七十二条第一款、第七十三条第三款、第七十六条之规定，分别判处被告人周某、田某、王某有期徒刑三年，缓刑四年；对被告人周某、田某、王某，在缓刑考验期内依法实行社区矫正。

后三被告表示服从一审判决，均未上诉。

【案例评析】

本案系较为复杂的共同犯罪，且破坏易燃易爆设备罪本身并非传统型犯罪，虽然现在离我们的生活比较近，但老百姓对它的认识还比较少，该罪极易同盗窃罪相混。但二者还是存在很大的差别。

破坏易燃易爆设备罪是侵犯公共安全的犯罪，指故意破坏燃气或者其他易燃易爆设备，足以危害公共安全的行为。这是一种以燃气等易燃易爆设备为特定破坏对象的危害公共安全的犯罪。本罪的动机多种多样，如出于贪财图利、报复泄愤、嫁祸于人等。

盗窃罪是侵犯财产方面的犯罪，指以非法占有为目的，盗窃公私财物数额较大或者多次盗窃、入户盗窃、携带凶器盗窃、扒窃公私财物的行为。盗窃罪是最古老的侵犯财产型的犯罪，几乎与私有制的历史一样久远。

本罪与盗窃罪的界限，主要看受破坏的易燃易爆设备是否处于正在使用中，破坏行为是否足以危害公共安全。也就是说，如果破坏正在使用中的易燃易爆设备，足以危害公共安全或者已经造成严重后果，危害公共安全的，则构成破坏易燃易爆设备罪。反之，如果行为人破坏的是非正在使用的易燃易爆设备，因其不存在危害公共安全的可能性，因而不构成破坏易燃易爆设备罪。

结合本案，之所以对几名被告人以破坏易燃易爆设备罪定罪处罚，正是因为他们破坏的是正在使用的输油管道，且造成了原油泄漏，危害了公共安全；对他们判处缓刑，是因为他们分别有自首、坦白、积极退赔等情节，综合考虑被告人的犯罪情节，认罪态度、悔罪表现及社会危害程度所作出的最终决定。

本案涵盖了破坏易燃易爆设备罪、共同犯罪、自首、坦白、积极退赃、缓刑等问题。近年来，在输油管线上打眼盗油的刑事案件呈上升趋势，不法分子受利益驱使不惜铤而走险，采用切割、打孔、拆卸等手段破坏正在使用的油气设备，进而达到窃取油气的目的。但他们不知道此行为不仅使油气管线遭受破坏,使国家遭受巨大财产损失,更严重危害到公共安全。

此类犯罪具有团伙性、流窜作案比例较大、作案时间及地域区分明显、多使用交通工具作案等特点。为了防范和打击此类犯罪,可以从以下几点着手:

其一,细致深入研究易燃易爆设备犯罪活动规律及特点,有针对性地制定防范措施。

公安机关强化此类案件易发重点区域的日常防护工作,根据地理位置、发案规律,有针对性地部署警力,增加对易发路段、高发时段的巡逻频次,力争抓获现行,将犯罪行为扼杀在萌芽阶段。

其二,加强情报信息库共享机制,加大对到案嫌疑人的审查、深挖工作。

公安机关在日常工作中全面收集此类案件的各种情报数据,对辖区内发生的案件进行全面摸排,定期与原油生产作业区进行信息沟通互享,对到案的犯罪嫌疑人加大审查力度,查明犯案同伙和全部犯罪事实,民警要增强串并案意识,为侦破工作提供支持。

其三,多措并举,减少和遏制破坏易燃易爆设备案件的发案势头。

(1)开展集中打击行动,在掌握犯罪特点的基础上,针对此类案件高发区域、高发时段,组织开展集中专项打击行动,全方位打击犯罪,压缩犯罪空间。

(2)进一步健全出警制度,力争在第一时间赶赴现场抓获现行犯罪嫌疑人、制止犯罪,将案件处置在萌芽阶段。

其四,加强法制宣传,提高防范意识和能力,营造全民参与打击犯罪的氛围。

制定奖励措施,通过报纸、电视、网络等媒介宣传,强化群众的法律意识,提升他们打击犯罪活动的积极性;开展强大的教育宣传,组织民警深入一线,开展反复涉油犯罪集中宣传日,宣传公安机关对犯罪的严打决心和工作成果,对犯罪分子及潜在的犯罪分子形成强大的心理震慑。

相信通过以上的方式,破坏易燃易爆设备罪的犯罪率将会得到有效控制,国家及人民的生命、财产安全将能够得到有效保护。

2. 天津市武清区非法拘禁案

王海军*

【案例要旨】

对于索取合法债务型非法拘禁案来说,被害人本是民事案件的违法者,行为人实施非法拘禁的主要目的在于索取债务。对于此类行为应该按照主客观相统一的原则,根据具体情形具体分析,判断是否可以被界定为“以其他方法非法剥夺他人人身自由”。

【案情简介】

被告人张某某为索取债务,伙同被告人周某纠集被告人王某伟、王某志、季某某等人预谋作案。2016 年 9 月 30 日 12 时许,被告人周某带领被告人王某伟、王某志等人驾驶车辆至天津市武清区下伍旗镇北朱庄村路口处,将邓某驾驶的车辆截停,并强行将邓某拖拽至被告人周某等人驾驶的车辆内,让邓某躺在车厢底部铁板上,采取使用电击、用手殴打等手段控制邓某反抗。随后将邓某带至天津市静海区唐官屯镇一平房内,由被告人周某、季某某等人对邓某进行看管,期间采取恐吓等手段向邓某索要欠被告人张某某的货款,次日邓某家属先后三次给被告人张某某转账 18 万元后,被告人周某等人于 2016 年 10 月 1 日 15 时许将邓某放回。

【代理意见】

我们认为,本案涉及非法拘禁罪构成要素的认定以及相关量刑情节。主要包括本案所有共犯人的行为性质认定、非法拘禁时间的认定、被告人张某某在此次共同犯罪中的地位角色及作用大小、被告人张某某实施适法行为的期待可能性以及自首的法定量刑情节和其他酌定量刑情节。

---

* 代理律师:王海军,天津行通律师事务所。案例来源:天津市武清区人民法院裁判文书。供稿单位:天津行通律师事务所,王雪莉、王海军。

一、剥夺人身自由与限制人身自由的界限问题

非法拘禁罪的法条明确表述为非法拘禁他人或者以其他的方法非法剥夺他人人身自由的行为。法条中没用“限制”这一词,而是用“剥夺”。根据我国《宪法》第三十七条的规定,禁止非法拘禁和以其他方法非法剥夺或者限制公民的人身自由。可见“限制”和“剥夺”作为宪法条文的并列用语,其对应的行为性质是不一样的。所以,如果本案所有共犯人的行为涉嫌非法拘禁的话,那么就必须要证明在这个过程中所实施的行为是剥夺行为性质而不是限制行为,但是根据庭审可知,邓某到达静海之后实施的吃饭、买衣服以及要求等待张某某到现场打收条等行为,表明其他4个被告人并没有对被害人邓某实施完全剥夺人身自由的行为。所以,即便我们认可这个案件有剥夺被害人人身自由的行为存在,但是也不能排除在案件进展过程中存在限制人身自由的行为,对此种行为并不涉嫌非法拘禁罪。

二、关于本案非法拘禁的持续时间问题

其一,根据侦查卷中的记录本案持续的总时间是27小时,非法拘禁罪持续的时间必须是24小时以上才构成此罪。既然是剥夺那就意味着是违背被害人的意志,符合被害人意志的行为或者被害人自愿停滞在静海的行为不属于非法拘禁罪所要求的时间范围。本案事实是10月1日上午9点左右,当邓某让其儿子打款给被告人张某某10万元之后,周某就已经提出要带被害人邓某去派出所解决,但是被害人碍于情面,不愿意去派出所。那么在时间点上,我们认为,在第二天上午9点之后,相关涉案人员就已经明确提出要将本案提交司法机关处理,这就表明行为人已经没有想继续限制或剥夺被害人邓某人身自由的意图。从而将第二天9点之后的时间仍确定为非法拘禁的时间是值得商榷的。

其二,在邓某的儿子打出最后一个5万元的钱款之后,周某等人就要求送邓某回武清,但是邓某执意要求要等张某某回来打收条,这个等待时间以及周某送被害人邓某从静海回到武清的时间已经属于非法拘禁行为实施结束后的时间,被告人送被害人回家的时间无论如何也不能评价为涉嫌犯罪的时间,因为此时已经清偿完所有债务,周某等人主观上已完全没有了非法拘禁的犯罪故意,没有犯罪故意支配的行为当然不能评价为犯罪行为,否则违背主客观相统一的基本原则,上述两段时间不能认定为非法拘禁的时间。

三、对于本案暴力殴打行为的归责分析

首先,本案中各共犯人对受害人是否存在客观的实施暴力行为,目前只有被害人陈述。根据法庭调查,几位涉案人对是否对被害人实施过暴力持否认态度。那么由此以来,对各共犯人是否对被害人实施暴力行为这一事实就只存在被害人陈述这一孤证。按照法律规定,孤证没有其他证据予以佐证不能作为定案的依据。由此,涉案人员对被害人是否存在暴力行为在证据上存疑。

其次，虽然司法鉴定被害人身上有轻微伤，但是这个伤是如何形成的，在什么时间什么场合因为什么行为并无相关证据，对此侦查机关没有进行核实，由于被害人是自己去派出所报案，此时与周某送其回到武清有一段时间间隔，受伤和拘禁行为的客观关联性存疑，且从庭审中提交的被害人到静海后吃饭购物的相片上看并无伤情存在的痕迹。

最后，即便本案具体实施行为的4个被告人对被害人存在暴力，但是张某某对此暴力行为并不清楚。也即，这4个共犯人与张某某之间虽然是共犯的关系，但是他们具体的暴力行为属于实行过限的行为。按照刑法的基本原则，对于共犯人中实施的实行过限行为其他不知情不在现场的共犯人不承担相应的刑事责任。

四、关于被告人张某某在本次共同犯罪中的地位角色及作用大小的认定问题

张某某是否本案犯意的提起者，角色应否定性为教唆犯，存在重大疑问。理由如下：

其一，张某某在事前就明确表态，要钱不可超过24小时，那么这就表明张某某主观上就没有非法拘禁罪的故意，因为非法拘禁罪的构成以非法拘禁超过24小时为前提。所以，张某某都不具备非法拘禁罪故意，更不可能成为非法拘禁罪的教唆犯。

其二，教唆犯是针对特定的事项针对特定的人使没有犯意的人产生犯意，是一个从无到有的过程，但是本案的实际情况是周某自己也承认这个主意的提起者是他自己，在庭审中也得到了其他所有共犯人的陈述印证，那么张某某不是使得没有犯意的人产生了犯意，是在周某已经产生犯意的前提下给予的心理上的帮助、强化，是从犯，系心理上的帮助犯，对法益侵害结果原因力小，协助力轻。基于刑法的规定，从犯、帮助犯可以从轻、减轻处罚，张某某的行为符合从犯的法律规定。

五、对于本案的引发被害人存在重大过错，被告人维权艰难、万般无奈，实施适法行为的期待可能性降低

其一，邓某作为一个开办企业的企业主和被告人张某某签有合法有效的合同，被害人本应该诚实守信履行合同，但他恶意违约。张某某多次到武清索要自己正当合法的债权，但是受到邓某的围堵、恐吓等暴力行为，以致张某某几次报警，至今仍有当时的场面录音录像资料。那么在此万般无奈的情况下，张某某和其他涉案人员将邓某带离其地盘而到静海以便于索要正当合法的债务，我们认为这种行为是符合常理常情的，即便不当也属合法权益自我救济的方式，在维权异常艰难的情形下，被告人张某某实施适法行为的期待可能性也大大降低。

其二，在案件的进展过程中，邓某也存在一定的过错导致本案的时间持续超过24小时，达到所谓的27小时。对于这一点前边已经说过被害人吃饭、买衣服、等待打收条以及第二天让被害人去派出所他坚持不去这些都导致案件的时间往后延展超过 24 小时。另外,在 10 月 1 日下午 1 点 20 时,被告人张某某让周某等人将被害人邓某从静海送回武清时,此案件已经结束,被害人坚持不走的时间不应该再算作非法拘禁的时间。

六、本案的被告人张某在本案中具有自首情节

本案被告人张某某主动到案并如实供述自己的主要犯罪事实以及其知晓的其他共犯人的行为事实,符合自首的条件要求和立法本意,并且其当庭的陈述和对质进一步帮助了法庭对于其他共犯人犯罪事实的查明,也当庭如实陈述了案发前与周某等人吃饭时谈话内容涉及要账的事,承认接到过被害人邓某儿子的电话,以及案发进展中与周某有过电话沟通并一再叮嘱其不要超过 24 小时,不得有过分行为,对其他共犯人行为的供述与这些人的当庭供述也基本吻合。以上均为本案的核心主要事实,被告人张某某均作了如实全面的陈述,完全符合自首的法律要求。

七、本案具有其他酌定量刑情节

其一,根据最高人民法院印发《关于贯彻宽严相济刑事政策的若干意见》通知(法发〔2010〕9 号)的文件精神,本案被告人张某某已经取得被害人的谅解,达成了谅解协议,此外还对被害人邓某作出了足额的补偿,恢复了涉案行为对社会造成的影响,符合恢复性司法的要求,对被告人张某某从宽处罚符合宽严相济的刑事政策。

其二,本案的被告人张某某是一个开办企业的私营企业主,开办企业多年,没有逃税漏税的违法行为,并且解决了多人的就业问题。所以,基于预防必要性的大小,对于人身危险性很低的行为人,动用羁押性的刑罚既是刑法资源的浪费,也有碍于法律裁决法律效果和社会效果的统一。

综上,我们认为本案犯罪被告人张某某是否构成非法拘禁罪(拘禁行为达到 24 小时)值得商榷,即便构成,其行为性质至多可评价为非法拘禁罪的帮助犯,系心理上的帮助犯而非教唆犯,并且张某某亦具有自首、取得被害人谅解和本案存在被害人重大过错等诸多从轻、减轻处罚之情节,请求依法对被告人张某某从宽处罚,判处缓刑。

【裁判结果】

天津市武清区人民法院于 2017 年 8 月 4 日作出刑事判决:被告人张某某犯非法拘禁罪,判处有期徒刑一年二个月,缓刑一年六个月(缓刑考验期限,从判决确定之日起计算;在刑罚执行期间,被告人应当在相关组织接受社区矫正)。

法院认为,被告人张某某伙同被告人周某纠集被告人王某伟、王某志、季某某等人为索取债务强行将被告人带离、看管,非法剥夺被害人人身自由,其行为均已构成非法拘禁罪,且具有殴打情节,依法从重处罚。公诉机关对被告人张某某等人的指控成立，请求适用的法律条款的意见是正确的。被告人张某某起主要作用，是主犯；被告人张某某犯罪后自动投案，如实供述自己的罪行，是自首，依法可从轻处罚。对于辩护人王海军、赵钰发表的张某某系自首、对被害人进行赔偿并取得谅解，应对其从轻处罚的辩护意见法院予以采纳。法定量刑幅度为三年以下有期徒刑、拘役、管制或者剥夺政治权利。

【案例评析】

一、“索债型”非法拘禁的定性问题

对于索取合法债务型非法拘禁案来说，被害人本是民事案件的违法者，行为人实施非法拘禁的主要目的在于索取债务，拘禁地点经常发生在办公、住宅、宾馆等场所，被害人人身自由一般未被完全剥夺。相反，行为人会跟随被害人出入相关场所或督促其电话联系亲友借钱还债，如果被害人不是因为欠钱未还而心存顾虑，大都可以采取报警、求助等方式脱离限制。对于此类行为，能否界定为“以其他方法非法剥夺他人人身自由”，应该按照主客观相统一的原则，根据具体情形具体分析。

一是看限制自由的程度。如非法拘禁行为没有造成被拘禁人轻伤、重伤、死亡的；没有因情节严重，导致被拘禁人自杀、自残造成重伤、死亡，或者精神失常的；没有非法拘禁 3 人次以上的，首先应综合判定被害人人身自由是否被完全剥夺。如果被害人人身自由被完全剥夺，持续时间在 24 小时以上的；被非法剥夺人身自由，而且行为人使用械具或者捆绑等恶劣手段，或者实施殴打、侮辱、虐待行为的，应该立案。如果被害人被拘禁在公共场所，人身自由、通信自由未被完全剥夺，可以出入相关场所、联系亲友，能否认定为非法剥夺他人人身自由行为，应结合非法拘禁时间和殴打辱骂情节，综合考虑是否立案。

二是看非法拘禁的时间。非法拘禁罪是典型的持续犯，剥夺和限制人身自由持续一定的时间是基本要求，否则，犯罪行为和不法状态的持续就无从谈起。对于未完全剥夺他人人身自由的非法拘禁案，如果无殴打、辱骂情节，非法拘禁持续时间较长的，应该立案。

三是看殴打、辱骂的情节。索取合法债务型非法拘禁案，因被害人欠债不还，双方争执或打骂经常发生，对于未完全剥夺他人人身自由的非法拘禁案，应该综合考虑殴打、侮辱的程度和非法拘禁的时间等诸项因素。

二、教唆犯与精神性（心理）帮助犯的界定问题

教唆犯与精神性帮助犯的根本区别在于二者对行为人以及犯罪行为带来的危害结果所持的心理态度。实践中主要可从三方面进行区别：

其一，犯罪目的。对教唆犯而言，教唆犯对于危害结果的发生同行为人有着旗鼓相当甚至更甚于行为人的高期望值。而精神性帮助犯希望通过自己的帮助促使

行为人达成心愿,而对于危害结果的发生则持放任态度,是伴随其帮助行为人的附带品。

其二,认识因素。教唆犯较之精神性帮助犯要认识到行为人将会因自己的教唆行为产生某种特定的犯罪意图或产生将此特定的犯罪意图付诸实际的犯罪故意,并对行为人可能造成的社会危害结果有认识。而精神性帮助犯只需认识到自己是在对他人的犯罪行为予以帮助,不必对行为人具体实行的犯罪有确切的认识。

其三,因果关系。在存在教唆犯的共同犯罪中,教唆行为是且必须是实行行为发生的先决条件,没有教唆行为则没有实行行为。而帮助犯的精神性帮助行为与行为人的实行行为之间则不具有因果关系,而是体现为横向的协同关系。共同犯罪并不要求共同原因中的各个行为都对危害结果的发生具有独立的原因力。精神性帮助行为虽不能直接导致危害结果的发生,但它与实行行为相结合共同构成危害结果发生的直接原因。

本案为"索债型"非法拘禁罪的典型案例,涵盖了非法拘禁的加重情节、持续时间以及"限制人身自由"与"剥夺人身自由"的界定、行为人主观责任期待可能性等问题的认定。虽然就本案而言,公诉机关的控告法律定位准确,但是随着市场经济的逐步发展,以索债为目的的非法拘禁犯罪逐步增多,在司法实践中,索债型非法拘禁与绑架罪、抢劫罪在客观上存在相似之处,在定罪时会出现混淆,但这三种罪名的处刑幅度截然不同。若理解和处理不当,极易导致定罪上的巨大偏差和量刑上的畸轻畸重,造成适用刑法上的不平衡。根据案件中的具体事实准确认定被告人犯罪的性质,保证其所受处罚的公正性与合理性,才能有效发挥刑法的惩罚和教育功能,在"转型社会"与"风险社会"中,保证刑法的独立性、权威性、谦抑性、自洽性,真正实现刑法机能的真善美。

3. 天津甲公司法定代表人张某涉嫌诈骗案

倪宝桐*

【案例要旨】

在双方有预购合同并交付定金的情况下,即使案外人依照以往的提货程序和交易习惯提走了涉案货物、案外人没有受委托手续但供货方认可,也宜认定为经济纠纷而非诈骗。

【案情简介】

丙公司是河北省一家从事钢材生产的大型国有企业,由于其产品畅销,故其销售货物时皆要求买方先支付全部货款。甲公司是天津一家钢铁贸易公司,赵富(化名)担任本公司的法定代表人。甲公司欲从丙公司购进一批价值1000万元的钢材。由于甲公司没有能力一次性支付全部货款,于是甲公司找到乙公司,进行托盘贸易。

2014年3月初,甲、乙公司签订钢材购销合同,乙公司接受甲公司的委托出面订货,即去丙公司帮甲公司购买1000万元的钢材并支付全款;甲公司承诺支付给乙公司18万元的代购费用,并预先支付给乙公司20%的货款作为定金,余款会在收到钢材后3个月内付清。2014年4月15日,乙、丙公司正式签订钢材买卖合同,乙公司向丙公司支付了全款。

甲公司将上述钢材转让给钱某、孙某,后者自行去丙公司分批将上述钢材全部提走并销售。丙公司并未要求此两人出具乙公司的授权委托书和提货单证。

赵富收到钱某、孙某给付的货款后并未直接支付给乙公司,而是挪作他用,无法清偿乙公司的余款。于是乙公司多次向甲公司索要货物余款,未果,故起诉丙公司,诉称:其与丙之间存在合同买卖关系,且已支付全部货款,丙公司不发货,拒绝提供钢材,要求解除钢材买卖合同,返还1000万元的货款。二审法院河北省高院支持了乙公司的请求,判令丙公司归还乙公司货款1000万元。

---

* 代理律师:倪宝桐,北京盈科(天津)律师事务所。案例来源:河北省遵化市人民检察院裁判文书。

此后,丙公司向公安局举报甲公司、赵富涉嫌诈骗,公安局开始立案侦查,并予以逮捕。

【代理意见】

笔者作为嫌疑人赵富的辩护律师参加了本案的辩护。

相关各方关系如下图所示:

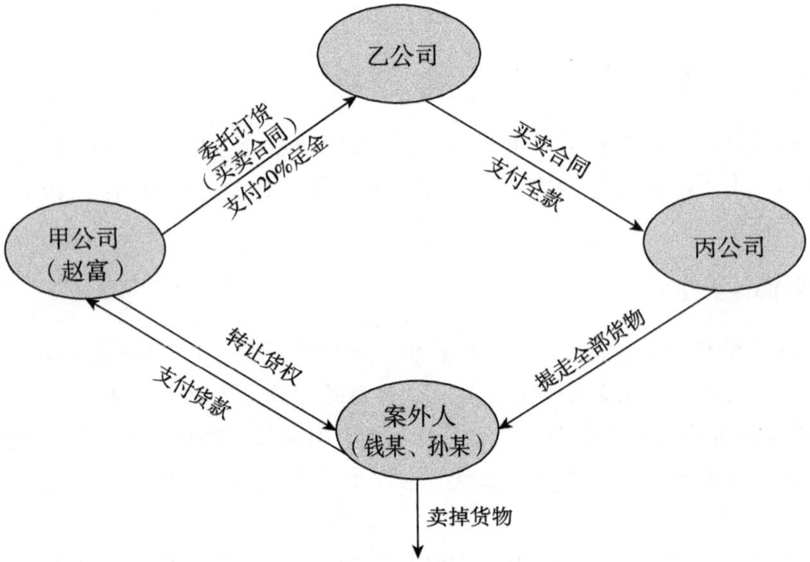

本案各方关系图

本案中赵富是否存在诈骗的主观故意?钱某、孙某是否经赵富委托提走涉案钢材?上述问题成为认定赵富是否构成诈骗罪的关键。

辩护律师认为赵富以及钱某、孙某均没有诈骗故意,其行为不构成犯罪。为此律师在侦查阶段向公安机关提交了《嫌疑人赵富不构成诈骗罪的律师意见书》;批捕后,律师阅卷后,补充了部分证据,又向检察机关提交了《嫌疑人赵富不构成诈骗罪的律师意见书》,详细论述了本案是经济纠纷而不涉嫌犯罪的主张。该案经检察机关两次退回补充侦查,律师就公安机关提供的补充证据分别提交了《嫌疑人不构成犯罪的补充意见》。

一、本案中甲乙丙三方的关系,是钢贸企业经常采用的"托盘"业务关系,具有融资的性质

乙、丙公司构成钢材买卖合同关系,乙是买方,支付全款,丙是卖方,出售钢材。甲、乙公司构成钢材买卖合同关系,乙是卖方,出售钢材,甲是买方,支付20%定金,余款在收货后3个月内付清，继而甲公司享有了对涉案钢材的提货权。针对乙公司从丙公司订购钢材实际是为甲公司购买的事实，甲、乙、丙三方明知此“托盘”业务的实情。

上述交易的全部过程，签订合同、交货款、提货等所有环节，任何人，包括赵富、钱某、孙某等均没有采取欺骗手段，也没有任何证据材料可以证实赵富通过“虚构事实、隐瞒真相”的手段骗取公私财物。乙公司支付给丙公司货款，甲公司（赵富）基于与乙公司的合同关系继而享有提货权，虽然合同约定甲公司付款后才能提货，但甲公司未付款而提货只是构成合同违约，而非欺诈。公安局立案侦查的调查材料也可以证实丙公司交付涉案货物并非是因赵富、钱某、孙某等采用欺诈手段导致其受骗而交货。

律师仔细阅览了从检察院复制而来的案卷材料，在涉案相关人员调查笔录等证据材料中发现，甲公司、乙公司、丙公司及工作人员、案外人钱某、孙某都知道这批涉案钢材是乙公司帮甲公司（赵富）订购的事实，可是钱某、孙某去丙公司提货时，丙公司只依据与二人之间以往的交易方式、放货习惯以及特殊的关系，未要求其出具授权委托书与提货单等相关手续就直接交付了涉案货物；实则赵富对钱某、孙某通过何种方式从丙公司提走的钢材也并不知情，更没有出具过任何提货权转让或授权文件。整个提货过程并不存在欺诈行为，那么指控甲公司、赵富骗取涉案钢材显然没有事实依据。

二、甲公司（赵富）在本案的行为是一种违约行为，而不是诈骗行为

本案件成讼源起于甲公司、（赵富）对乙公司的合同违约，未能按时支付给乙公司涉案货物余款，并非所谓的甲公司、（赵富）对丙公司的诈骗所致，本案属于民事纠纷范畴，而非刑事案件。诈骗罪的核心是以非法占有为目的，通过虚构事实、隐瞒真相方法骗取财物，本案甲公司（赵富）并未向丙公司提货，也未与他人合谋向丙公司提货，更没有提供任何虚假提货文件，其行为不符合诈骗罪的构成要件。

至此，本案的法律关系应该是钱某、孙某无任何手续与授权的情况下提货造成丙公司的损失，钱某、孙某构成不当得利，应退还给丙公司货物或相应货款。赵富应自行向乙公司索要交付的20%定金以及已支付的相应货款。

【裁判结果】

2016年1月14日，检察机关作出了对赵富《不起诉决定书》。

河北省遵化市人民检察院作出不起诉决定：经法院审理并两次退回补充侦查，法院仍然认为本案事实不清，证据不足，不符合起诉条件，依据《中华人民共和国刑事诉讼法》第一百七十一条第四款规定，决定对赵富不起诉。

【案例评析】

本案重点从涉案货物是如何被人提走的环节,说明赵富的行为不构成诈骗罪。

本案的关键是相关人员是如何提走涉案货物的,如果赵富本人或指使他人采用"虚构事实、隐瞒真相的方法"骗取了涉案货物,当然符合诈骗罪的构成要件,必须依法追究其刑事责任。然而,侦查机关查明的事实,不能证明赵富用"虚构事实、隐瞒真相的方法"骗取了涉案货物。

根据《刑法》规定的诈骗罪构成要件,如果指控赵富犯诈骗罪,侦查机关必须提供以下事实和证据:

1. 丙公司货物被他人骗走,即有受害人;

2. 赵富本人或指使他人使用虚构事实、隐瞒真相的方法取得上述货物。

而侦查机关提供的证据材料不能证明上述两个事实存在。

下面分别阐述。

一、从案发后丙公司的所作所为看,涉案货物并不是被人骗走的,丙公司没有发生货物被骗的情形。

首先,从时间上看,被害人丙公司在案发后一年多才报案,不符合情理,说明不存在被害人财物被骗的情形。

涉案纠纷发生于2012年8月,而报案人于2013年11月才到公安局机关报案。通常情况下,如果被害人的涉案的巨额财产被骗,一般会在第一时间报案的,即使由于其他原因未能及时报案,但也绝对不会在财产被骗一年后才报案。

其次,从案发后,被害人丙公司对事情的处理看,被害人在涉案货物的诉讼中,多次承认涉案货物是被人(乙公司指派人员)按照正常的手续提走。充分说明丙公司货物没有被诈骗的情形发生。

也就是说,从案发至丙公司举报前长达1年3个月的时间内,丙公司从不认为自己的货物被人骗走,而认为是经济纠纷。只是因为其在诉讼中败诉,退还了对方的货款,为了减少自己的损失,才向公安机关举报,试图通过公安机关追回自己的所谓被骗货物。

二、赵富本人没有,也没有指使他人使用"虚构事实、隐瞒真相的方法"取得上述货物。赵富与涉案货物的提取没有关系。

甲公司及赵富没有提取涉案货物,也没有授权他人提取涉案货物。因此,不能证明赵富骗取涉案货物。赵富没有实施诈骗行为。

三、本案的关键是相关人员是如何提走涉案货物的,提货人是否使用了欺诈手段。

(1)提货人孙某是按照丙公司以往的提货程序和交易习惯提走了涉案货物;

(2)孙某在提走上述货物时,没有采取任何欺诈手段。

也就是说,孙某将涉案货物从丙公司提走,没有提供任何虚假信息或伪造单据等,因此不能认定涉案货物被孙某骗走,更不能认定是被赵富骗走。

四、本案实际上是一起经济纠纷,其法律关系是:

(1)孙某提走涉案货物,属于不当得利,其应退还丙公司的货物或相应的货款;

(2)赵富从孙某手中无偿取得货款,属于不当得利,应退还全部货款给孙某;

(3)赵富自行向乙公司索要已交付的保证金和已经支付的货款。

综上,本案实质是一起经济纠纷。

4. 张某某妨害公务案

李文龙*

【案例要旨】

醉酒状态下对民警等执法人员有反抗行为,造成执法人员轻微伤,但很快被制服,犯罪情节轻微、社会危害不大的,可认定为不构成妨害公务罪。

【案情简介】

天津市西青区人民检察院以津西青检公诉刑(2016)×××号起诉书指控被告人张某某犯妨害公务罪,于2016年3月15日向天津市西青区人民法院提起公诉。天津市西青区人民检察院指控:2014年11月10日20时50分许,被告人张某某酒后无故在天津市公安局西青分局大寺派出所内大声喧哗,对值班民警进行辱骂,后民警张某对其进行口头传唤过程中,被告人张某某暴力反抗,对民警张某进行殴打,致张某受伤。被告人张某某被民警当场抓获。经鉴定,民警张某左侧下颌角软组织挫伤的损伤程度为轻微伤。公诉机关提供了相应的证据,指控被告人张某某犯妨害公务罪,请求依照《中华人民共和国刑法》第二百七十七条之规定进行处罚。

被告人张某某辩称其并没有殴打民警,并提出案发时因醉酒对发生在派出所内的事情都不记得了。

【代理意见】

辩护人认为被告人张某某不构成妨害公务罪,公诉机关指控的罪名不成立,其主要理由为:

一、被告人张某某没有实施暴力或威胁方法阻碍国家机关工作人员执行公务,其在醉酒状态下在民警把其拽入询问室过程中,身体被多人控制,其右上臂被张某控制,因被拽其身体前倾失去平衡,其前臂向下做本能保护过程中接触张某左耳后上部,其并没有主观故意实施伤害行为。

---

* 代理律师:李文龙,天津匡时律师事务所。案例来源:天津市第一中级人民法院裁判文书。

二、张某下颌角部位软组织挫伤被法医鉴定为轻微伤，但该伤情与被告人张某某无关。经查阅现场视听资料可以证实被告人张某某并未殴打张某，且其手掌接触部位并非下颌角。

三、公安机关处理事件本身存在一定欠缺。《公安机关办理行政案件程序规定》第四十六条规定："违法嫌疑人在醉酒状态中，对本人有危险或者对他人的人身、财产或者公共安全有威胁的，可以对其采取保护性措施约束至酒醒，也可以通知其家属、亲友或者所属单位将其领回看管，必要时，应当送医院醒酒……"而本案被告人张某某因报警事宜（误认为民警有言语辱骂）而到派出所投诉要求派出所领导予以接待。在历时3分多钟时间内民警并非耐心解答处理，反而有激怒被告人张某某的言辞，进而发生吵闹。

【裁判结果】

天津市第一中级人民法院于2016年11月23日作出裁定：驳回抗诉，维持原判。

原审法院认定，2014年11月10日20时50分许，被告人张某某酒后到天津市公安局西青分局大寺派出所值班前台，称其拨打报警电话时被民警辱骂，要求见派出所领导，并在派出所内大声喧哗。20时58分许，民警张某等人到张某某身边，张某拉拽张某某的右臂，其他民警拉拽张某某的左臂，在拉拽过程中张某某身体前倾，张某某右手与张某身体有接触，后民警将张某某强行带至派出所办案区。经鉴定，张某左侧下颌角软组织挫伤的损伤程度为轻微伤。

原审法院认为，根据证人证言，被告人张某某有故意殴打民警张某的行为；根据视听资料显示，张某某在被民警带离现场过程中，其双臂已被民警控制且身体前倾，其右手与张某身体有接触，但不能确定是否存在对民警的殴打行为；现有的言辞证据与视听资料存在矛盾。不排除张某某被民警强行带离过程中在身体失去平衡状态下自然接触民警身体造成伤情的可能性。综上，根据在案证据无法确定张某某实施了以暴力手段妨害民警执行公务的行为，不能排除合理怀疑，本案事实不清、证据不足。依照《中华人民共和国刑事诉讼法》第一百九十五条第（三）项，《最高人民法院关于适用〈中华人民共和国刑事诉讼法〉的解释》第二百四十一条第一款第（四）项之规定，判决被告人张某某无罪。

宣判后，天津市西青区人民检察院提出抗诉，认为本案被害人陈述、证人证词均证实被告人张某某不听民警劝阻，在民警强行将其带离过程中挥拳对民警张某进行殴打；大寺派出所的两段监控视频均证实张某某在民警控制的情况下，右臂有明显的主动击打民警的行为，造成张某肩部的执法记录仪被打落及张某下颌部受伤。上述证据可以互相印证，证明张某某实施了以暴力手段妨害民警执行公务的行为,一审判决张某某无罪确有错误,故提出抗诉,请二审法院依法判处。

天津市人民检察院第一分院支持抗诉,认为被害人陈述、相关证人证言均证明,2014年11月10日20时50分许,原审被告人张某某在天津市公安局西青分局大寺派出所内大声喧哗,在被民警强制带离过程中对民警张某进行殴打;监控视频证明张某某右臂有明显的主动击打民警的动作;诊断证明证实民警张某左下颌角软组织挫伤为轻微伤。综上,原审判决张某某无罪错误,建议二审法院依法纠正。

原审被告人张某某表示服从一审判决。其辩护人认为,张某某没有用暴力或者威胁方法阻碍国家工作人员执行公务;民警张某下颌部损伤与张某某无关。张某某的行为虽有错误,但尚不构成妨害公务罪。

经审查查明,2014年11月10日20时50分许,原审被告人张某某酒后到天津市公安局西青分局大寺派出所,称其拨打报警电话时被民警辱骂,要求见派出所领导,并在派出所内大声喧哗、吵闹。经多名民警劝说无效后,20时58分许,民警张某来到张某某身边,拉拽张某某的右臂,欲将其强行带离值班室前台,张某某的右臂顺势伸向张某,右手打中张某左下颌部。张某某随即被张某及其他民警带至办案区。

认定上述事实的证据均已经原审庭审举证、质证,法院予以采信。

法院认为,在案监控录像显示,原审被告人张某某在民警拉拽其右臂将其带离过程中,有轻微反抗行为,随即被制服。鉴于张某某妨害公务行为的具体情节显著轻微,法院依法不认为是犯罪。原审裁判结果正确。天津市西青区人民检察院的抗诉意见及天津市人民检察院第一分院的支持抗诉意见依据不足,法院不予采纳。依照《中华人民共和国刑法》第十三条,《中华人民共和国刑事诉讼法》第二百二十五条第一款第(一)项之规定,裁定如下:驳回抗诉,维持原判。

【案例评析】

一、被告人张某某是否使用了暴力或威胁方法阻碍国家机关工作人员执行公务

关于《刑法》第十三条之规定,一切危害国家主权、领土完整和安全,分裂国家、颠覆人民民主专政的政权和推翻社会主义制度,破坏社会秩序和经济秩序,侵犯国有财产或者劳动群众集体所有的财产,侵犯公民私人所有的财产,侵犯公民的人身权利、民主权利和其他权利,以及其他危害社会的行为,依照法律应当受刑罚处罚的,都是犯罪,但是情节显著轻微危害不大的,不认为是犯罪。本案中,张某某是在醉酒的状态下在民警把其拽入询问室的过程中,身体被多人控制,其右上臂被张某控制,其身体前倾失去平衡状态下,其前臂向下做本能保护过程中接触张某左耳后上部,其并没有主观故意实施伤害行为。所以,其行为并没有故意实施暴力或威胁方法阻碍国家机关工作人员执行公务。

二、检察机关出具的证据材料是否能清楚确切地证明被告人的犯罪行为

根据在案的监控录像显示，原审被告人张某某在民警拉拽其右臂将其带离过程中，有轻微反抗行为，随即被制服。法院鉴于张某某妨害公务行为的具体情节显著轻微，依法不认为是犯罪。法院认为天津市西青区人民检察院的抗诉意见及天津市人民检察院第一分院的支持抗诉意见依据不足。依照《刑事诉讼法》第二百二十五条第一款第（一）项之规定，原判决认定事实和适用法律正确、量刑适当的，应当裁定驳回上诉或者抗诉，维持原判。

5. 崔某贪污、受贿案

田 霖 付 佳*

【案例要旨】

在贪污罪中,是否弥补了损失是对被告量刑的重要参考因素。法律规定,贪污案件中赃款、赃物全部或者大部分追缴的,一般应当考虑从轻处罚;受贿案件中赃款、赃物全部或者大部分追缴的,视具体情况可以酌定从轻处罚。被告人有自首、坦白、立功、积极退赃等多种法定及酌定的量刑情节的,根据宽严相济的量刑原则可以减轻处罚。

【案情简介】

曾任天津市河北区人民政府副区长、中国人民政治协商会议天津市河北区委员会主席的崔某因涉嫌受贿罪于2015年5月28日被刑事拘留,同年6月11日被依法逮捕。天津市人民检察院第一分院以津检一分院公诉刑诉(2016)12号起诉书指控被告人崔某犯受贿罪、贪污罪,向天津市第一中级人民法院提起公诉。公诉人指控被告人崔某利用职务上的便利,为他人谋取利益,非法收受他人财物共计价值人民币1495.9646万元,索取他人财物共计价值人民币3.73万元;侵吞公共财物共计人民币65.3万元。

【代理意见】

一、辩护人认为就涉嫌贪污、受贿罪而言,被告人崔某主动交代其贪污、受贿的行为构成自首。

《最高人民法院关于处理自首和立功具体应用法律若干问题的解释》规定,自动投案,是犯罪事实或者犯罪嫌疑人未被司法机关发觉,或者虽被发觉,但犯罪嫌疑人尚未受到讯问、未被采取强制措施时,主动、直接向公安机关、人民检察院或者

---

* 代理律师:田霖、付佳,天津煦朗律师事务所。案例来源:天津市第一中级人民法院(2016)津01刑初31号刑事判决书。供稿单位:天津市律师协会刑事专业委员会。

人民法院投案。犯罪嫌疑人向其所在单位、城乡基层组织或者其他有关负责人员投案的，应当视为自动投案。

《最高人民法院、最高人民检察院关于办理职务犯罪案件认定自首、立功等量刑情节若干问题的意见》第一条第四款的规定，没有自动投案，但具有以下情形之一的，以自首论：(1)犯罪分子如实交代办案机关未掌握的罪行，与办案机关已掌握的罪行属不同种罪行的；(2)办案机关所掌握线索针对的犯罪事实不成立，在此范围外犯罪分子交代同种罪行的。

从侦查机关提供的案发经过和卷宗材料来看，当时传讯被告人是因为涉嫌赵某的受贿行为，被告人在被询问时主动交代了自己接受其他人的受贿行为及贪污的犯罪行为。也就是说，一开始侦查机关并未掌握被告人除了赵某以外接受其他人的受贿事实及贪污的犯罪事实，而被告人崔某在双规期间调查谈话时，主动并如实供述了侦查机关还未掌握的本人其他贪污、受贿的行为，对被告人的行为应认定为自首，并按照《刑法》第六十七条的规定对被告人予以从轻或者减轻处罚。

二、被告人八项受贿的事实，主观恶性和社会危害性都很小，没有任何一项是为他人谋取不正当、非法利益的，都是按照相关程序进行的，崔某只是推荐介绍。并不是被告人介绍后，就能为他人谋取利益，还要履行相关手续，通过招投标等行为，才能承揽项目。被告人崔某并没有权力决定建设工程项目，起到的是辅助作用，是与其自身职权无关的外围作用，很多项目最后决定权都在市政府、市建委。

三、2006 年至 2014 年，被告人收受天津某某房地产开发有限公司董事长赵某给予的黄金制品 22 件。卷宗中对 22 件黄金制品的价格鉴定基准日是 2015 年 9 月 2 日。2006 年至 2014 年间金价是随着市场发生变化的，应当从有利于被告人的角度，根据被告人供述和赵某的笔录认定被告人收受黄金制品的时间，参照同期市场最低的黄金价格进行鉴定，由此确定 22 件黄金制品的价值。

河北区某项目税收返还及业主蓝印户口事项是国家政策，被告人分管城建工作，帮助赵某协调是其正常工作职责，并非为他人谋取不正当的利益。

四、根据被告人崔某的供述及证人证言可知，被告人没有索要天津某房地产开发集团有限公司董事长徐某贿赂的故意，本案中被告人向徐某索要劳力士牌手表的证据不足。被告人系被动受贿而非积极主动的索贿，犯罪情节轻微，主观恶性较小，建议从轻处罚。

五、被告人在 2009 年并没有贪污大众牌越野车的故意，由于工作需要经常下工地，为了公务活动和工作便利，找河北区某开发公司经理张某借了辆越野车。由于河北区某开发公司 2014 年车改，被告人于 2014 年 8 月 28 日转移所有权，将该车过户至女儿崔某名下，该车辆评估及过户价值为 8 万元。2014 年 8 月 28 日之前，被告人对该车并没有所有权，只是占有使用，占有使用并不代表所有权。因此犯罪数额应是8万元,而非起诉书认定的43.3万元。

六、被告人贪污昆石里公产房没有主观上的犯意,不具有贪污的主观目的,不属于犯罪。

中共河北区委办公室2015年8月19日提供书证,在被告人担任副区长期间,按当时惯例,区领导住房补助区级副职20万元。河北区人民政府未对崔某进行实物分房及发放房屋补贴。

被告人没有领取20万元的住房补助,而是领取了等值的昆石里公产房一套,符合河北区政府的房屋补贴政策。

七、被告人系自愿认罪,可以从轻处罚。本案中,被告人崔某在接受检察机关的调查询问时,如实供述其全部犯罪事实,询问笔录、讯问笔录都作了有罪供述,前后完全一致。从侦查阶段、审查起诉阶段到法院审判阶段,被告人崔某对其罪行供认不讳,从未出现过拒不认罪、翻供等情形。根据我国一贯的"坦白从宽、抗拒从严"的刑事政策,恳请法院在量刑时予以从轻处罚。

八、被告人系初犯,之前无任何刑事犯罪或行政处罚记录。

被告人在犯罪前表现一贯良好,是一名勤勤恳恳、任劳任怨的共产党员干部。这次是一失足成千古恨。从其表现可知犯罪后被告人崔某后悔不已,深感辜负了党的培养,辜负了组织的信任。

九、被告人在双规期间,积极配合侦查机关办案,自书家里受贿贪污赃物的存放地点和存放位置,侦查机关是按照被告人的主动交代迅速找到赃物的。被告人的行为有别于拒不认罪,转移赃物的行为。

贪污罪既侵犯了国家工作人员职务行为的廉洁性,又侵犯了公共财产所有权,而对于侵占公共财产犯罪,是否弥补了损失,是量刑的重要参考因素。

就涉嫌受贿罪而言,被告人在检察机关侦查过程中,积极配合侦查机关,已经主动退回赃款。

从社会危害性来看,被告人的亲属已经将被告人贪污和受贿的赃款赃物退回,没有给国家、集体和社会造成很大的经济损失,社会危害性较小,建议从轻处罚。

犯罪分子及其亲友主动退赃或者在办案机关追缴赃款、赃物过程中积极配合的,在量刑时应当与办案机关查办案件过程中依职权追缴赃款、赃物的有所区别。

《最高人民法院、最高人民检察院关于办理职务犯罪案件认定自首、立功等量刑情节若干问题的意见》第四条规定,贪污案件中赃款、赃物全部或者大部分追缴的,一般应当考虑从轻处罚。受贿案件中赃款、赃物全部或者大部分追缴的,视具体情况可以酌定从轻处罚。

十、被告人检举揭发他人犯罪行为,为办案机关提供可操作的破案线索,查证属实,确有立功表现,应对其减轻处罚。

被告人崔某患有心脏血压等方面的疾病，需要长期服用药物，继续康复治疗。在羁押期间，亲属经常送药，治疗非常不便。

通过上述的被告人崔某有自首、坦白、立功、积极退赃、认罪悔罪、初犯等多种法定及酌定的量刑情节，同时结合本人一贯表现等事实，根据宽严相济的量刑原则，辩护人认为对被告人崔某涉嫌的贪污、受贿罪应予以减轻处罚，建议合议庭在法定刑以下量刑。

【裁判结果】

天津市第一中级人民法院于2016年6月14日作出(2016)津01刑初31号刑事判决书，判决被告人崔某犯受贿罪，判处有期徒刑十一年，并处罚金人民币一百三十万元；犯贪污罪，判处有期徒刑二年，并处罚金人民币二十万元，决定执行有期徒刑十二年，并处罚金人民币一百五十万元。扣押在案的受贿所得赃款赃物，依法予以没收，上缴国库；贪污所得赃物依法返还天津市河北区某开发公司。

一审判决后，被告人表示满意，未上诉。

法院认为，被告人崔某身为国家工作人员，接受他人请托，利用职务便利，为相关单位和个人谋取利益，收受他人财物，其行为已构成受贿罪；崔某身为国家工作人员，利用职务便利，侵吞或以其他手段非法占有公共财物，其行为已构成贪污罪。依照法律规定，公诉机关指控被告人受贿人民币1499.6946万元、贪污人民币30万元的事实清楚，证据确实、充分，罪名成立，法院予以确认。崔某的行为已分别构成受贿罪和贪污罪，应依法处罚，并数罪并罚。其归案后如实供述办案机关尚未掌握的大部分受贿犯罪事实，具有坦白情节；供述了办案机关亦不掌握的贪污犯罪事实，应以自首论；揭发他人犯罪，经查证属实，具有立功表现；在提起公诉前真诚悔罪、积极退赃，避免或减少了损害结果的发生。鉴于崔某有上述法定从轻、减轻处罚情节，故可对其所犯受贿罪予以从轻处罚，对其所犯贪污罪予以减轻处罚。辩护人所提对崔某从轻处罚的辩护意见，法院予以采纳。

6.夏某某涉嫌挪用公款罪案

郭文礼*

【案例要旨】

若要认定个人决定以单位名义将公款供其他单位使用的行为,构成挪用公款罪,需要有两个必备要件——其一是行为人确属是“个人擅自决定”;其二是行为人在此过程中“谋取了个人利益”,这两个要件必须要同时具备、缺一不可。只有在这两个要件同时具备的情形下,才可以认定行为人构成挪用公款罪。

【案情简介】

A供热公司系天津市河东区房管局的下属事业单位,B供热公司系A供热公司投资成立的国有企业单位。B供热公司于2002年2月28日控股成立了C热力公司。2000年11月至2007年4月,夏某某任A供热公司经理及B供热公司经理,并于2002年2月28日至2007年5月兼任C热力公司董事长。

河东区房管局于2006年2月27日召开会议,决定投资蓟县某锅炉房。2006年4月19日,夏某某担任法定代表人的C热力公司、刘某某担任法定代表人的D公司、武某某、夏某文、张某某、夏某玮、郭某某、鲍某某在蓟县参股成立了E公司,并由夏某某任法定代表人。2006年4月29日、5月10日A供热公司及B供热公司共投资计160万元人民币。2006年5月12日,刘某某代表E公司以3800万元竞得蓟县某锅炉房所需土地。2006年6月2日A供热公司再次投资80万元。2006年6月9日,夏某某代表E公司与蓟县规划和国土资源局签订蓟县国有土地使用权出让合同。后河东区房管局认为竞拍地价过高,要求夏某某撤回先期投资240万元。夏某某于2006年8月6日与C热力公司签订股份转让协议,C热力公司持有的E公司的股份转让给夏某某,并进行股东变更登记,股东变更为D公司、夏某某及李某某。2006年8月7日,在夏某某的授意下,B供热公司的财务人员转账300万元至C热力公司。2006年8月23日、25日,A供热公司向C热力公

---

* 郭文礼,天津君荐律师事务所律师。

司分别转账200万元、100万元。2006年9月1日,C热力公司从天津市农商信用社账户转存中国农业银行天津市分行账户510万元。2006年9月8日,C热力公司开具中国农业银行500万元转账支票。2006年9月12日,C热力公司用上述支票为E公司从中国农业银行天津东丽支行借款450万元质押担保。2015年6月5日,天津市蓟县人民检察院对夏某某涉嫌挪用公款罪一案立案侦查,后向人民法院提起公诉。

【代理意见】

笔者认为,关于挪用公款罪,《刑法》第三百八十四条有明确规定,即国家工作人员利用职务上的便利,挪用公款归个人使用,进行非法活动的,或者挪用公款数额较大、进行营利活动的,或者挪用公款数额较大、超过三个月未还的,构成挪用公款罪。至于何为其中的"归个人使用",亦有非常明确的立法解释的规定,即《全国人民代表大会常务委员会关于〈中华人民共和国刑法〉第三百八十四条第一款的解释》中规定,有下列情形之一的,属于挪用公款"归个人使用":(1)将公款供本人、亲友或者其他自然人使用的;(2)以个人名义将公款供其他单位使用的;(3)个人决定以单位名义将公款供其他单位使用,谋取个人利益的。根据上述立法解释的规定,具体到本案:

首先,夏某某的行为虽然不符合河东区房管局关于担保管理权由局长和局长办公会议掌握的规定,但其动用公款进行质押时由相关财务人员具体经办,并未逃避财务监管;且现有证据也不能证实夏某某存在指示财务人员故意隐瞒资金去向或虚假记载账簿等行为。因此,可以认定夏某某的行为是个人决定以单位名义将公款供其他单位使用。

其次,以上行为是否构成挪用公款罪,要看夏某某是否谋取了个人利益。夏某某虽然是E公司的股东,但不能以此作为认定其谋取个人利益的依据,关键还是要看他这个股东是否享有到了法律上和事实上股东的权利。关于股东的权利,《公司法》第四条有概括性的规定:"公司股东依法享有资产收益、参与重大决策和选择管理者等权利。"也就是说,从法律规定的层面讲,有权享有股东权益的是实际出资人,而非名义股东。具体到本案,虽然E公司36%的股权登记在夏某某名下,但系夏某某为C热力公司所代持,非其个人所有。因此,就E公司36%股权而言,实际出资人是C热力公司,而夏某某仅仅是名义上的股东,且夏某某个人完全没有从登记在其名下的E公司36%的股权中享受到任何利益。故不能认定夏某某谋取个人利益,夏某某的行为不构成"挪用公款罪"。

【裁判结果】

天津市蓟县人民法院经审理认为,夏某某作为国家工作人员,虽利用职务上的便利,个人决定以单位名义将单位公款借给其他单位使用,但并未谋取个人利益,故天津市蓟县人民检察院指控的罪名不成立,判决夏某某无罪。

二、民事代理

7. 李某与赵某房屋确权纠纷案

谢亚婷*

【案例要旨】

对于普通商品房，除了违反《合同法》第五十二条之外，实际购买人如能证明双方有借名买房合意并已实际出资，借名买房合同应属有效。产权证书本身并不能直接决定实体法律关系即实际权利的状况，在该不动产物权不涉及善意第三人的情况下，当事人有相反证据证明其为真正的权利人时，可以请求确认权利。

【案情简介】

李某(男)和赵某(女)2013年3月相识，2013年12月确立男、女朋友关系，2014年9月李某及家人出资购买了位于天津市某区的房屋，首付20万元，贷款45万元，每月贷款及利息均由李某偿还，房屋登记在赵某名下。

2014年9月22日，李某和出卖方、中介签订的《房产交易合同》购房人是李某，各种费用由李某支付。当时恰逢李某辞职更换工作，原单位无法出具收入证明和居住证明，二人合意借用赵某的名字买房，2014年10月28日，赵某与案外人出卖方在房管局签订了《天津市房产买卖协议》，购房人更换为赵某，仅以赵某名义贷款，首付款及贷款、各种税费均由李某支付。

2015年3月28日，李某得知赵某移情别恋，二人和平分手，关于房屋归属，二人曾咨询某律师事务所张律师，起草了一份《协议书》，明确约定：诉争房屋归李某所有，首付及贷款、各种税费均由李某已支付完毕，赵某协助李某过户。后由于过户费用过高以及过户需要贷款一次性偿还才可履行过户手续，此事搁置下来，《协议书》双方也没有签字，但律师起草的文本每人各执一份，李某继续每月偿还贷款，还贷的银行卡一直由李某保管，每月10日之前将应还贷款存入该卡中，李某每月保留了还款小票。

---

* 代理律师：谢亚婷，天津行通律师事务所。案例来源：天津市第二中级人民法院裁判文书。供稿单位：中华全国律师协会房地产专业委员会。

2016年12月,李某有能力一次性清偿全部贷款,同时自缴纳契税之日超过2年,过户不用缴纳营业税,过户税费也大大节省,李某找到赵某协助过户,赵某找各种理由推脱并要求给予高额补偿,否则不配合过户,双方多次协商未果,因而成讼。

2016年12月30日,李某委托我所律师代理其提起诉讼:请求法院判令位于某处房屋归李某所有,赵某协助李某办理诉争之房的还贷手续,撤销抵押手续,办理房屋过户手续。一审支持了原告李某的全部诉讼请求,赵某不服提起上诉,二审维持原判。

【代理意见】

我们认为,本案系房屋确权纠纷,主要争议焦点:双方有无借名买房的合意以及诉争房屋的首付款及各种税费,贷款由谁出资的?

一、双方有借名买房的合意。因迫于买房压力,李某想换一份收入更高的工作,才短暂待业,单位不给提供收入证明,故借赵某之名购买诉争房屋。

(一)正如赵某庭审所述,当时李某正和朋友合租房子,因此想购买一处自己的房屋。考虑到买房压力,李某辞去了原工作,计划找一份收入高于原单位的工作,在李某短暂待业期间,银行贷款要求出具居住证明和收入证明,李某的原单位不给出具,无奈之下,才与赵某达成借赵某之名买房的合意,该事实有赵某多次自认,也和赵某提供的《天津居住证受理回执》及李某提供的《协议书》第一条相吻合。

(二)同时,法院调取中介留存的《房产交易合同》、《补充协议》以及《天津市房地产经纪服务合同》均载明诉争房屋的购买人为李某,中介交易系统载明相关费用支付人为李某。

(三)中介的工作人员也出庭作证,证明双方有借名买房的合意。

二、诉争房屋的全部出资是李某及其家人,有李某提供的录音证据、三张银行卡明细、卷内书证,及相关证人均可证明该事实及购房的资金来源。

(一)李某提供了其与赵某及赵某律师三方沟通诉争之房如何解决的录音,赵某对真实性无异议,抗辩其自认诉争之房由李某出资及还贷款是受到胁迫,但无任何证据证明。

(二)李某提供了三张储蓄银行卡流水明细共计24万多元,信用卡一张支付各种税费16,750元,证人董某出庭作证,证明李某买房借其3万元,以上证据充分证明了购房的资金来源。而且资金取出的时间和购房票据载明时间绝大部分相吻合,甚至小数点后两位也一致。而赵某一审时陈述其购房的资金来源是借其表姑李某5万元,其他部分是父母在天津打工挣的钱。二审时又称是借其亲小姑李某12万元(表姑和亲小姑系同一人),父母均在农村务农。在此提醒法庭注意的是:一审第二次开庭出庭作证的证人李某,也就是上诉人所称的“亲小姑”,与上诉人姓氏竟然不相同,令人费解。关于资金来源,上诉人的陈诉多次自相矛盾,而且均是现金出资,其证明力不言而喻。

（三）关于诉争之房的购房款及各种税费,均由李某及其家人出资,赵某分文未出,对此事实,赵某至少三次予以自认并有其他书证予以佐证,形成了完整的证据锁链。第四次,也就是2017年1月6日,赵某代理律师主动打电话找我方调解。同日下午3:30,赵某、赵某代理律师、赵某现男友及我方代理律师在金融街中心三层的行通律师事务所办公处沟通调解事宜。沟通前,赵某代理律师让赵某及现男友别说话,静静地听。赵某律师在谈话时说,赵某之前之所以多次自认全部购房款及各种税费系李某出资是怕赵某现任男友误解。现又在开庭时说赵某是因其父违法之事受到李某胁迫才予以自认,同一件事陈述出两个版本,其真实性不言自明。

三、诉争之房实际由李某占有、使用、收益。

诉争之房交付后,李某在诉争之房居住数月,后添置了1万余元生活必需用品,为减轻还贷压力,将该房出租,有中介的委托出租协议、和第三人签订的出租合同、交接清单等佐证。

四、关于程序方面,赵某谎称已在一审庭上质证过《补充协议》没质证,事实是其在一审时当庭自认该协议未履行;己方提供的政策法律依据说是证据;提供的书证清清楚楚地载明是《提前还贷通知单》(代回单),应是回执的意思,相当于法院的送达回证,举证时作为己方还贷款的证据。

赵某在法官提醒提示后仍旧要曲解为已还款的证明,不仅多次杜撰多个版本的故事,而且证据和法律规定、政策依据分不清楚,证据的证明目的分不清楚。将与本案无关的事实颠倒黑白还理直气壮。可见赵某自始至终在狡辩,以此来混淆视听。

综上,请二审法院驳回赵某无理的上诉请求,维持原审判决,以维护李某的合法权益,也维护法律的公平正义和严肃性。

【裁判结果】

二审法院判决,维持原判,支持李某的全部诉讼请求。

二审法院认为,本案争议焦点是双方涉诉房屋的出资人是谁,确定房屋的归属。

李某提供的银行流水明细与购房交纳首付款及其他费用的时间基本吻合;法院从案外人中介公司调取证据和李某陈述基本吻合,赵某与李某间的谈话录音中赵某亦认可涉诉房屋由李某支付首付款和偿还贷款,只是以赵某的名进行的贷款。赵某自述的资金来源为借款12万元、自有现金5万元及李某赠予9.8万元,该组出资来源的证据时间及数额与购买涉诉房屋的时间和数额存有一定差距,且无其他证据予以佐证。对此法院认为,李某的证据具有优势,能够形成相对完整的证据链条,证明力明显优于赵某提供的证据,一审法院在结合在案证据并综合考虑双方家庭因素、传统婚俗观念的情况下,认定涉诉房屋的首付款及其他费用系被上诉人出资,并判定李某在偿还全部贷款及向赵某支付其所偿还部分后,确认李某对涉诉房屋享有所有权并无不妥,本院予以维持。

【案例评析】

一、借名人与被借名人之间的"借名买房"合同效力

我国奉行合同自由原则,在没有违反法律、行政法规强制性规定及社会公共利益的前提下,应当允许当事人订立任何内容的合同。对于普通商品房,除了违反《合同法》第五十二条之外,实际购买人如能证明双方有借名买房合意并已实际出资,借名买房合同应属有效。

规避信贷政策是否违反《合同法》第五十二条的"损害社会公共利益",其中关键在于对社会公共利益的认定。

认定合同无效应依据效力性禁止性规范。本案诉争房屋购买、办理贷款之时,并非不允许李某购房,仅是对李某的贷款行为予以限制。要求出具符合要求的收入证明和居住证明。也就是说,李某这种借名购房办贷规避银行信贷政策的行为,规避的是首付款的支付比例及利率水平,该行为损害的是银行利益而非社会公共利益,所以该合同有效。

二、借名买房中实际出资人取得房屋所有权的法律依据

《物权法》第十五条规定:"当事人之间订立有关设立、变更、转让和消灭不动产物权的合同,除法律另有规定或者合同另有约定外,自合同成立时生效;未办理物权登记的,不影响合同效力。"可以看出我国关于物权变动采取的是债权形式主义原则,即意思主义与登记(或交付)相结合,并摒弃了德国物权法中物权行为的无因性。意味着如果支撑物权变动的原因行为或者基础关系不成立或被撤销,则物权变动也相应的无效或被撤销。

我国《物权法》第九条第一款规定:"不动产物权的设立、变更、转让和消灭,经依法登记,发生效力;未经登记,不发生效力,但法律另有规定的除外。"第十五条规定:"当事人之间订立有关设立、变更、转让和消灭不动产物权的合同,除法律另有规定或者合同另有约定外,自合同成立时生效;未办理物权登记的,不影响合同效力。"第十七条规定:"不动产权属证书是权利人享有该不动产物权的证明……"第十九条第一款规定:"权利人、利害关系人认为不动产登记簿记载的事项错误的,可以申请更正登记。不动产登记簿记载的权利人书面同意更正或者有证据证明登记确有错误的,登记机构应当予以更正"。

因此,不动产产权登记是登记机关对不动产当时权属关系及表现形态的证明,对物权的归属具有推定效力。其产生的公示公信效力主要是保护不动产登记人及真实所有人以外的善意第三人的利益,但产权证书本身并不能直接决定实体法律关系即实际权利的状况,在该不动产物权不涉及善意第三人的情况下,当事人有相反证据证明其为真正的权利人时,可以请求确认权利。即不动产权属证书记载的事项在无相反证据证明的情形下,应推定不动产权属证书记载的事项真实。对外而言善意第三人基于对登记的信赖与登记权利人发生的不动产交易行为受法律保护,而在名义购房人与实际购房人之间,应探求双方真实意思表示来确认真正的权利人。

本案中李某借赵某之名贷款购买诉争房屋,首付和还贷均由李某负担,赵某不配合过户房屋,诉至法院请求确认该房屋归李某所有并要求赵某协助过户。法院认为:不动产权属证书是权利人享有该不动产物权的证明,但因物权的归属、内容发生争议的,利害关系人可以请求确认权利,此时就不能简单按照房屋产权证书上登记的产权人认定物权所有人,而应根据当事人的举证,法院查明的事实确定物权所有人。本案中,通过李某的当庭举证可以证实诉争房屋的首付款全部由李某实际出资,每月房屋贷款亦由李某偿还,故可以认定李某是诉争房屋的真实权利人,判决诉争房屋归李某所有。

三、举证责任及法院如何认定

基于物权公示公信原则,不动产权属证书具有推定效力,应信赖其为真实的,但根据我国《民事诉讼法》中"谁主张,谁举证"原则,当事人对自己提出的诉讼请求所依据的事实或者反驳对方诉讼请求所依据的事实有责任提供证据加以证明;没有证据或者证据不足以证明的,负有举证责任的当事人应承担举证不能的不利后果。实际购房人欲主张该房屋归其所有,有责任提供证据证明双方存在借名买房的合意以及自己实际出资,若不能证明,则应尊重房屋产权证书登记的公示公信效力。本案中,李某提供一系列证据明显优于赵某的陈述,证明了自己的主张。

(一)法院如何认定是否存在借名买房合意

1. 双方书面或口头协议

书面协议中一般明确约定的借名买房的原因和事实,主张协议关系存在的一方应承担举证责任,一般应提供形式合法、内容合理的书面协议即可,对方认为协议效力有瑕疵的,应举证证明。口头协议具有很大的不确定性,难以举证,但如果双方承认有借名合意亦可。

2. 借名购房的原因是否符合常理

甘于冒风险而借名买房,必定有其原因:或无购房资格而借他人资格、或为享受内部优惠价格、或规避信贷税收政策、或隐藏财产等。符合常理的借名动机,往往具有很强证明力。

3. 关于房屋实际使用和产权证持有情况

这一点至关重要,在实际中房屋由谁使用、产权证由谁保管亦能在相当程度上反映出是否存在借名买房关系。

4. 房屋购房入户、日常使用等手续、费用由谁办理,房贷由谁偿还

通常情况下,购房入户管理手续如房屋契税、按揭还贷、物业费、维修基金、装修保证金等费用应由购房人亲自办理并持有单据,但借名买房中,很多均由实际购房人代名义购房人去办理、缴费,名义购房人往往不知晓详情。这在一定程度上也可用来证明双方的借名购房关系。

(二)如何认定实际出资人

1. 双方协议的内容

协议中双方对出资往往有明确约定。正常情况下,借名人即为将来的实际出资人,但不能单凭协议确定实际出资人,因为协议的履行存在不确定性,借名人不履行出资义务亦有可能,故还应结合其他证据综合认定。

2. 还款手续、购房发票、产权证等书证由何人持有

还款手续、购房发票与产权证虽记载被借名人之名,但如果这些重要材料均由借名人持有,则买房事宜由借名人具体执行,房款亦可推理为由其支付。一般来说,还款手续由借名人持有即可初步推定其为实际出资人,因为如果房款系被借名人所出,通常其无可能和必要将取得的提前还贷申请书、还款凭证等还款手续交由借名人保管。

3. 双方的财务状况、还款能力

如被借名人无稳定的工作收入等经济来源,一般也不会有支付巨额首付款及按期支付按揭贷款的能力。

4. 证人证言

实际出资人直接与卖方即收款人接洽付款的,交款凭证记载被借名人、收款方为卖方指定第三人(如中介公司)的情况下,卖方证言尤具证明价值;另外,借名买房一般多发生在亲戚朋友等熟人之间,多数情况下,亲朋好友对此事内情都知晓。

本案涵盖了双方有无借名买房的合意以及诉争房屋的首付款及各种税费、贷款由谁出资的问题?实践当中借名买房的风险是很大的,那面对风险如何救济呢?

鉴于借名买房的诸多风险,消费者应尽量通过正规方式购房,若不得已需要借名买房时,应注意以下几个方面,力求将风险降至最低:

(1)借名买房之前,首先弄清楚欲购房屋的性质,房屋能否上市交易,借名购买是否违反国家政策性规定,防止将来无法取得房屋所有权。

(2)签订书面协议。为与借款合同相区分,书面协议中应明确双方的借名买房

合同关系,可以请第三方见证合同。

(3)注意保留双方洽谈、签订借名买房协议时的证据,如邀请朋友作见证、进行录音录像等。

(4)注意保存购房手续,付款证明(银行转账记录、收据收条、还贷记录等)、购房发票、房产证书等书面证据材料。

8. 王某诉王某某返还原物纠纷案

陈环环*

【案例要旨】

本案虽然经历了一审、二审、再审,但最终还是以调解结案。从2012年6月至2015年6月3年的时间里双方当事人都在本案中投入了大量的时间、精力,由于本案存在两个特殊性:一是主债务人死亡无从了解真实的债务情况,二是唯一证据在关键处存在破损无法确定保证期限,使得案件当事人双方互不相让。通过再审法官和律师介入,在本着有利于化解当事人之间的矛盾的原则下,就本案案件情况给予双方当事人充分的分析,最后当事人根据自己的意愿在相互谅解的基础上协商解决纠纷并当庭履行完毕,使得本案成为真正意义上的案结事了。

民事案件的调解工作在诸多案件中都十分适用,经过调解后双方当事人所达成的协议是双方自愿协商的结果,当事人能自觉履行,减少了诉讼成本与执行成本的消耗,有效节约了司法资源,也有效维护了社会稳定。

【案情简介】

2012年6月11日,王某向天津市河东区人民法院起诉王某某,要求王某某返还人民币20万元,理由是王某某的妹妹王某娜于2001年4月24日向原告王某借款人民币30万元;2008年2月10日,王某娜给王某打了借条,王某某签了字,并以王某某名下的一处房产作担保;2009年1月1日,王某娜再次给王某打借条承诺还款,并以王某某名下的同一房屋提供连带保证,王某某也签了字;2011年2月7日,王某娜向原告王某还款人民币10万元,剩余20万元没有归还;2011年7月2日,王某娜去世。

本案的关键在于被告王某某是否还要承担保证责任,是否在保证期限内。2009年1月1日的借据原件上有毁损,关键字即王某娜承诺的还款日期中的年份已经被烫,有窟窿。这个日期有两个推定,2009年6月30日和2010年6月30日。由于原

---

* 代理律师:陈环环,天津融汇律师事务所。案例来源:天津市高级人民法院裁判文书。

告起诉于2012年6月11日，如果推定2009年，则王某某的保证责任可以因为已过保证期限而免除，而如果推定认可是2010年，则王某某要承担保证责任，替王某娜还钱20万元。

本案一审法院以“无法辨认还款年份且双方均未提供证据佐证该还款年份”为由对《借据》打印部分所述该年份认定的意见均不采纳。而是以借款人王某娜2011年2月7日手写部分“‘尚欠王某人民币贰拾万元王某娜2011年2月7号’‘今年底还清王某娜2011年2月7号’字样，被告王某某未予否定”为由来认定被告王某某承担责任。后王某某不服，上诉于天津市第二中级人民法院。

二审法院对于打印部分，则是以“庭审中，上诉人王某某对2009年1月1日的借据内容予以认可，表示对该借据承担担保责任，并认可其签字时该借据没有存有字体被烫、有窟窿的现象”为由认定损毁处为2010年6月30日。对于王某娜手写部分则是以“并无被上诉人王某某签字，故不能证明该内容为债权人与债务人协议变更主合同，也不能证明上诉人王某某的上诉主张”为由对手写部分不予认可，认定上诉人王某某承担责任。

后王某某不服一审、二审判决向检察机关申诉，2014年10月13日天津市人民检察院以津检民监(2014)××号民事抗诉书提出抗诉。2014年11月18日天津市高级人民法院作出(2014)津高民抗第××××号民事裁定提审本案。

【代理意见】

一、用以定案的唯一证据《借据》存在明显瑕疵，不能作为定案的证据使用。

本案一审、二审用以定案的证据也是本案唯一的“证据”，是由被申请人提交的2009年1月1日签订的《借据》。而该《借据》却存在明显瑕疵，还款期限处已被损毁无法辨认出约定的还款年限，已不存在对申请人提起诉讼的证明力。该《借据》在约定的还款日年份处存在损毁且该损毁已完全无法确定约定的还款年份，而该还款年份又直接关系着保证人的保证期限，此《借据》一直由被申请人予以保管，无论是其出于故意亦或过失，该份借据都已经不再具有证明申请人保证期间的证明力，在没有其他证据证明的情况下，单凭此《借据》认定案件基本事实，显然缺乏证明力。一审、二审以此证据认定案件事实显然缺乏定案依据。

二、本案唯一证据《借据》存在两部分内容即打印部分与手写部分，该两部分内容均不存在对申请人提起诉讼的证明力。

本案用以定案的唯一“证据”《借据》存在两部分内容，即打印部分与手写部分，打印部分还款日期处已存在严重的损毁，不能辨认还款年份，亦不能确定保证人即本案的申请人的保证期间。根据我国《民事诉讼法》“谁主张，谁举证”这一项重要的原则及《最高人民法院关于民事诉讼证据的若干规定》第二条之规定：“当事人对自己提出的诉讼请求所依据的事实有责任提供证据加以证明。没有证据或者证据不足以证明当事人的事实主张的,由负有举证责任的当事人承担不利后果。"因此,被申请人如果不能证明申请人还在保证期间内,则其应承担举证不能的法律后果。针对手写部分,被申请人主张为借款人王某娜于2011年2月7日所写,对被申请人的此主张,申请人根本不知晓情况,且此时申请人根本不在中国境内,根本无法知晓此情况。单凭《借据》上手写部分内容看借款金额为20万元,与保证人签署的承担保证责任的30万元显然不是同一份合同,抑或对原合同进行了变更。根据我国《担保法》第二十四条规定,债权人与债务人协议变更主合同的,应当取得保证人书面同意,未经保证人书面同意的,保证人不再承担保证责任。

综上,被申请人提供的《借据》打印部分已经损毁,已不能确定保证人的保证期间,不能以此要求申请人承担保证责任。手写部分内容并不在申请人即保证人的保证范围内,保证人并未对此借款承担保证责任。如果手写部分如被申请人所述是对打印部分的更改,则属于我们《担保法》第二十四条规定之情形。故被申请人提供的《借据》不存在对申请人提起诉讼的证明力,应当驳回被申请人的全部诉讼请求。

三、王某娜遗物中的两张《收条》足以证明借款人王某娜已足额归还了2001年4月24日的借款30万元,本案已不存在保证责任。

由于本案的借款人王某娜已经过世,在收拾王某娜遗物过程中,找到《收条》两张分别是:2002年6月28日的《收条》记载的内容为"今收到人民币壹拾贰万元整2002.6.28王某"。2010年7月20日的《收条》记载的内容为"今代王某收到王某娜交来还款本金人民币壹拾万元整,王某娜尚欠王某借款本金人民币贰拾万元整代收人王小某2010.7.20"。该收条清楚记载王某娜已于2010年7月20日还款给被申请人王某本金10万元整。且2012年6月6日被申请人的《民事起诉状》中被申请人表述"2011年2月7日王某娜向原告还款10万元整"。上述三份还款记录已充分证明自2002年6月28日至2011年2月7日王某娜已经偿还王某人民币32万元整。根据被申请人提供的《借据》中所记载的"王某娜于2001年4月24日在本市河西区向王某借得人民币叁拾万元(30万元)"可知上述两张《收条》已对《借据》中的30万元进行偿还,加之被申请人自认的"2011年2月7日王某娜向原告还款10万元整",借款人王某娜已经足额加息偿还了王某欠款。故,本案所诉的债权债务已经消失,何谈申请人的保证责任?

四、王某诉王某某返还原物纠纷一案,申请人王某某并非本案的适格主体,不应承担本案的任何义务。

本案一审、二审判决均以返还原物为由,判决王某某返还王某人民币20万元。返还原物即物权人的物被他人侵占,物权人有权请求返还原物,使物复归于物权人事实上的支配。根据我国《民法通则》第一百一十七条规定，侵占国家的、集体的财产或者他人财产的，应当返还财产，不能返还财产的，应当折价赔偿。又根据《物权法》第三十四条之规定，无权占有不动产或者动产的，权利人可以请求返还原物。而本案申请人王某某仅为被申请人提供的《借据》中的保证人，其从未占有及实际控制过被申请人所主张的款项，其根本不是返还原物纠纷案件的涉案主体，不应在本案中承担任何责任。

综上所述，申请人恳请法院查清事实、分清事实，依法撤销原判决，驳回被申请人的无理之诉请，以维护申请人的权益。

【裁判结果】

再审过程中，申诉人王某某自愿给付王某人民币12,000元整，王某自愿申请撤回起诉，王某某亦同意王某撤回本案起诉。依据《最高人民法院关于适用〈中华人民共和国民事诉讼法〉的解释》第四百一十条的规定，天津市高级人民法院作出裁定：一、准许王某撤回起诉；二、撤销天津市第二中级人民法院(2013)二中民一终字第××××号民事判决书和天津市河东区人民法院(2012)东民初字第××××号民事判决书。

【案例评析】

一、存在明显瑕疵的证据能否定案的问题

本案唯一的证据，是由被申请人(一审原告)提交的2009年1月1日签订的《借据》。而该《借据》却存在明显瑕疵，该《借据》在还款日年份处存在损毁且该损毁已完全无法确定约定的还款年份，而该还款年份又直接关系着保证人的保证期限，此《借据》一直由被申请人予以保管，无论是其出于故意亦或过失，该份借据都已经不再具有证明申请再审人保证期限的证明力，本着“谁主张，谁举证”的原则，在没有其他证据证明的情况下，单凭借此《借据》不能认定案件的基本事实。

二、复印件能否作为证据使用的问题

至于被申请人(一审原告)提出的2009的借据的复印件，根据《最高人民法院关于民事诉讼证据的若干规定》第六十九条第四项的规定“无法与原件、原物核对的复印件，复制品不能单独作为认定案件事实的依据”，因其无法与原件核对，所以不能作为本案定案的依据。

9. 网络虚拟财产权属纠纷案

郑晓云*

【案例要旨】

根据《民法通则》第七十五条规定,公民合法财产受法律保护。网络虚拟财产在满足公众需求和现实社会的活动及交易下,使其成为现代社会的一种新型权利保护类型。2017 年 10 月 1 日起施行的《民法总则》第一百二十七条规定:“法律对数据、网络虚拟财产的保护有规定的,依照其规定。”该类财产被正式列入《民法总则》之中。这一新规符合当前时代发展对于网络虚拟财产的保护需求,为网络虚拟财产保护提供了法律依据。

【案情简介】

原告及被告李某均系由第三人公司开发的某著名网络游戏“××西游”的玩家。2009 年 12 月,原告看到被告李某在该游戏聊天窗口中发布账号转让信息。由于被告李某的游戏账号等级高、装备好,原告有意购买,故其与被告李某取得了联系,并委托朋友于 2009 年 12 月 17 日在山西省运城市某快捷酒店进行了交易。当日被告李某向原告朋友出示了身份证复印件,并登录该游戏注册平台由原告重新设置了该账号的登陆密码、验证信息等并在接到游戏公司链接网页确认修改信息成功后,指示其朋友进行了付款。相关交易完成后,该账号一直由原告正常使用,且原告陆续花费大量资金购买了其他游戏装备。2010 年 3 月 18 日,原告发现该账号不能正常登录,随即与被告联系并询问此事,却被告知该账号已被被告利用原始身份证登记信息通过平台系统进行了收回。另,第三人公司于 2010 年 5 月开通账号交易平台,收取账号转让手续费用。事情发生后原告在到公安机关报案未果的情况下向法院起诉,要求确认该账号为原告所有。

---

* 代理律师:郑晓云,天津鼎运律师事务所。案例来源:天津市河东区人民法院裁判文书。

【代理意见】

原被告依法形成买卖合同关系，且已经履行完毕，原告依法享有诉争游戏账号的所有权。

一、原被告双方依法形成买卖合同关系，原告取得诉争游戏账号所有权的形式合法。

首先，被告系该游戏账号的原始所有人，其拥有该游戏账号的处分权。

其次，通过原告提交的各项证据可以证实，原被告之间依法形成买卖合同关系，而该合同所指向的标的物，即该诉争游戏账号的所有权。被告向原告交付账号密码，并通过游戏官方平台修改了相关信息，双方已经完成了该标的物的交付。依据《合同法》第一百三十三条之规定："标的物的所有权自标的物交付时起转移，但法律另有规定或者当事人另有约定的除外。"标的物交付后，原告向被告支付价款。双方合同已经履行完毕，原告依法取得该账号的所有权。

再次，原告提供证人证言可以证实在原告购买诉争游戏账号时，第三人游戏公司尚未建立官方的交易平台，但也未禁止账号或是装备的交易行为。

最后，我国现行法律亦未禁止游戏账号的交易。

综上，原告代理人认为，原被告双方依法形成合同关系，并履行完毕，原告依法取得合同标的物的所有权。

二、本案争议的买卖合同的标的物即"游戏账号"虽为网络虚拟财产，但其同样具有财产属性，应得到法律保护，具体理由如下。

（一）该游戏账号有使用价值及交换价值。

虚拟财产是一种数字化、非物化的财产形式。它主要包括两点：

（1）长时间虚拟生活中形成的人物形象，是不能转换到现实生活中的虚拟财产；

（2）是狭义的数字化、非物化的财产形式，它包括网络游戏、电子邮件、网络寻呼等一系列信息类产品。

由于目前网络游戏的盛行，虚拟财产在很大程度上就是指网络游戏空间存在的财物。结合到本案中，即包括游戏账号的等级、游戏货币、游戏人物拥有的各种装备等。这些虚拟财产在一定条件下可以转换成现实中的金钱财产。正是因为其本身既有市场价值也有交换价值，实践中多地公安部门将盗取游戏账号的行为定性为盗窃。由此可知，游戏账号不仅具有财产价值而且该价值被侵犯后同样受到法律保护。本案诉争的游戏账号目前在第三人的公共平台完全可以通过交易过户转化成现金财产，由此更肯定了其具有现金价值。

（二）诉争游戏账号的所有权具有独立及排他性。

通过第三人游戏公司的游戏设置可知，该游戏账号需要登记注册所有者身份信息,并且由所有者设置登录密码。之后该账号由所有者通过密码,享有独立的支配及使用权。

按照现行民法学理论,公民的财产既包括有形的,也包括无形的,网络虚拟财产应属于无形资产的一种。同时《民法通则》第七十五条明确规定,公民合法财产受法律保护。故,从法律对财产的定义及《民法通则》相关规定上讲,虚拟财产同其他有形财产一样,享受法律保护的权利。

(三)第三人某某计算机系统有限公司的抗辩理由并不能成立。

原告在成为第三人研发经营的"××西游"游戏玩家时,第三人并未明确告知原告或其他游戏玩家账号不能转让。且在案发后第三人开发了公共平台(藏宝阁)用于游戏玩家交易账号或是人物装备,第三人从中收取一定比例的手续费。基于此,原告代理人认为只要原被告的交易不违反现行法律规定,第三人即使作为游戏的研发经营者也无权干涉原被告之间的交易,更何况目前第三人已经开放了交易平台。故,第三人对于未经过其同意,原被告交易违法、违规的抗辩理由显然不能成立。

(四)原告在取得诉争游戏账号后,对其进行了增值。

原告取得该诉争账号期间,陆续花费了15万余元为该账号购置相关装备,该账号现有价值已经比原被告交易时产生了增值。

综上所述,原告代理人认为,原被告依法形成合同关系,合同交易物亦属于我国法律规定的可交易财产,且双方已经履行完毕标的物交付及价款支付的义务。诉争游戏账号自交付完成后,所有权依法变更为原告。且原告实际使用并对该游戏账号出资进行了增值。原告依法享有该诉争游戏账号的所有权,其财产权利应当受到法律保护。被告擅自修改密码收回账号的行为,侵犯了原告的合法权益。故原告的诉请完全符合民法学理论及现行法律规定,理应得到法院支持。

【裁判结果】

法院认为,合法民事权利受法律保护。原告受让游戏账号并支付双方约定的价款,被告李某在交易中提供登记玩家身份证,并出具协议及收条,双方买卖关系成立。关于第三人账号不可交易意见,与现该公司可进行网上交易的行为相矛盾,对此意见不予采信,故法院对原告诉讼请求予以支持。判决如下:确认游戏"××西游"by＊＊＊＊＊＊@163.com　ID:5367＊＊＊＊账号归原告所有。

【案例评析】

本案的争议焦点集中在虚拟财产是否具有法律意义上的财产价值并得到保护。

随着互联网经济的迅猛发展,网络虚拟财产这一概念逐渐被人们所熟知。网络虚拟财产产生及存在于网络之中，并依托网络而存在，其不同于以往被公众所熟知的财产存在形式。但是基于公众的需求及虚拟的财产性质，这些依托于网络所产生的财产，又能通过现实社会的活动及交易，产生现金价值。

就本案所涉及的网络游戏账号而言，在国内有大量的网络游戏玩家，他们最初获得游戏账号的时候，有可能是无偿的。但是在游戏中，这些网络玩家通过大量时间及精力乃至智力上的付出，使得该游戏账号获得了相应的价值，这些价值有可能体现在网络游戏人物的价值上，如账号等级、装备等级之上。获得了上述价值的游戏账号，在网络游戏的世界中，成为了更高级、更有能力的存在。有些玩家没有能力自己提升自身的账号价值，但是其又渴望得到更高等级的游戏账号或装备，享受更多的游戏权利。有需求，市场便就此产生。那么在此时，这些无形的、依托于网络世界所存在的财产价值，又回归了现实社会中。在有需求的市场里，这些虚拟的网络财产，将直接反应为现金价值。

大量的网络玩家同原告一样，在现实社会里通过有偿转让的方式从虚拟游戏世界里获得游戏账号以及游戏人物装备，纠纷也随之产生。那么，法律究竟该如何认定这些虚拟财产的性质以及如何对其加以保护呢？

本案代理人认为该诉争账号虽为网络虚拟财产，但因其具有可使用、可交易转变为现金价值的特性，以及其具有相对独立及排他性的支配权的特性，使其虽然不同于传统财产的定义，但是又与传统财产具有相似的属性。属于新型的财产类型，同传统财产一样，应当得到法律保护。按照当时施行的《民法通则》第七十五条之规定，公民合法财产受法律保护。该游戏账号是原告通过支付10余万元的现金货币对价合法取得的，并在持有该账号之后付出了巨大的精力和金钱为其进行增值，其理应属于原告的合法财产，受到法律的保护。本案的主审法官利用现行的法律法规以及法学理论合理合法地解决了本次纠纷，维护了本案原告的合法权益，更明确了游戏账号交易的合法性，同时也对日后因游戏世界中虚拟财产交易产生纠纷如何解决提供了良好的示范。

虽然《民法总则》第一百二十七条的规定仍不十分具体，但是相信为后续涉网络虚拟财产的立法提供了有力的支持。当前社会网络经济已经有越来越蓬勃的发展趋势，因此建议我国立法机关应当结合《民法总则》的相关规定，尽快制定并出台具体可实施的有关虚拟财产权属、交易等相关法律规范，为解决类似纠纷提供更有力的法律保障。

10. 某地矿总公司与天津某进出口贸易有限公司货物所有权纠纷案

袁伟明　员　杰*

【案例要旨】

按照本案购销合同约定,某公司支付货款才能取得对相应数量的货物所有权,就涉案货物,某公司未支付货款,因而不能取得货物的所有权,进而其将涉案货物销售给中色物流公司是无权处分行为。涉案货物已被法院查封,对中色物流公司和中色国贸公司原则上不适用善意取得制度,中色国贸公司未能取得涉案货物的所有权,其对海关放行单的占有妨害了某地矿总公司对货运代理公司提货请求权的行使,应由其排除妨害,直接向某地矿总公司返还海关放行单。某物流公司、某公司、中色物流公司现已不实际占有海关放行单,因此,第三者没有返还的义务。

【案情简介】

2011年10月17日,某地质矿业总公司(以下简称地矿总公司)与天津某进出口贸易有限公司(以下简称某公司)订立镍矿《进口代理协议》,地矿总公司代理某公司进口红土镍矿。2011年11月24日,为办理涉案红土镍矿在天津港的货代业务,地矿总公司、某公司与天津某物流有限公司(以下简称某物流公司)签订了《进口镍矿港口代理协议》。

2011年10月6日,55,970吨红土镍矿被装上“金峰”轮,从菲律宾苏里高运至中国天津港,“金峰”轮船代代表船长签发了编号为PSI-111023和PSI-111024的两套正本提单。货物到达天津港后,地矿总公司依据与某物流公司签订的《进口镍矿港口代理协议》将正本提单等单据交给某物流公司办理货物在天津港的报关、报检、仓储等相关业务。某物流公司代理地矿总公司从承运人处提取了货物,办理了

---

* 代理律师:袁伟明、员杰,天津士洋律师事务所。案例来源:天津海事法院裁判文书。供稿单位:天津士洋律师事务所,袁伟明、王洋。

相关港口进口手续，持有涉案两份海关放行单原件。现涉案货物仓储于天津开发区某货运代理有限公司(以下简称货运代理公司)的货场。

某物流公司称因需向某公司借款，将涉案两份海关放行单交给某公司作为抵押。2014年4月21日，某公司与中色物流公司签订《货物采购合同》，由某公司向中色物流公司销售涉案货物。

2014年4月23日，中色物流公司与中色国贸公司签订《货物销售合同》。4月25日，中色国贸公司、中色物流公司与货运代理公司签署了《货权转移证明》。同日，涉案两份海关放行单已由中色物流公司交付给中色国贸公司，由中色国贸公司持有。

地矿总公司认为，某公司、某物流公司、中色物流公司和中色国贸公司的行为侵犯了其货物所有权，委托我所律师向天津海事法院提起诉讼，请求确认地矿总公司对于涉案货物的所有权；判令某公司、某物流公司、中色物流公司和中色贸易公司向地矿总公司返还提单号为PSI－111023和PSI－111024所对应的两份海关放行单；判令诉讼费由某公司、某物流公司、中色物流公司和中色国贸公司承担。法院判决认定地矿总公司具有所有权，中色国贸公司向地矿总公司返还PSI－111023和PSI－111024所对应的两份海关放行单，受理费及保全费由四被告连带承担。

之后某公司、中色物流公司、中色国贸公司不服一审判决提起上诉，二审法院以某公司并非涉案货物所有权人，中色物流公司、中色国贸公司亦未构成善意取得，判决驳回上诉，维持原判。

【代理意见】

在审理中，法院归纳了以下两个争议问题：中色国贸公司对于涉案货物是否享有所有权；四被告对地矿总公司是否有返还海关放行单的义务。围绕上述焦点内容，我们的意见如下：

一、某公司对涉案货物没有所有权

(1)某公司与地矿总公司之间的法律关系为外贸代理合同关系，某公司和地矿总公司已经明确约定，涉案货物的所有权归地矿总公司所有。

(2)按照地矿总公司与某公司之间的约定，某公司向地矿总公司支付了相应的货款后，地矿总公司将对应的货物所有权转移给某公司，但在本案中，某公司向地矿总公司支付了合同保证金之后，未向地矿总公司支付任何货款。无论是依据二审法院的生效判决，还是实际交易情况，某公司都未向地矿总公司支付货款，不具备中地矿总公司向某公司转移货权的前提条件。

(3)地矿总公司并未向某公司交付涉案货物，涉案货物的物权未发生转移。

二、中色物流对涉案货物没有所有权,应将海关放行单返还地矿总公司

(1)中色物流与某公司之间签订的《货物采购合同》为无效合同,中色物流不能依据合同法律关系取得货物所有权和对应的海关放行单。

(2)海关放行单并非物权凭证,某公司将海关放行单交付给中色物流不构成拟制交付。即使从指示交付的角度看,某公司和中色物流之间的货物交付行为也未完成。因此,中色物流未曾占有涉案货物,不能适用善意取得制度。

(3)中色物流支付给某公司的合同对价不合理,不能适用善意取得制度。

(4)本案货物已被天津市第二中级人民法院依法查封,中色物流与某公司签订《货物采购合同》《货权转让协议》《货权转移证明》时,未向涉案货物的实际仓储方了解货物的权属以及查封等相关情况,主观上存在重大过失,非善意第三人。

三、中色国贸未取得涉案货物所有权,应将对应海关放行单返还给地矿总公司

(1)中色物流与中色国贸之间签订的《货物采购合同》,是整个融资链条上的一个环节,其以合法的形式掩盖非法的目的违反了法律的强制性规定,因此该合同为无效合同,中色国贸不具备适用善意取得前提条件。

(2)海关放行单并非物权凭证,中色物流将海关放行单交付给中色国贸不构成拟制交付。即使从指示交付的角度看,中色物流和中色国贸之间的货物交付行为也未完成。因此,中色国贸未曾占有涉案货物,不能适用善意取得制度。

(3)中色国贸与中色物流约定的合同对价不合理,且中色物流与中色国贸拆解资金的行为违法,中色国贸不能适用善意取得制度。

(4)本案货物已被天津市第二中级人民法院依法查封,中色国贸与中色物流签订《货物销售合同》《交货确认书》《货权转移证明》时,未向涉案货物的实际仓储方了解货物的权属等相关情况,主观上存在重大过失,非善意第三人。

【裁判结果】

天津海事法院判决认定地矿总公司具有所有权,中色国贸公司向地矿总公司返还PSI-111023和PSI-111024所对应的两份海关放行单,受理费及保全费由四被告连带承担。

法院认为,本案为消除妨碍返还海关放行单纠纷。

一、某公司对涉案货物是否具有所有权

法院认为,地矿总公司以自己的名义与国外卖方签订购销合同并按照购销合同的约定通过信用证支付了全部货款,取得涉案货物的两套正本提单,某物流公司作为地矿总公司的代理人,凭正本提单向海运承运人提货,此时,地矿总公司对涉案货物具有所有权。地矿总公司与某公司签订的进口代理合同依法成立并生效,对双方有约束力。按照合同的约定,某公司支付货款才能取得对相应数量的货物所有权，就涉案货物，某公司未支付货款，因而不能取得货物的所有权。

二、中色国贸公司是否取得涉案货物的所有权

某公司对涉案货物不具有所有权，其将涉案货物销售给中色物流公司是无权处分行为。

中色物流公司、中色国贸公司主张基于善意取得涉案货物的所有权，对于中色物流公司、中色国贸公司的主张是否成立，法院依据善意取得的构成要件具体分析如下：

（一）涉案货物已被法院查封，是否适用善意取得

1999 年 11 月 7 日，最高人民法院答复河北省高级人民法院《关于人民法院查封的财产被转卖是否保护善意取得人利益问题的复函》中明确：人民法院依法查封的财产被转卖的，对买受人原则上不适用善意取得制度。

就本案而言，2013 年 6 月 6 日，天津第二中级人民法院依法裁定查封了涉案货物，并于 2013 年 6 月 19 日向某物流公司及货运代理公司送达了协助执行通知书，该查封裁定已经发生法律效力，并依法进行了公示。

而某公司与中色物流公司签订买卖合同的时间为 2014 年 4 月 21 日，中色物流公司与中色国贸公司签订买卖合同的时间为 2014 年 4 月 23 日，均在天津第二中级人民法院查封涉案货物以后，因此，对中色物流公司和中色国贸公司原则上不适用善意取得制度。

（二）中色物流公司是否占有涉案货物

依据《海商法》的规定，提单在货物处于海上货物运输期间才是物权凭证，在提单签发之前或提单持有人凭正本提单换取了提货单后，提单不再具有物权凭证的效力。

海关放行单是提单持有人凭正本提单向承运人或其代理人换取的，在提单复印件（或 D/O）上加盖船代放行章、海关放行章等，可向港口部门提取仓储货物的凭证，其首先不是提单，其次在换取海关放行单后，提单已经失去了其物权凭证的效力。依据我国物权法定原则海关放行单不能被认定为物权凭证。

如上所述，海关放行单的占有人对港口仓储公司享有提货请求权，其性质应为债权凭证。涉案货物存放在货运代理公司仓库，属于第三人占有情形，转让海关放行单即转让提货请求权，其采用的是我国《物权法》第二十六条规定的指示交付的方式。

本案中，某公司向中色物流公司转让海关放行单时，涉案货物处于查封状态，中色物流公司也未能提供证据证明某公司已经将提货请求转移给中色物流公司的事实通知了货运代理公司，没有满足指示交付的两个条件，因此，某公司未能完成向中色物流公司交付涉案货物。

依据我国《物权法》的规定，占有让与，除了当事人之间达成占有转移的合意之外，还须有占有物的交付才能完成。

不管某公司是不是涉案货物的占有人，其未能完成向中色物流公司的交付，因此，中色物流公司未能取得对涉案货物的占有。

因中色物流公司不是涉案货物的占有人，其向中色国贸公司的转让不能适用善意取得制度，中色国贸公司不能取得涉案货物所有权。

综上，涉案货物被转卖给中色国贸公司时，已被天津第二中级人民法院查封，中色国贸公司原则上不适用善意取得制度。

三、四被告应否向地矿总公司返还两份海关放行单

如上所述，中色国贸公司未能取得涉案货物所有权，但因地矿总公司与大唐公司之间关于涉案货物的买卖纠纷，依据天津第二中级人民法院的生效判决，12389吨货物的所有权已经转移给大唐公司，地矿总公司对剩余43681吨货物享有所有权。

地矿总公司与某物流公司之间具有货运代理合同关系，某物流公司作为受托人在办理业务中取得的海关放行单应返还地矿总公司，但某物流公司却将海关放行单交给某公司，某公司转让给中色物流公司，中色物流公司又转让给中色国贸公司。

中色国贸公司未能取得涉案货物的所有权，其对海关放行单的占有妨害了地矿总公司对货运代理公司提货请求权的行使，依据我国《物权法》第三十五条的规定，应由其排除妨害，直接向地矿总公司返还海关放行单。某物流公司、某公司、中色物流公司现已不实际占有海关放行单，因此，三者没有返还的义务。

【案例评析】

善意取得制度是我国民法中的一项重要制度，是无权处分人将财产有偿转让给第三人，如果受让人取得该财产时出于善意，则受让人将依法即时取得对该物产的所有权的一种法律制度，我国《物权法》第一百零六条进行了明确的规定。但由于该制度是受让人从无权处分人的物权处分行为中取得所有权，对于所有权人所拥有的物所有权具有一定的侵害，因此在审判实践中人民法院对于该制度的适用必须慎之又慎。特别是本案中涉案货物处于被法院查封的状态，对于此种财产由于具有特定的公示手段，对于受让人是否具有“善意”是一种较为明确的判断。此外，提单作为权凭证是《海商法》中的一项特别制度，而对于本案中出现的海关放行单，依据我国《物权法》所设立的物权法定原则，由于我国法律未对海关放行单的物权凭证性质进行过规定，其不具有拟制交付的效力。因此，从审理的情况来看，法院接受了我们对于善意取得制度不应适用的观点，认定地矿总公司拥有货物所有权，我们对于法院的判决予以认同。

11. A 某公司诉 B 某公司房产置换合同纠纷案

张晓丽*

【案例要旨】

除法院裁判要点外，本案争议的核心问题应为独宗用地与分摊用地的认定及其区别。依据《天津市确定土地权属办法》第三十四条之规定，只有在一宗土地有两个以上使用者，其共同用地部分不能分割划定实际界线时，按分摊的共用面积确定土地使用权。本案中，无论是 B 某公司所谓 27,000 平方米还是《置换协议书》约定的 22,400 平方米的土地上仅有 B 某公司置换给 A 某公司的超市这一栋建筑，不存在“共同用地部分不能分割划定实际界线”这一限制条件，完全具备独立分割的可能性及条件。

【案情简介】

2004 年 8 月 9 日，某发展股份有限公司（以下简称 A 某公司）与天津某投资发展集团有限公司（以下简称 B 某公司）签订《置换协议书》，约定 A 某公司将其所持有的案外人天津某物流有限责任公司（以下简称 C 某公司）89.97% 的股权以及 2000 万元现金作为交易条件，置换 B 某公司开发建设的坐落于河东区某大型零售超市（以下简称涉案房地产），该超市建筑面积不低于 25,700 平方米，占地规划四至为东至住宅规划路，南至住宅区规划路，西至某某装饰城，北至某某某路，土地使用面积为 22,400 平方米。

该《置换协议书》还约定，双方应最迟于 2004 年 9 月 1 日将各自置换对价物交付给对方，同时，B 某公司应在该协议签署后 30 日将经验收备案合格的大型零售超市交付 A 某公司，并在竣工验收（交付给 A 某公司）后 3 日内办理产权登记，产权登记办理完毕后 3 个工作日内，为 A 某公司申请办理房屋所有权及土地使用权证的交易过户和登记手续。另，该《置换协议书》还对 A 某、B 某公司双方的其他权利义务、违约责任等进行了约定。

该《置换协议书》签署后，A 某公司于 2004 年 8 月 24 日通过银行汇票委托书的方

---

* 代理律师：张晓丽、陈武钟，天津四方君汇律师事务所。案例来源：天津市高级人民法院裁判文书。供稿单位：天津市律师协会民商专业委员会，张晓丽。

式将2000万元款项支付给B某公司,并于2005年7月27日与B某公司签署《股权转让协议》,将A某公司所持有C某公司89.97%的股权转让给B某公司,并在天津市河东区市场和质量监督管理局(原天津市河东区工商行政管理局)完成股权转让变更登记手续。至此,A某公司已按照《置换协议书》的约定履行了己方全部给付义务。

但是,B某公司却迟迟未按《置换协议书》约定为A某公司办理涉案房地产的产权登记手续,后经A某公司多次催促,2005年6月23日,A某公司方才取得了涉案房地产的房屋所有权证,依据该房屋所有权证记载,涉案房地产坐落于天津市河东某某某路-194号,建筑面积为25,399.33平方米,比B某公司承诺的25,700平方米少300.67平方米,并且该房屋所有权证上未登记土地使用权面积,A某公司尚未取得土地使用权证。

后,又经A某公司多次催促,A某公司才于2014年5月22日取得《天津市房地产权证》,依据该房地证记载,涉案房地产坐落于天津市河东某某某路194号,建筑面积为25,399.33平方米,比B某公司承诺的25,700平方米少300.67平方米,分摊土地面积为14,942.4平方米,不仅未实现《置换协议书》中A某公司应取得独宗地而非分摊地的约定,且土地面积比B某公司承诺的22,400平方米少7457.6平方米。

经A某公司委托天津市D某土地价格评估有限公司对涉案房地产进行估价,以2014年5月22日A某公司取得《天津市房地产权证》为评估基准日,依据《置换协议书》约定涉案房地产土地的评估价值应为433,596,800元,而依据涉案房地产土地现状的评估价值仅为317,421,403元,两者差额为116,175,397元。

对此,A某公司曾多次与B某公司协商涉案房地产土地及建筑面积差额问题,但B某公司均以各种理由予以拒绝。为此,A某公司向天津市第一中级人民法院提起诉讼并申请财产保全,主张B某公司向其承担损害赔偿等违约责任。一审法院以A某、B某公司均按置换协议书的约定履行了各自的义务,B某公司不存在违法协议约定的情形为由,驳回A某公司诉讼请求。A某公司不服,委托我所律师向天津市高级人民法院提起上诉,二审法院判决B某公司向A某公司返还价款12,311,006.08元及利息。

【代理意见】

一、B某公司履约不符合《置换协议书》的约定,依法应承担向A某公司赔偿损失等违约责任

(一)交付22,400平方米国有独宗土地使用权的房地产权证系B某公司的核心义务,亦是双方签订《置换协议书》的真实目的

1. 22,400平方米的国有土地使用权应记载于权属证书

我国《物权法》第十七条规定,不动产权属证书是权利人享有该不动产物权

的证明。

《置换协议书》明确约定，A 某公司有权取得 22,400 平方米的土地使用权。与此同时，《置换协议书》约定，B 某公司有义务为 A 某公司办理本案诉争的大型零售超市产权登记及其土地使用权的交易过户及登记手续。上述协议约定结合法律规定，A 某公司应取得的 22,400 平方米国有土地使用权应明确登记在行政机关颁发的《房地产权证》上。然而事实上，A 某公司取得的《房地产权证》上记载的国有土地使用权面积却仅为 14,942.4 平方米，远远低于《置换协议书》的约定。

另外，本案中双方签订《置换协议书》时，为确定置换资产的价值，双方同意由 A 某公司委托专业机构对 B 某公司交付的超市及土地使用权进行了评估，出具了评估报告。原审判决、B 某公司均强调该评估报告系因 A 某公司委托而作出，该报告中即表述超市“实际占地面积 22,400 平方米”，意欲以此质疑土地使用权的概念，即本案中 B 某公司交付的即应为实际占地面积 22,400 平方米。对此，代理人认为：

首先，该评估报告中对于评估范围和对象的表述即为“家居超市在建工程和其占用的土地使用权”，报告主文亦多次提及“土地使用权”，附件《资产评估结果汇总表》及《无形资产—土地使用权清查评估明细表》更是明确记载，经评估的土地为土地使用权价值，与《置换协议书》完全一致。原审判决及 B 某公司所谓“实际占地面积”实为将来转化为土地使用权的目前实际占地面积，根本不能以此证实其关于双方约定为 A 某公司应取得实际占地面积 22,400 平方米的错误观点。

况且，该评估报告系为《置换协议书》提供价值参考，为置换交易服务。无论如何表述，因其从属的服务目的，其均指《置换协议书》中约定的土地，即土地使用权。

其次，该评估报告针对超市及 22,400 平方米土地使用权进行评估并得出价值结论，对此 B 某公司并无异议，且据此收取了等额对价，B 某公司即认可该 22,400 平方米土地使用权应当成为 A 某公司的资产，否则即丧失了评估的意义。如按照 B 某公司的说法（该 22,400 平方米土地为占地面积），等于 A 某公司评估了依法不属于自己的财产，还为此支付了对价，完全不合乎逻辑。

2. 22,400 平方米的国有土地使用权应为独宗用地

（1）明确四至地点的约定。

我国《城镇地籍调查规程》第 1.3 款规定，凡被权属界址线所封闭的地块称为一宗地。

本案中，《置换协议书》明确约定，A 某公司应取得的国有土地使用权既有明确的土地面积，又具有明确的地理四至，符合法律所规定的界线封闭的地块。

另外，在双方均提供的证据——B 某公司受让本案诉争土地所在的大地块（独宗地）的《天津市国有土地使用权出让合同》第二条即约定了土地的四至范围，即上

述法律规定“被权属界址线所封闭的地块”的具体表现形式即为明确的四至范围。

并且,在庭审中,B某公司曾明确表示:“分摊面积,是无法确定权利人行使权利的四至范围,如果是单一的土地使用权证,是有四至的”,B某公司的该段陈述恰恰证明《置换协议书》中对于土地使用权地理“四至”的约定,双方真实意思及目的均在于A某公司应取得的土地为独宗地,而非分摊地。

(2)土地使用权面积的约定。

依据A某、B某双方均提供证据《天津市国有土地使用权出让合同》及附件《土地使用条件》的记载,本案所涉土地公建用地面积为78,811.2平方米,公建用地上建筑面积为113,700平方米,如按照分摊用地计算,A某公司取得分摊土地面积应不超过17,813.97平方米(公建总土地面积78,811.2/公建总建筑面积113,700×超市建筑面积25,700),但双方《置换协议书》约定的A某公司应取得土地使用权面积却为22,400平方米。

此种约定恰恰证实A某公司不应与公建土地上的其他建筑物分摊整个公建用地,而是应由B某公司将22,400平方米土地使用权分割单独转让给A某公司,由A某公司单独享有。

(二)B某公司据以取得土地使用权的《出让合同》允许对其取得的国有土地使用权进行分割,且B某公司具备将土地分割并转让给A某公司的条件

根据A某、B某双方提供的证据显示,2003年6月16日,B某公司与天津市规划和国土资源局(以下简称国土局)签订《天津市国有土地使用权出让合同》,该出让合同明确约定,B某公司根据该合同和《土地使用条件》投资开发利用土地,且投资必须达到总投资(不包括出让金)的25%后,有权将本合同项下的全部或部分地块余期使用权转让、出租。

本案中,截至目前,B某公司早已完成包括A某公司取得的超市范围内坐落于天津市河东区某某某路南侧总土地面积为582,739.8平方米的开发,且已实际交付使用。在之前的某一时段,开发即达到了总投资的25%以上,依据上述《出让合同》,B某公司完全具备将22,400平方米土地使用权单独进行分割并转让给A某公司的条件,但B某公司未向土地管理部门提出土地分割申请,其行为已然构成违约。

另外,依据《出让合同》第二条记载,B某公司取得坐落于天津市河东区某某某路南侧582,739.8平方米国有土地使用权为一宗地,编号为××××-×××号,包括公建用地78,811.2平方米,住宅用地503,928.6平方米,但在实际操作过程中,B某公司将公建用地及住宅用地亦进行了分割,变更为两宗地,并分别获得土地使用权证,而这亦充分说明,A某公司所主张的22,400平方米土地使用权完全可以进行分割。

综上,A某公司均具备获得22,400平方米独宗国有土地使用权的条件和可能,

但B某公司未按照双方《置换协议书》约定积极向行政机关申请土地分割，并最终导致A某公司实际取得的国有土地使用权与《置换协议书》的约定完全相悖。

（三）B某公司的行为已构成违约

如前所述，依据《置换协议书》约定，对于本案诉争的土地使用权而言，B某公司的核心义务在于向A某公司交付记载内容为22,400平方米国有独宗土地使用权的房地产权证。

而事实上，第一，A某公司实际取得房地产权证记载的土地使用权面积为14,942.4平方米，比《置换协议书》约定的22,400平方米减少了7457.6平方米。

第二，A某公司实际取得的土地使用权为分摊用地，为所有业主共有，没有明确的四至界限，与《置换协议书》中约定具有明确四至地点的超市独宗用地完全相悖。B某公司严重违反了《置换协议书》的约定，应向A某公司承担相应的违约责任。

（四）B某公司应向A某公司承担赔偿损失等违约责任

1. A某公司要求B某公司重新办理土地登记性质及面积事实上已不能履行，且不适于强制履行

《合同法》第一百零七条规定，当事人一方不履行合同义务或者履行合同义务不符合约定的，应当承担继续履行、采取补救措施或者赔偿损失等违约责任。

《合同法》第一百一十条规定，当事人一方不履行非金钱债务或者履行非金钱债务不符合约定的，对方可以要求履行，但有下列情形之一的除外：(1)法律上或者事实上不能履行；(2)债务的标的不适于强制履行或者履行费用过高。

本案中，A某公司取得的房地产权证书所记载的土地面积为分摊面积，如更改土地使用性质，必将涉及对B某公司开发建设的其他房屋分摊土地面积进行重新计算，而这在客观上已无法操作。

因此，A某公司要求B某公司重新办理土地登记性质及面积事实上已不能履行，且不适于强制履行。

2. B某公司应当赔偿因其违约行为而给A某公司造成的经济损失

《合同法》第一百一十三条第一款规定，当事人一方不履行合同义务或者履行合同义务不符合约定，给对方造成损失的，损失赔偿额应当相当于因违约所造成的损失。

本案中，由于A某公司要求B某公司继续履行即重新办理土地登记性质及面积事实上已不能实现，故B某公司应当依据上述规定赔偿A某公司因此而遭受的经济损失。

【裁判结果】

天津市高级人民法院于2016年12月30日作出民事判决:撤销一审判决,支持A某公司部分上诉请求。

二审法院认为,本案的争议焦点有三:(1)B某公司向A某公司交付的土地面积是否构成违约,B某公司是否应承担向A某公司返还面积差价及差价如何确定;(2)B某公司是否应向A某公司支付相应的利息;(3)一审法院未接受A某公司提出的评估申请是否违反了法定程序。

就第一个争议焦点问题,二审法院认为:B某公司与A某公司于2004年8月9日签订的《置换协议书》,约定B某公司向A某公司转让涉案的房屋所有权、相应的土地使用权及相关设备,A某公司向B某公司转让有关股权并支付2000万元作为对价。该协议书是双方当事人的真实意思表示,且不违反法律、行政法规的强制性规定,应认定为有效。虽然双方当事人在该合同中约定了相关土地的四至及面积,但B某公司向A某公司转让的标的物为超市房屋所有权,以及超市所占用土地的土地使用权。B某公司收取了A某公司支付的对价,向A某公司交付了超市房屋、设备及相关土地,并办理了超市房屋所有权及占用的土地使用权的转移手续,即A某公司已经履行了合同义务,B某公司亦履行了合同主要义务。A某公司取得的经行政主管部门审批的土地使用权面积客观上少于双方当事人约定的其应取得的土地使用权面积,但导致该结果的原因是双方当事人在合同中约定的B某公司应承担的合同义务在客观上不能完全履行,而不是B某公司存在不当履行行为。因A某公司已经按照合同约定面积向B某公司支付了土地使用权对价,B某公司应就客观上不能履行部分所对应的价款予以返还。

二审审理过程中,A某公司表示因已无法按约定的面积履行,故要求B某公司赔偿差价。因此,B某公司应就其不能履行交付义务部分的土地使用权所对应的价款予以返还,即将履行合同时多收取的价款返还给A某公司。A某公司关于按照其委托评估的标准计算差价的主张,缺乏事实和法律依据,法院不予支持。双方当事人约定的土地面积为22,400平方米,而A某公司取得使用权的土地面积为14,942.4平方米,减少了7457.6平方米。双方当事人在合同中约定价款的依据是2004年8月9日案外人天津市E某有限责任会计师事务所受A某公司委托作出的资产评估,该评估报告载明超市占地面积为22,400平方米,土地使用权的评估价值为3697.81万元。每平方米的土地使用权价值应为1650.8元/平方米(3697.81万元/22,400平方米)。基于此,B某公司应向A某公司返还的差价为7457.6平方米×1650.8元/平方米=12,311,006.08元。

就第二个争议焦点问题,二审法院认为:A某公司按照合同约定向B某公司支付了价款，而B某公司未能按照约定的面积向A某公司转让超市占用土地的使用权。对比，B某公司除应返还多收取的价款外，还应向A某公司支付多收取的价款产生的利息。对于利息计算标准，A某公司主张按照中国人民银行发布的同期同类贷款利率计算，符合法律规定，法院予以支持。利息计算期间，应从A某公司按照《置换协议》的约定履行义务完毕的次日即2005年7月28日，至本判决确定的给付之日。A某公司诉讼请求中主张的利息计算期间虽为2014年5月23日起至实际给付之日，但该主张的基础是以其自行委托评估的差价116,175,397元为利息计算基数，故法院调整利息计算期间，并未超出其诉讼请求。

就第三个争议焦点问题，二审法院认为：一审法院审理过程中，A某公司提出申请，要求对涉案土地的价值按照其主张的时点进行评估，用以证明其主张的面积差价，因B某公司应按照合同约定的价款返还超市占用土地面积差价，故A某公司的评估申请与待证事实之间缺乏关联性，一审法院未委托评估并不违反法定程序。对A某公司的该项上述主张，二审法院不予支持。

综上所述，二审法院认为，A某公司部分上诉诉讼请求成立，判决撤销一审民事判决。

【案例评析】

一、关于B某公司未依约交付独宗用地是否构成违约

一审法院以《置换协议书》并未约定被告保证原告取得天津市房地产权证上分摊面积22,400平方米的条款为由，认定被告并未违约，而二审法院则认为导致交付土地面积不符的原因是双方当事人在合同中约定的B某公司应承担的合同义务在客观上不能完全履行，而不是B某公司存在不当履行行为。两审法院均未对土地性质与合同约定不符进行认定，而我们认为依据《置换协议书》约定，对于本案诉争的土地使用权而言，B某公司的核心义务在于向A某公司交付记载内容为22,400平方米国有独宗土地使用权的房地产权证，而实际取得的土地使用权却为分摊用地，没有明确的四至界限，与《置换协议书》中约定具有明确四至地点的超市独宗用地完全相悖。B某公司严重违反了《置换协议书》的约定，应向A某公司承担相应的违约责任。

综上，两审法院虽均未支持A某公司认为B某公司存在违约的诉讼请求，但二审法院已在某种程度上维护了A某公司的合法权益。

二、A某公司损失应如何量化

二审法院依据双方当事人在当时合同中约定的评估价款为标准计算差额面积价值，按照中国人民银行发布的同期同类贷款利率计算利息。

而我们认为根据《合同法》第一百一十三条第一款规定，当事人一方不履行合

同义务或者履行合同义务不符合约定,给对方造成损失的,损失赔偿额应当相当于因违约所造成的损失。本案中,由于A某公司要求B某公司继续履行即重新办理土地登记性质及面积事实上已不能实现,故B某公司应当依据上述规定赔偿A某公司因此而遭受的经济损失,即应以2014年5月22日A某公司取得《天津市房地产权证》为评估基准日计算A某公司的损失。

12. 陈某某与姜某某、徽某某房屋买卖合同纠纷案

杨秀发　明海荣*

【案例要旨】

买卖双方之间订立的房屋买卖合同,若合同签订时卖方非诉争房屋的所有权人,该合同属于效力待定。买方取得诉争房屋所有权后,双方在原合同价款重新协商不成及未解除合同的情况下,原合同对原买卖双方仍具有拘束力。卖方另行出售该房屋给第三人的行为,系恶意侵权行为,应承担相应的法律责任。同时,在合同签订及履行过程中,第三人本可以通过对诉争房屋进行实质性的看房等最大限度地避免买卖风险,但却没有审慎对待,有违常理,不构成善意取得。

【案情简介】

坐落于天津市滨海新区(原塘沽区)胡家园三爱里某某门102号房屋的原所有权人为天津市塘沽区教育局。2002年7月14日,原告陈某某与被告姜某某签订房屋买卖协议。约定:被告姜某某将坐落于天津市滨海新区(原塘沽区)胡家园三爱里某某门102号的住房一套(面积68.8平方米),以46,000元价格,出卖给原告陈某某。原告陈某某按照协议付清全部购房款并在诉争房屋入住8年。签订并履行诉争房屋买卖协议时,被告姜某某与原产权人就诉争房屋为房屋租赁关系,并未取得诉争房屋所有权。

2009年被告姜某某取得诉争房屋所有权。原告陈某某与被告姜某某就诉争房屋的价款再次协商,未果。在协商不成及合同未解除,以及原告陈某某继续居住情况下,被告姜某某与被告徽某某于2010年8月31日签订商品房买卖协议,以50万元价格,将诉争房屋出售给被告徽某某。2010年9月15日,天津市塘沽区房地产管理局为诉争房屋(塘沽区胡家园三爱里西某某门102号)核发的天津市房地产权证权利人为被告徽某某。

被告徽某某与被告姜某某之间的诉争房屋买卖协议签订履行,被告徽某某陈

---

* 代理律师:杨秀发、明海荣,天津行通律师事务所。案例来源:天津市滨海新区人民法院裁判文书。

述对此前另外存在房屋买卖及履行不知晓。同时,被告姜某某在庭审过程中,明确表示其与被告徽某某签订房屋买卖协议时,未向被告徽某某告知诉争房屋此前与原告陈某某存在买卖协议部分履行,原告陈某某居住诉争房屋多年的事实。

被告徽某某在与被告姜某某签订诉争房屋买卖合同过程中,未对诉争房屋进行实质性看房,在明知诉争房屋有他人居住的情况下,未对实际居住人是否为房屋买卖的权利人进一步核实。在合同签订后才与原告陈某某接触,并了解了原告陈某某与被告姜某某之间就诉争房屋的原买卖关系。

被告徽某某与被告姜某某原为邻居关系,所购买的诉争房屋,最初的信息获得也是经过被告姜某某的亲属介绍。

原告陈某某向法院提起诉讼,请求:

(1)确认被告姜某某与被告徽某某签订的房屋买卖合同无效;

(2)原告陈某某与被告姜某某合同有效;

(3)案件受理费由被告姜某某、被告徽某某负担。

诉讼中,原告陈某某委托我所律师代理该案件。一审判决以原告陈某某与被告姜某某房屋买卖合同系双方真实意思表示的等价有偿交易及徽某某作为第三方非善意取得为由判决陈某某与姜某某的房屋买卖合同有效,姜某某与徽某某的房屋买卖合同无效。

【代理意见】

一、原告陈某某与被告姜某某签订的买卖合同系双方的真实意思表示,且不违反法律、行政法规的强制性规定,故该房屋买卖合同系有效合同,在原合同未解除的情况下,原合同对陈某某与姜某某仍具有拘束力,双方应依约全面地履行各自的义务。

二、被告姜某某在诉争房屋已经卖给原告陈某某,且陈某某已经入住8年的情况下,又以明显低于市场的价格将该房屋卖给被告徽某某,二被告恶意串通,并采用不正当手段办理房屋过户手续,不符合善意取得的构成要件,徽某某不能通过善意取得获得房屋的所有权,故姜某某与徽某某的行为损害了原告陈某某的合法权益。根据《合同法》第五十二条之规定,该合同无效,请求确认:(1)被告姜某某与被告徽某某签订的房屋买卖合同无效;(2)原告陈某某与被告姜某某的合同有效。

【裁判结果】

一审判决:一、原告陈某某与被告姜某某之间的,坐落于塘沽区胡家园三爱里西某某门102号房屋买卖合同有效;二、被告姜某某与被告徽某某之间,就坐落于塘沽区胡家园三爱里西某某门102号房屋买卖合同无效。

一审法院认为,原告陈某某与被告姜某某之间的诉争房屋买卖合同,因合同签订时被告姜某某非诉争房屋的所有权人,故合同属于效力待定。被告姜某某取得诉争房屋所有权后,双方在原合同价款重新协商不成及未更改合同的情况下,原合同对原告陈某某与被告姜某某仍具有拘束力。同时,原价格在合同签订时属于等价有偿。

被告姜某某在获取诉争房屋所有权过程中,抵扣部分房屋补贴。故原告陈某某与被告姜某某在履行时,可以根据具体抵扣情况,协商适当补偿。但协商适当补偿与否,均不影响原告陈某某与被告姜某某之间诉争房屋买卖合同的效力。故原告陈某某与被告姜某某之间的诉争房屋买卖合同有效。原告陈某某的诉讼请求予以支持。

关于被告姜某某另行出售诉争房屋给被告徵某某的行为,系恶意侵权行为,侵害了原告陈某某及被告徵某某的合法权益。应承担相应的法律责任。考虑到本案诉请中未涉及赔偿,故因被告姜某某侵权造成的损失,当事人可另行解决。

被告徵某某作为第三方,以 50 万元巨款购买诉争房屋,已存在被告姜某某隐瞒事实的情节。在合同签订及履行过程中,被告徵某某本可以对诉争房屋进行实质性的看房,了解该房屋是否存在权利瑕疵情况,最大限度地避免买卖风险,但被告徵某某没有审慎对待,有违常理。故被告徵某某善意取得诉争之房证据不足,不构成善意取得。原告陈某某主张被告姜某某与被告徵某某之间,就诉争之房的买卖合同无效是正确的,予以支持。

综上所述,一审法院认为,原告陈某某与被告姜某某之间的,坐落于塘沽区胡家园三爱里西某某门 102 号房屋买卖合同有效;被告姜某某与被告徵某某之间,就坐落于塘沽区胡家园三爱里西某某门 102 号房屋买卖合同无效。

【案例评析】

一、关于陈某某与姜某某之间的诉争房屋买卖合同的效力问题

效力待定合同,是指合同虽然已经成立,但因其不完全符合有关生效要件的规定,因此其效力能否发生,尚未确定,一般须经有权人表示承认才能生效。根据《合同法》的规定,效力待定合同的效力取决于第三人同意或承认,在第三人追认或行为人取得处分权后合同有效。结合本案,陈某某与姜某某房屋买卖合同签订时,姜某某并非诉争房屋的所有权人,故该买卖合同属于效力待定合同,在姜某某取得诉争房屋的所有权后,加之,双方签订的买卖合同系双方的真实意思表示,且不违反法律、行政法规的强制性规定,故之前的效力待定合同变为有效合同,双方在原合同未解除的情况下,原合同对陈某某与姜某某仍具有拘束力。

二、姜某某将诉争房屋又另行出卖给微某某,并已办理房屋过户登记手续,在此情形下,微某某作为第三方是否属于善意取得

善意取得又称为即时取得,无权处分人在不法将其受托占有的他人的财物(动产或者不动产)转让给第三人的,如受让人在取得该动产时系出于善意,则受让人取得该物的所有权,原权利人丧失所有权。

关于“善意”系善意取得构成要件中的主观方面,就主观方面来说,受让人应当是善意的。所谓“善意”,主要指不知情,指行为人在为某种民事行为时不知存在某种足以影响该行为法律效力的因素的一种心理状态。对于认定这种“心理状态”,应当考虑以下几个因素:首先,受让人是否有“知情”的义务,通过他的专业知识水平以及对转让人的了解程度,受让人是否能够判断他的取得是善意的;其次,受让人是否支付了合理的对价,如果受让人明知其取得该物的价格与实际价值相差极大,则可以认定为其行为出于“非善意”;最后,应当考虑交易的场所是否符合常理。

通过上述论述及结合本案件具体情况,在合同签订及履行的过程中微某某本应当对诉争的房屋进行实质性的看房、验房,了解该房屋是否存在权利瑕疵,因为房屋买卖在常人看来系大宗交易,作为买受人应当尽到特别审慎的注意义务,最大限度地避免买卖风险,在本案中,作为买受人的微某某没有审慎地对待,有违常理,故微某某在主观上并不能构成善意,因亦不能通过善意取得获得该诉争房屋的所有权。

三、姜某某的另行出售房屋行为是否构成侵权,及受害者因侵权造成的损失能否在本案中主张

因陈某某与姜某某之间签订的房屋买卖合同系有效合同,故姜某某又另行将该诉争房屋出卖给微某某,系恶意侵权行为,侵犯了陈某某及微某某的合法权益,应承担相应的法律责任,因陈某某在本案中未提出赔偿的诉讼请求,法院坚持“不告不理”的原则,故姜某某侵权造成的损失,受害人可另行向人民法院起诉,主张权利以维护自身的合法权益。

13. 罗某某诉某银行储蓄存款合同纠纷案

曹会杰*

【案例要旨】

银行对于自然人客户单笔款5万元人民币以下不需对取款人进行身份识别的操作有规定可依,即《金融机构客户身份识别和客户身份资料及交易记录保存管理办法》。自然人储户在怀疑银行卡被盗刷时注意保留证据,以证明非本人或本人授权的他人操作,并及时联系发卡银行,必要时应报警。

【案情简介】

2014年8月11日,罗某某在某银行天津某某某某支行办理了一张借记卡且开通了短信提醒业务。罗某某称从2015年7月26日至2016年12月16日,此借记卡共发生13笔盗刷交易,单笔交易均在50,000元以下,共计55,000元,经庭审核实上述交易的地点均为罗某某居住地及经常活动地附近。2017年6月2日,罗某某拨打该银行客服电话反映余额莫名减少的问题,称此借记卡被人盗刷,随即应罗某某要求该银行为其办理了口头挂失。6月4日,罗某某在发卡银行换领了新卡。

7月18日,罗某某向天津市河西区人民法院提起诉讼,主张借记卡被盗刷,请求某银行赔偿存款损失55,000元。某银行委托我所律师代理其担任一审诉讼代理人。法院认为:按照《银行卡业务管理办法》第三十九条规定,案涉交易均为凭银行卡和密码进行交易,密码是识别和认定持卡人合法身份的主要依据,只要银行卡真实、密码正确,则银行不构成违约。涉案交易发生时,无法排除涉诉借记卡由罗某某本人或授权他人持涉诉借记卡所为。涉诉借记卡余额变动时罗某某均能收到短信提醒,一直未反映余额减少问题,视为罗某某对此卡未尽到谨慎保管义务。判决驳回罗某某的诉讼请求。

---

* 代理律师:曹会杰、杨亚会,国浩律师(天津)事务所。案例来源:天津市河西区人民法院裁判文书(2017)津0103民初8535号。

【代理意见】

一、罗某某主张本案银行卡多笔交易系盗刷,没有提供相应的证据,应自行承担举证不能的法律后果

罗某某提供了其银行卡交易明细及银行卡复印件作为全部证据,用以证明其银行卡在长达两年多的时间里被他人盗刷。然而,罗某某并未阐述是被他人持伪卡盗刷,还是被他人持真实银行卡盗刷。因为本案全部涉案交易都是柜台支取现金或ATM支取现金,原则上都是必须持银行卡、输入正确的密码方可完成的交易。

如果本案是第三人持伪卡进行的盗刷,罗某某需要证明其在交易发生当时卡未离身,且本人并未在交易发生现场。然而本案庭审调查已经表明,所有的交易都发生在罗某某住处周边及罗母所在养老院周边某银行的柜台及ATM。

如果本案是第三人持罗某某真卡进行的盗刷,那么罗某某无须证明其在交易发生当时人不在交易现场。即便确系他人所为那么银行的取现操作过程也是符合人民银行及银监会的规定的,完全合规。至于ATM交易,仅需识别银行卡磁条信息、密码即可完成交易。

二、银行在柜台取现交易中的操作,符合法律规定

中国人民银行、银监会、证监会及保监会联合制定的《金融机构客户身份识别和客户资料及交易记录保存管理办法》第八条规定,商业银行、农村合作银行、城市信用合作社、农村信用合作社等金融机构为自然人客户办理人民币单笔5万元以上或者外币等值1万美元以上现金存取业务的,应当核对客户的有效身份证件或者其他身份证明证件。

罗某某所有在柜台办理的单笔交易都在5万元以下,因此被告未核对办理业务人员的身份证件,符合法律规定的操作规程。只要银行卡正确、密码正确,柜台即可为客户办理5万元以下的现金支取业务。

三、罗某某作为持卡人,未尽到对自身财产的谨慎注意义务,应当自行承担损失

罗某某未妥善保管银行卡及密码。罗某某将银行卡放在家中,并未随身携带,亲自设置密码并进行了密码变更,将可能被他人识别的密码代号记载在卡背后作为提示。

罗某某银行卡的所有有疑问的交易发生期间,还发生过多次罗某某本人确认的存款、取款交易,罗某某亦确认有收到银行的交易提醒短信,交易凭条中也会有卡内余额字样。

罗某某自述2015年开始发现异常,但是在长达两年时间内却未采取任何救济措施,既未挂失,也未换领新卡或报警,不仅不符合常理,还说明罗某某本人对自身财产变动未尽到合理注意义务，因此罗某某对其银行卡内资金损失应负全部责任。

【裁判结果】

天津市河西区人民法院于2017年9月28日作出(2017)津0103民初8535号民事判决：驳回罗某某的诉讼请求。

首先，法院认为罗某某与天津市某银行之间的储蓄存款合同关系基于双方真实意思表示，内容不违反法律、行政法规的强制性规定，合法有效。

其次，关于涉诉借记卡是否系盗刷的问题，法院从两个方面来认定。一是根据《银行卡业务管理办法》第三十九条的规定，发卡银行依据密码等电子信息为持卡人办理的存取款、转账结算等各类交易所产生的电子信息记录，均为该项交易的有效凭据。发卡银行可凭借交易明细记录或清单作为记账凭证。案涉交易均为凭银行卡和密码进行交易，密码是识别和认定持卡人合法身份的主要依据，只要银行卡真实、密码正确，则被告天津市某银行不构成违约。二是案涉交易发生时，无法排除涉诉借记卡由罗某某本人或者授权他人持涉诉借记卡所为。

最后，罗某某未尽谨慎保管义务。涉诉借记卡自2015年7月26日至2016年12月16日账户余额出现变动，且罗某某在每次账户余额变动均收到短信提醒的情况下，在2017年6月2日才向被告反映涉诉借记卡账户余额减少，应视为罗某某对其本人持有的涉诉借记卡未尽到谨慎保管义务。

【案例评析】

一、自然人单笔取款交易在5万元人民币以下的，银行不需要对取款人进行身份识别

中国人民银行、银监会、证监会、保监会联合发布的《金融机构客户身份识别和客户身份资料及交易记录保存管理办法》第八条规定，商业银行、农村合作银行、城市信用合作社、农村信用合作社等金融机构为自然人客户办理人民币单笔5万元以上或者外币等值1万美元以上现金存取业务的，应当核对客户的有效身份证件或者其他身份证明文件。

本案中罗某某诉称的13笔交易，均在人民币5万元以下，客户持真实银行卡，密码正确，即可在柜台办理取款业务。

根据此规定可知，本案中作为被告的天津市某银行根据持卡人输入的正确密码，为其办理了取款业务，完全符合规定操作。

二、根据“谁主张，谁举证”的原则，罗某某主张银行卡系盗刷，应提供证据证明

本案中罗某某仅是一直强调对银行卡的交易不知情，银行卡系盗刷，而未提供交易发生时自己不在场的证明，即无法证明亦无法推断相关交易非本人或非本人

授权他人所为。同样,判决对此也作出了说明,认为罗某某没有提供相应的证据证明自己对交易不知情。这表明,银行卡盗刷案件中罗某某作为储户应注意保留相关的证据证明交易非本人操作,否则将承担举证不能的败诉风险。

三、罗某某对于银行卡被盗刷的处理应符合常理

按照常理,当事人知道自己银行卡被盗刷后,第一时间应联系发卡银行进行挂失,进而向公安机关进行报案,再跟进后续的事项。而本案中罗某某声称在2015年7月发现银行卡被盗刷,2017年6月联系银行进行挂失,办理新卡。期间罗某某的手机一直可以收到银行发来的短信提醒,但是其一直未联系发卡银行也未报警,可见罗某某处理问题的表现有悖常理。

14. 天津某工程公司与天津某建筑公司买卖合同纠纷案

姚　婧*

【案例要旨】

没有代理权、超越代理权或者代理权终止后的行为，只有经过被代理人追认，被代理人才承担民事责任。未经追认的行为，由行为人承担民事责任。在签订合同时，当事人应当对合同成立的形式要件进行必要审查，及时与合同相对方进行确认。

【案情简介】

2015 年 8 月，天津某工程公司（下称工程公司），在未接到任何通知的情况下，去银行取钱时被告知其账户已被天津市东丽区人民法院（下称区法院）冻结。后工程公司去法院查阅卷宗材料后才知其被牵涉进了同天津某建筑公司（下称建筑公司）的一起商品砼买卖合同纠纷中。

由于本案中合同的签订主体王某非工程公司职员、该公司并未授权其签订买卖合同、合同中所盖印章非工程公司印章、该公司亦未承建合同中所涉项目，且在原审诉讼中亦未收到起诉状副本、法院传票、判决书等法律文书，工程公司因客观原因未能及时行使其诉权，上述种种情形导致该公司在案件中处于被动地位。

无奈，为维护自身的合法权益，工程公司于 2016 年 1 月向天津市某中级人民法院（下称中院）提出了再审申请，中院以证据不足为由驳回了该公司的再审申请。

2016 年 3 月，工程公司向天津市某区人民检察院（下称区检察院）提出申诉，区检察院提请天津市人民检察院某分院（下称检察分院）抗诉，检察分院于 2016 年 9 月作出民事抗诉书，向中院提出抗诉。中院于 2016 年 9 月作出民事裁定，指令区法院再审。

---

* 代理律师：姚婧，天津裕如律师事务所。案例来源：天津市东丽区人民法院裁判文书。供稿单位：天津裕如律师事务所。

区法院在再审的过程中,找到了当时合同的签订人王某,将其列为本案的第三人参加诉讼,其当庭承认合同是其所签订,其并非工程公司职员,亦认可合同的付款义务应由其来承担,且在整个诉讼过程中建筑公司未能提供任何证据证明合同签订人有合法代理权限或存在表见代理的情形,且工程公司与涉案合同并无利益关联,故区法院于2017年3月作出民事判决书,现该判决书已发生法律效力。

【代理意见】

我们认为,本案系买卖合同纠纷,主要争议焦点为工程公司与建筑公司之间是否存在买卖合同关系以及工程公司与第三人王某之间是否存在表见代理关系。具体而言,包括:(1)工程公司与建筑公司之间是否存在真实的交易关系;(2)第三人王某签订合同时是否取得了工程公司的授权,换句话说第三人王某是否有权代表工程公司,进而与建筑公司签订商品砼买卖合同;(3)工程公司的申诉是否有依据,足以启动再审程序;(4)即便第三人王某未取得工程公司授权,但根据权利外观,建筑公司是否有理由相信其有代理权而与之签订合同。

一、工程公司与建筑公司之间并不存在买卖合同关系,合同的实际当事人为第三人王某

涉案合同中虽盖有名为"天津市某工程公司"字样的印章,但买受人处并未有该公司的法定代表人签章,而仅有第三人王某在代理人处签名,而其并非工程公司员工,亦未取得工程公司的授权,涉案合同《天津市预拌混凝土买卖合同》、《调价通知函》及《商品砼明细单》中所指工程名称均为东丽湖天津某花卉园区,但曾用名为天津某花卉园区的某花卉股份有限公司出具说明,证明其公司并不曾与工程公司签订过"东丽湖天津某花卉园区工程施工合同",且该工程施工所用工程材料均系其自行采购,与工程公司和建筑公司无关;且《调价通知函》及《商品砼明细单》中王某均以个人名义签字,且在原庭审过程中建筑公司也未提供王某系工程公司委托代理人的相关手续。以上陈述内容有区检察院对第三人王某、建筑公司代理人的询问笔录可以佐证。故此,合同的实际当事人应为第三人王某。

二、第三人王某无权代表工程公司与建筑公司签订买卖合同

本案中,王某既非工程公司员工,又无工程公司授权就与建筑公司签订买卖合同,且在合同签订后,工程公司第一时间明确拒绝追认该合同,加之王某明确表示其与建筑公司所签买卖合同由其个人承担还款义务,与工程公司无关。

三、工程公司与第三人王某之间并不存在表见代理关系

所谓表见代理,是指行为人虽无代理权,但由于本人的行为,造成了足以使善意第三人相信其有代理权的表象,而与善意第三人进行的、由本人承担法律后果的代理行为。

本案中,建筑公司仅凭一张盖有工程公司印章的空白合同,就与该合同持有人王某签订了商品砼买卖合同,而建筑公司在签订合同时并未对合同成立的形式要件进行必要审查,亦未及时与工程公司进行确认,一张空白合同并不足以让建筑公司相信王某有代理权。相反,第三人王某签字确认的行为恰恰表明了其为合同的真正主体,合同权利及义务应由其享有和承担。

综上,原审法院判决认定的基本事实缺乏证据证明,工程公司并非真实的合同当事人,其不应对建筑公司预拌混凝土分公司承担给付混凝土货款及其利息的义务,申请人恳请人民法院依法查明案件事实,还工程公司以清白!

【裁判结果】

天津市东丽区人民法院作出如下判决:

一、合同实际签订人即本案的第三人王某于判决生效之日起十五日内给付建筑公司货款40余万元;

二、合同实际签订人本案的第三人王某于判决生效之日起十五日内给付建筑公司在×年×月×日至判决确定给付之日的逾期付款违约金;

三、驳回建筑公司的其他诉讼请求。

区法院再审认为,建筑公司所持商品砼买卖合同约定了明确的买卖标的及价款,其因履行合同交付义务而获得的债权依法应当予以保护。本案的争议焦点在于合同债务人应该如何确认。根据现有证据证实,该合同是由第三人王某经手与建筑公司签订,并接受了全部合同标的物,工程公司在本合同中并无任何利益关联,现建筑公司不能提供证据证明第三人有权代表工程公司签订合同,而建筑公司提出的第三人构成表见代理的主张,也缺乏相应证据支持。因此可以认定第三人王某虽以工程公司委托代理人身份签订合同,然而其真实地位应为合同主体,该合同效力不及于工程公司,但对第三人王某有效。第三人自认合同债务应由其承担,符合案件事实及法律规定,予以确认。

至此,经过各方的不懈努力,历时一年多,工程公司的冤屈得以洗脱,合法权益得以维护,被冻结的账户亦已被解封,该起纠纷终于尘埃落定。

【案例评析】

根据《民法通则》第六十六条第一款之规定:“没有代理权、超越代理权或者代理权终止后的行为,只有经过被代理人的追认,被代理人才承担民事责任。未经追认的行为,由行为人承担民事责任。本人知道他人以本人名义实施民事行为而不作否认表示的,视为同意。”

《合同法》第四十九条规定:“行为人没有代理权、超越代理权或者代理权终止后以被代理人名义订立合同,相对人有理由相信行为人有代理权的,该代理行为有效。”

另,《最高人民法院关于适用〈中华人民共和国民事诉讼法〉的解释》第九十条规定:“当事人对于自己提出的诉讼请求所依据的事实或者反驳对方诉讼请求所依据的事实,应当提供证据加以证明,但法律另有规定的除外。”

本案中,在知道自身权益受损后,工程公司并未选择忍气吞声,而是第一时间拿起法律武器维护其合法权益;建筑公司作为一方当事人,对其主张未能提供证据予以证明,第三人王某对其签订合同的行为亦予以认可。该案在经历了申请再审、提请民事监督、抗诉、再审审理等多种程序后,功夫不负有心人,历时一年多,因冒用他人名义签订的买卖合同纠纷总算得以圆满解决。

本案涵盖建筑行业在合同签订过程中出现的建筑资质、无权代理、表见代理等问题。在生活中,签订合同既关系到合同主体如何在签订合同时保障交易的安全,避免不必要的损失,又关系到整个行业良性发展乃至社会的和谐发展,规范合同行为是我们亟须解决的问题。

众所周知,现在的建筑市场准入制度比较严格,在利益的驱使下,很多不法分子选择铤而走险,在实际操作中存在很多的为了承包工程而假借他人名义签订合同的情形,从而使很多的正规建筑企业蒙受不白之冤。在此,特别提醒广大从事建筑行业的企业,签订合同过程一定得严格审查对方的资质,必要时到合同相对方进行实地考察,也建议公司在经营过程中遇到控制权争夺这类纠纷,应当尽早向专业律师寻求帮助,以尽可能减少纷争,防患于未然,以免在合同履行过程中出现不必要的纠纷,遭受不必要的损失。

15. 天津某公司买卖合同纠纷案

邱 凯 高 爽*

【案例要旨】

国际货物买卖合同交易中，不可以望文生义，应结合双方实际交易内容予以确定，而交易各方在大宗买卖前更应准确说明注意事项，合同文本约定符合法律术语定义，并对违约责任予以明确约定。

【案情简介】

台湾某公司系注册于台湾地区，专门从事精密滚珠丝杠及线性传动组件研发及制造的企业。天津某公司系由台湾天津某公司企业股份有限公司投资的台资企业，以经销各类机械装备的配套产品、传动控制产品为主营业务。双方自1999年开始业务往来。

2003年10月1日和2005年11月1日双方签订了两份《代理协议书》(*DISTRIBUTION AGREEMENT*)，内容均为：台湾某公司委托天津某公司在大陆代理推广台湾某公司的产品；天津某公司应建立售后服务能力并负责售后服务及备库存以应对市场需求；所有天津某公司的客户的询价均应透过天津某公司的处理，以保护天津某公司的销售努力；台湾某公司必要时可以协助天津某公司进行人员的技术训练。两份协议的有效期均为25个月。期满前3个月，双方根据市场销售情况及意愿，就协议续签事宜再进行协商。

双方的交易模式为：(1)订单。由天津某公司将用货客户的名称、产品需求等信息以订单的形式向台湾某公司发送邮件，随后双方以邮件形式签订《订单确认单》。天津某公司以自己的名义与用货客户签订合同。(2)出货。台湾某公司根据《订单确认单》进行生产后，向天津某公司发送出货邮件并附出货管理报表，出货管理报表列明货物规格和数量(与《订单确认单》并非一一对应，可能涉及一个或多个

---

* 代理律师：邱凯、高爽，天津度睿律师事务所。案例来源：天津市高级人民法院裁判文书。供稿人：邱凯。

《订单确认单》下货物)、由天津某公司确认货物和运输方式。台湾某公司向天津某公司开具发票(列明发货的规格、数量、单价、总价以及付款方式、期限),并将货物以天津某公司确认的运输方式交付天津某公司,天津某公司再将货物交付用货客户。(3)结算。台湾某公司向天津某公司发送汇票,由天津某公司在付款承诺上签章承兑,天津某公司支付货款,双方通过邮件确认货款对应冲销的发票号。

2012年9月至2013年3月,台湾某公司向天津某公司交付了68批次货物。台湾某公司开具了编号分别为ACE×××××等68笔发票,货款总金额为12,350,790.31美元,发票中列明了发货明细(包括数量、规格、单价、总价),且明确付款方式为"赊销、提单开出日后60天内电汇"。同时,台湾某公司向天津某公司发送了汇票,要求其在付款承诺上签章承兑,而天津某公司仅就其中编号为ACE×××××等61笔发票的相应汇票进行了承兑,对编号为ACE×××××等7笔发票的相应汇票未予承兑。

2012年9月至2013年3月,天津某公司向台湾某公司支付15笔货款,其中2013年3月8日汇出的30万美元中的66,632.95美元及2013年3月18日汇出的30万美元,共计366,632.95美元,系台湾某公司按照天津某公司的冲销指令邮件冲销了发票号ACE×××××项下的部分货款,其余款项均按照天津某公司的冲销指令邮件冲销了台湾某公司所诉68笔发票项下欠款外的其他交易货款。

为保障付款义务的履行,经天津某公司申请,2008年4月30日,上海某储蓄银行开立了以台湾某公司为受益人、金额为500万美元的保函,载明"若台湾某公司出具声明,证明天津某公司在收到货物相关记账文件后,未向台湾某公司支付相应货款,我行同意收到即期汇票后,向台湾某公司支付相应款项"。2013年4月11日,台湾某公司收到上海某储蓄银行向其支付的该保函项下500万美元。

台湾某公司因天津某公司拖欠货款8,594,625.11美元提起诉讼,而天津某公司则认为台湾某公司存在逾期交货、货物质量问题等违约行为,给自己造成的损失超过欠付货款金额,提出反诉。

【代理意见】

一、台湾某公司与天津某公司之间明显系国际货物买卖合同关系,天津某公司作为台湾某公司之经销商独立销售台湾某公司货物,自负盈亏,并非天津某公司所述之代理合同关系。

1.台湾某公司与天津某公司之间签订合同名为"distribution agreement",即经销协议,而非代理协议。

本案系国际货物买卖合同纠纷,买卖双方虽同为中国人,但大陆地区和台湾地区之间在习惯用语、货币等问题上存在诸多差异,因此双方的交易过程中,一直用美金作为结算货币，订单、发票及汇票等也均用英文作为规范文本，因此在双方签订的协议中，英文文本的含义更能说明双方的交易原意。

在天津某公司提交的证据1（于卷一第66页）上即显示，双方签订之协议为"distribution agreement"，通过查询字典可知，该英文单词原意即为经销协议，可见双方明显系买卖合同关系，而非所谓的代理关系。

2. 根据学理通说，代理合同关系与买卖合同关系的主要区别如下：

（1）代理是以委托人即厂商的名义销售、签订销售合同，而经销商则以自己的名义从事销售。

（2）代理商的收入是佣金或返点收入，而经销商的收入则是商品买卖的差价收入。

（3）从法律关系上讲，代理行为即委托人行为，代理商与第三人之间在授权范围内发生的民事行为的法律后果归于委托人（供货商），而经销商与用户之间发生的民事行为的法律后果须由其自己承担。

3. 结合学理通说，本案中台湾某公司与天津某公司实质上明显系买卖合同关系。

（1）从天津某公司与下游客户签订的合同来看，天津某公司以自己名义与下游客户签订销售合同，而非以台湾某公司名义进行销售。

在庭审中，天津某公司提交了大量的其与下游客户之间签订的买卖合同，其合同签订主体均为天津某公司，而非以台湾某公司名义签订。

（2）从天津某公司主张可得利益损失以及合同、发票综合看来，天津某公司赚取的是商品买卖的差价，且其有30%～50%的业务是销售台湾某公司产品。

天津某公司提交的证据来看，天津某公司主张的可得利益损失为：天津某公司与下游客户签订合同的约定价款与天津某公司与台湾某公司订单注明价款之差额，而在天津某公司与台湾某公司的订单中、与下游客户的合同中，均注明了商品价格，两者之间的价款差距十分巨大，由此可见，天津某公司认可其盈利模式是赚取商品买卖的差价，而事实亦是如此，这也说明，双方之间系买卖合同关系。

同时，在天津某公司提交的证据第34页、第35页也显示，天津某公司仅有30%～50%的业务是销售台湾某公司产品，而非其所谓的是台湾某公司的代理商。

（3）从天津某公司与下游客户沟通看来，天津某公司与下游客户之间发生的法律后果由自己独立承担。

在天津某公司提交的证据27中，天津某公司主张所谓的"质量问题损失"，均是由下游客户直接与天津某公司联系并索赔，其主张的所谓退货也是由下游客户向天津某公司主张，并非向台湾某公司主张，明显相关法律后果由天津某公司独自承担。

综上所述,台湾某公司与天津某公司之间的交易习惯完全符合买卖关系的特征,而与代理关系完全不符,因此,两者之间明显系买卖关系而非代理关系。

二、天津某公司明确承认收到台湾某公司供货,并确认台湾某公司提供之商业汇票、供货发票的真实性及合法性,其欠款事实及数额十分明确,同时,台湾某公司关于500万元保函冲抵顺序及利息计算标准均有准确的法律依据。

1. 根据本案事实及证据综合确定,天津某公司欠付台湾某公司货款系不争之事实,在台湾某公司兑付500万元保函之前,天津某公司欠付台湾某公司本金共计11,984,157.36美元。

(1)根据天津某公司提交之汇款水单及其付款指令冲销的E-mail确认,天津某公司最后一次向台湾某公司支付款项时间为2013年3月18日的30万美元,付款指向ACE×××××,对于ACE×××××之后的交易,天津某公司未履行付款义务。

根据天津某公司提交之证据20显示,天津某公司最后一次向台湾某公司主动付款为2013年3月18日的30万元美元,此后,天津某公司再未主动向台湾某公司汇款。而根据该笔汇款对应之付款指令冲销的E-mail,该部分付款冲抵ACE×××××中的部分货款,也就是说,天津某公司对于ACE×××××之后的交易,未再履行付款义务。

(2)ACE×××××及其之后台湾某公司共向天津某公司供货68批次,天津某公司也承认曾经收货,根据汇票及发票记载,该部分款项共计11,984,157.36美元(扣除ACE×××××已付部分)。

ACE×××××后,台湾某公司共计向天津某公司供货68笔(详见台湾某公司提交证据第二组及第三组),而天津某公司亦当庭承认该部分货物已经收到,同时对于台湾某公司提供的汇票及发票不存异议,也就是说,该部分货物货值共计12,350,790.31美元双方并无异议。扣除ACE×××××已付366,632.95美元,天津某公司共欠台湾某公司货款本金11,984,157.36美元未予支付。

2. 台湾某公司按照同期银行贷款利率上浮50%计算逾期利息,于法有据。

(1)根据最高人民法院司法解释规定,双方对于逾期付款违约金没有约定的,应参照中国人民银行关于逾期偿还贷款的违约金确定。

《最高人民法院关于逾期付款违约金应当按照何种标准计算问题的批复》规定:"对于合同当事人没有约定逾期付款违约金标准的,人民法院可以参照中国人民银行规定的金融机构计收逾期贷款利息的标准计算逾期付款违约金。中国人民银行调整金融机构计收逾期贷款利息的标准时,人民法院可以相应调整计算逾期付款违约金的计算标准。"

同时,《最高人民法院关于审理买卖合同纠纷案件适用法律问题的解释》中也有相同规定，即："买卖合同没有约定逾期付款违约金或者该违约金的计算方法，出卖人以买受人违约为由主张赔偿逾期付款损失的，人民法院可以中国人民银行同期同类人民币贷款基准利率为基础，参照逾期罚息利率标准计算"。

(2)根据中国人民银行现行规定，逾期付款违约金应当为在银行贷款利率的基础上加收30%～50%。

《中国人民银行关于人民币贷款利率有关问题的通知》规定："关于罚息利率问题。逾期贷款(借款人未按合同约定日期还款的借款)罚息利率由现行按日万分之二点一计收利息，改为在借款合同载明的贷款利率水平上加收30%～50%。"

(3)本案中，台湾某公司计算逾期付款违约金的标准，即在中国人民银行同期银行贷款利率的基础上加收50%，完全符合最高人民法院司法解释及中国人民银行规定，于法有据，应当得到支持。

3. 台湾某公司在2013年4月11日兑付保函时，优先冲抵利息，是严格依据最高人民法院司法解释进行的，完全符合法律规定。

《最高人民法院关于适用〈中华人民共和国合同法〉若干问题的解释(二)》第二十一条规定："债务人除主债务之外还应当支付利息和费用，当其给付不足以清偿全部债务时，并且当事人没有约定的，人民法院应当按照下列顺序抵充：(一)实现债权的有关费用；(二)利息；(三)主债务。"

据此，台湾某公司在执行天津某公司500万美元保函时，优先用之支付欠款利息之行为，完全符合法律规定，于法有据。

三、台湾某公司并不存在天津某公司主张的所谓逾期交货、质量问题等违约行为，而强制退货也系因天津某公司欠付巨额货款而行使抗辩权之行为，且其反诉主张前后不一，不应得到法院支持。

1. 天津某公司提交之证据与其反诉诉讼请求根本无法对应，且天津某公司代理人也无法明确为何存在这种情形，其诉讼主张根本无法自圆其说。

(1)天津某公司提出要求退货的诉讼请求未明确具体数额及退货内容，诉请并不明确。

天津某公司在其反诉状中既未提出具体需哪些货物要退回，分别属于何种原因，数额是多少，也未提出退回该批货物应当支付什么费用，在天津某公司提交的27卷证据中，也未提供任何证据佐证该项诉请，甚至其在反诉状中标明的"退货明细汇总表"，在证据中根本未出现，而在庭审中对此也未予说明，故该项诉请不应得到法院支持。

(2)天津某公司在反诉状中提出的损失赔偿数额，与其提供证据显示的数额存在近400万元的差额，连其代理人在审理中也表示不知其差距何在，其主张根本没有事实依据。

天津某公司的反诉状和证据显示，其反诉请求与实际证据之间存在的差距如下表所示：

天津某公司的反诉请求与实际证据

损失类型	反诉状数额/美元	证据目录数额/美元
逾期交货导致的损失	14,647,512.20	10,832,318.94
质量问题导致的损失	1,686,026.57	1,633,219.80
不供货导致的损失	1,191,562.57	1,194,181.62
合计	17,525,101.34	13,659,720.36

由上表可知，天津某公司提出损失赔偿的诉请主要包括逾期交货导致的损失、质量问题导致的损失及不供货导致的损失三项，其三项主张的数额均与其证据显示的数额不一致，总额相差近400万元，而在庭审过程中，天津某公司代理人竟表示其根本说不清为何如此，可见其诉讼主张根本没有事实依据。

2. 关于逾期交货的问题，天津某公司提交之证据不仅无法证明所谓逾期交货事实的存在，反而证明了根本就不可能存在所谓的逾期交货，而其主张的损失如重复缴纳关税的理由更是荒唐可笑。

(1)天津某公司欲证明存在逾期交货并遭受损失，应当证明：台湾某公司与天津某公司存在明确的货物交期约定，天津某公司据该期限与下游客户约定了交货期限，下游客户因天津某公司逾期交货索赔并退货，而所退回货物也没有再次售出冲抵损失。

(2)天津某公司与台湾某公司之间交付时间均注明“around”(大约)，而非“before”(之前)，且大约范围没有约定，实际交易中也根本不存在大致范围，双方没有明确交期约定。

根据交易惯例及市场特征，由于世界范围内对于台湾某公司产品的需求量及订单量极大，工厂的生产排期受到原材料的采购、市场的需求及是否需要集中批次生产等因素的制约，因此台湾某公司在所有订单确认单上均将交付日期标注了“around”，以此方式表明对交货日期的不确定，对此台湾某公司、天津某公司以及台湾某公司其他的代理商都是明知并接受的。

而在双方的交易过程中，对应around日期，存在晚于或提前该日期数日至数百日，或者恰巧在该日期交货的情形，大约在前后多少天根本没有既定范围，可见双方关于交货期并无明确约定，对于浮动范围也没有约定。

(3)天津某公司与下游客户的合同中没有交期约定，也就不可能存在下游客户向天津某公司主张逾期交货的可能性。

天津某公司提交的所有其与买家客户签订的133份合同(证据21、证据27)中，

关于交货日期干脆根本没有进行约定,大致有如下两种情形:

其一,说明货到后通知客户取货,还约定如客户逾期30天不领取货物,则视为放弃货物,天津某公司有权将货物转卖。

其二,对于交付日期根本没有提及。

由此可见,天津某公司对交货期限的不确定属于明知,因此不与下游客户约定交期,且天津某公司与买家客户签订合同的方式不可能产生对买家客户的逾期交货,下游客户也没有向天津某公司主张逾期损失的依据,不可能出现所谓逾期交货的损失。

(4)天津某公司关于所谓运费、保险损失的主张的理由是,因台湾某公司逾期交货,其重复地缴纳了运费、保费和关税,但相关费用均应在货物实际交运后才可能发生,关税更是要在货物进关时才会缴纳,其主张的说法荒唐可笑,无法自圆其说,可见相关损失只是其为诉讼所编制罗列,没有事实依据。

3. 天津某公司并未提交能够证明台湾某公司产品质量存在问题的证据(如检验报告等),而其所提交的E-mail刚好可以说明台湾某公司产品并不存在质量问题。

天津某公司如欲证明台湾某公司产品确实存在质量问题,则至少应提供关于台湾某公司货物存在质量问题的检验报告、鉴定结论或各方对质量问题以及损失的确认,但天津某公司并未提交上述材料中的任意一种,而仅是提供了几份其向台湾某公司询问技术问题的E-mail。

更为可笑的是,在天津某公司提交的其向台湾某公司询问技术问题时发生的E-mail中,多次提到"我们(天津某公司)检测静态精度及预压力都没有问题",这不仅不能证明其诉讼主张,反而证明了台湾某公司提供的产品质量根本没有任何问题。

4. 关于未供货和强制退货的问题,如台湾某公司起诉状所述,截至2013年3月前,天津某公司已经拖欠台湾某公司巨额货款,台湾某公司在此后停止向天津某公司发货,系依法行使抗辩权之行为,合法、合理,天津某公司无权向台湾某公司主张任何损失。

综上所述,我们可以清楚看到,台湾某公司的诉讼主张清晰明确,且均有相关证据予以佐证,天津某公司欠付台湾某公司巨额货款系不争的事实,理应支付相应欠款及利息,台湾某公司的诉讼请求依法应予支持。

相反,天津某公司的主张缺乏事实依据,且其主张和证据无法对应,难以自圆其说。综合这些情形明显可以看出,天津某公司在通过销售台湾某公司产品获得巨额利润后仍不满足,先是拖延支付货款,而后又拒不支付货款,欲让台湾某公司为其经营管理不善的不良后果买单,诉讼后又为混淆视听而予以编造事实、捏造损失,其反诉请求依法应予驳回。

【裁判结果】

法院认为,本案的争议焦点为:(1)台湾某公司与天津某公司之间的法律关系;(2)天津某公司是否欠付台湾某公司所诉的货款及货款数额;(3)台湾某公司在履行合同中是否存在违约行为,以及该行为是否给天津某公司造成了所诉的损失及损失数额。

一、关于台湾某公司与天津某公司之间法律关系的问题

法院认为,天津某公司提交的两份协议的中文名称虽为《代理协议书》,但英文名称为"*DISTRIBUTIONAGREEMENT*",翻译成中文为经销协议,意指供应商与销售商为明确经销业务下彼此之间的买卖关系,以及双方各自的权利和义务所签订的法律契约。故,在中、英文的合同名称存在不一致的情况下,应依据合同内容和双方实际履行合同的情况来确定双方之间的法律关系。首先,根据《合同法》第三百九十六条"委托合同是委托人和受托人约定,由受托人处理委托人事务的合同";第三百九十八条"委托人应当预付处理委托事务的费用。受托人为处理委托事务垫付的必要费用,委托人应当偿还该费用及其利息";第三百九十九条"受托人应当按照委托人的指示处理委托事务";第四百零五条"受托人完成委托事务的,委托人应当向其支付报酬"的规定,双方《代理协议书》(*DISTRIBUTION AGREEMENT*)的内容并不符合法律对于委托合同的界定。其次,根据双方实际履行合同的情况,天津某公司以自己的名义向台湾某公司发出订单、收货和付款,对于合同履行中出现的问题均以对方为合同相对方进行沟通和协商。同时,天津某公司以自己的名义与用货客户签订合同、交货和收款,其在反诉请求中亦主张可得利益损失,由此可以证明天津某公司的收益来源于货款的差价,而非台湾某公司给予的代理报酬。综上,从合同内容和双方实际履行合同的情况看,双方的交易模式符合买卖合同的特性。据此,法院确认台湾某公司与天津某公司之间存在买卖合同关系,本案为买卖合同纠纷。

二、关于天津某公司是否欠付台湾某公司所诉的货款及数额的问题

首先,2012 年 9 月至 2013 年 3 月,台湾某公司向天津某公司交付了 68 笔发票项下的货物,天津某公司应当履行及时付款的义务。根据 68 笔发票所显示的付款期限,天津某公司应当于提单日后 60 天内电汇货款,而天津某公司未在付款期限届满前支付该 68 笔发票项下的货款,构成违约,应当承担支付货款的责任。台湾某公司开具了编号分别为 ACE×××××等 68 笔发票,货款总金额为 12,350,790.31美元,在根据天津某公司的冲销指令邮件冲销了发票 ACE×××××项下 366,632.95 美元后,该 68 笔发票项下共计欠款 11,984,157.36 美元。其次,对于天津某公司已付货款中,是否存在逾期付款的事实。法院认为,在台湾某公司出具给天津某公司的发票上均载明了付款方式为“赊销、出货之后或提单日之后60天内付款”,对于台湾某公司所诉的逾期付款的发票项下货款,天津某公司的实际付款时间确实晚于上述应付款时间,且台湾某公司在双方邮件中也多次阐明了“目前应收账款金额………,截至……月……日逾期账款将达……”的内容,天津某公司也从未在邮件中提出异议,据此,法院认定天津某公司逾期付款的事实成立。再次,由于双方并未约定逾期付款的处理原则,而台湾某公司主张逾期付款违约金,并以中国人民银行同期同类人民币贷款基准利率为基础加收50%计算。对此,法院认为,根据《最高人民法院关于审理买卖合同纠纷案件适用法律问题的解释》第二十四条第四款“买卖合同没有约定逾期付款违约金或者该违约金的计算方法,出卖人以买受人违约为由主张赔偿逾期付款损失的,人民法院可以中国人民银行同期同类人民币贷款基准利率为基础,参照逾期罚息利率标准计算”的规定,以及《中国人民银行关于人民币贷款利率有关问题的通知》“关于罚息利率问题。逾期贷款(借款人未按合同约定日期还款的借款)罚息利率由现行按日万分之二点一计收利息,改为在借款合同载明的贷款利率水平上加收30%~50%”的规定,台湾某公司以天津某公司逾期付款为由主张其赔偿损失,按照中国人民银行同期同类人民币贷款利率水平上加收50%计算,并无不当,法院予以支持。最后,关于台湾某公司在2013年4月11日兑付保函时,应否优先抵充利息的问题,法院认为,根据《最高人民法院关于适用〈中华人民共和国合同法〉若干问题的解释(二)》第二十一条“债务人除主债务之外还应当支付利息和费用,当其给付不足以清偿全部债务时,并且当事人没有约定的,人民法院应当按照下列顺序抵充:(一)实现债权的有关费用;(二)利息;(三)主债务”的规定,台湾某公司在收到上海某储蓄银行根据保函向其支付的500万美元后,优先抵充利息,并无不当,法院亦予以支持。综上,天津某公司已付货款产生逾期付款利息共计414,926.05美元(已付货款逾期付款利息明细见附表三);截至2013年4月11日,天津某公司未付货款产生逾期付款利息共计197,664美元(未付货款至2013年4月11日产生逾期付款利息明细见附表四),上述利息共计612,590.05美元。台湾某公司通过保函收取的500万美元在优先抵充上述利息后,余额4,387,409.95美元应当抵充天津某公司欠付的货款。据此,截至2013年4月11日,天津某公司尚欠台湾某公司货款7,596,747.41美元,天津某公司应当向台湾某公司承担该款项及其逾期付款损失的偿付责任。

三、关于台湾某公司在履行合同中是否存在违约行为,以及该行为是否给天津某公司造成了所诉的损失及数额问题

首先,台湾某公司是否存在逾期交货的问题。对于天津某公司提交的关于台湾某公司逾期交货的证据,法院认为,天津某公司与台湾某公司的订单确认单中对于交货日均表述为"around",系大概和不确定的意思,因此,应当认定双方就交货日期约定不明或没有明确约定。对于交货日期晚于订单日期较长的订单,天津某公司应在合理期限内向台湾某公司进行催告,在催告无果的情况下可以丧失合同目的为由取消订单,但天津某公司没有行使上述权利,并在台湾某公司将该类订单项下的货物出货前向其发送出货邮件时,天津某公司对上述订单项下的货物出货和运输方式予以确认,应当视为双方对交货日期和运输方式达成了合意。此外,天津某公司与其用货客户签订的合同中极少约定交货日期,而一般约定"货到后通知客户取货",由此可以证明天津某公司以及其用货客户对于交货日期不确定,需要等待生产的事实是明知的,同时,在天津某公司与其用货客户没有约定交货日期的情况下,其对用货客户亦不存在违约。故天津某公司主张逾期交货导致其与用货客户不能履行合同以及产生相应的保险费、运费、关税、可得利益损失等,依据不足,法院不予支持。其次,台湾某公司是否存在供货质量问题。天津某公司未能提供台湾某公司所供货物存在质量问题的检验报告、鉴定结论或各方对质量问题以及损失进行确认的证据,故其主张的质量问题,依据不足,法院不予支持。再次,天津某公司主张库存积压损失问题,因其不能举证证明系台湾某公司造成,法院对其该项主张不予支持。最后,关于天津某公司主张台湾某公司未供货和强制退货的问题,法院认为,截至2013年3月前,天津某公司已经欠付台湾某公司巨额货款,台湾某公司在此情形下停止向天津某公司供货,依法行使不安抗辩权,符合法律规定,而天津某公司在已知台湾某公司停止供货的情况下,在合理期限内未就欠付货款向台湾某公司偿付或进行协商,同时,在本案审理期间,天津某公司明确表示"不再要货",即其不再履行台湾某公司未予供货的订单,据此,法院认为,台湾某公司可以解除上述订单,而天津某公司提出因台湾某公司未供货给其造成损失的主张,不能成立,法院亦不予支持。

判决如下:

一、天津某公司企业有限公司于本判决生效后十五日内支付台湾某公司货款7,596,747.41美元;

二、天津某公司企业有限公司于本判决生效后十五日内支付台湾某公司上述款项的逾期付款损失(自2013年4月11日起至本判决确定的给付之日内实际履行之日止,按照中国人民银行同期同类人民币贷款利率水平上加收50%计算)。

【案例评析】

一、双方合同关系不可单独看合同文义表述,还需参照双方实际合同履行模式及关系,以实质关系确定双方法律关系。

本案中,双方签订的协议最初为代理协议,但结合法律定义的代理协议概念以及双方真实交易模式，明显不符合代理协议的定义，而是典型的类国际货物买卖合同交易，因此合同法律关系不应以标题确定，而应当以实质交易关系确定。

二、国际货物买卖中，因生产批次、跨海运输等不确定因素，往往交货日期并不明确，并以“around”表述，在双方在订单文义理解有争议的情况下，应当参照双方交易惯例、交易过程予以一并确定。

根据交易惯例及市场特征，由于世界范围内对于台湾某公司产品的需求量及订单量极大，工厂的生产排期受到原材料的采购、市场的需求及是否需要集中批次生产等因素的制约，因此台湾某公司在所有订单确认单上均将交付日期标注了“around”，以此方式表明对交货日期的不确定，对此台湾某公司、天津某公司以及台湾某公司其他的代理商都是明知并接受的。

而在双方的交易过程中，对应 around 日期，存在晚于或提前该日期数日至数百日，或者恰巧在该日期交货的情形，大约在前后多少天根本没有既定范围，可见双方关于交期并无明确约定，对于浮动范围也没有约定。

三、买卖合同中未约定逾期付款违约金的，可参照同期银行贷款利率上浮30%~50%主张逾期付款违约金。

（1）根据最高院司法解释规定，双方对于逾期付款违约金没有约定的，应参照中国人民银行关于逾期偿还贷款的违约金确定。

《最高人民法院关于逾期付款违约金应当按照何种标准计算问题的批复》规定：“对于合同当事人没有约定逾期付款违约金标准的，人民法院可以参照中国人民银行规定的金融机构计收逾期贷款利息的标准计算逾期付款违约金。中国人民银行调整金融机构计收逾期贷款利息的标准时，人民法院可以相应调整计算逾期付款违约金的计算标准。”

同时，《最高人民法院关于审理买卖合同纠纷案件适用法律问题的解释》中也有相同规定，即：“买卖合同没有约定逾期付款违约金或者该违约金的计算方法，出卖人以买受人违约为由主张赔偿逾期付款损失的，人民法院可以中国人民银行同期同类人民币贷款基准利率为基础，参照逾期罚息利率标准计算”。

（2）根据中国人民银行现行规定，逾期付款违约金应当为在银行贷款利率的基础上加收30%~50%。

《中国人民银行关于人民币贷款利率有关问题的通知》规定：“关于罚息利率问题。逾期贷款（借款人未按合同约定日期还款的借款）罚息利率由现行按日万分之二点一计收利息，改为在借款合同载明的贷款利率水平上加收30%~50%。”

16. 天津某公司诉大庆某公司、天津某投资公司建设工程施工合同纠纷案

李 飞*

【案例要旨】

《最高人民法院关于审理建设工程施工合同纠纷案件适用法律问题的解释》第二十六条规定的立法目的主要在于保护农民工的合法权益,发包人在欠付工程款范围内支付实际施工人的工程款,从而保障农民工的合法权益。突破合同相对性的原则,作为一种例外存在。上述司法解释第二十六条在适用中,首先,要确定施工合同的主体,即向实际施工人支付。其次,要存有拖欠工程款的事实,尚未支付的款项或者进度款,即需要支付的款项数额,如果发包人已经将工程款足额支付给承包人,发包人就不应当再承担支付工程款的责任。最后,为了方便案件的审理,人民法院可以根据案件的实际情况追加转包人或者违法分包人为共同被告或者本案第三人,从而能够方便查清案件的事实,分清当事人的责任,也便于实际施工人实现自己的权利。

【案情简介】

原告天津某公司(以下简称天津公司)起诉称,坐落于天津滨海旅游区的某工程由被告天津某投资公司(以下简称天津投资公司)开发建设,被告大庆某公司(以下简称大庆公司)作为总包单位负责施工。天津公司与大庆公司就该项目于2011年6月7日签订《合作协议》,约定天津公司施工范围为图纸及工程量清单中的全部内容,固定价格为每平米2230元,同时约定大庆公司应及时支付工程款,若违反此义务,每延期一日,应承担总工程款日千分之三的违约金。协议签订的同时,天津公司向大庆公司支付履约保证金2,000,000元。协议签订后,天津公司依约进行了施工。2012年上半年,天津公司与大庆公司约定解除双方签订的《合作协议》,双方经对账后于2012年7月3日签订《结算协议》,结算的工程款数额为59,955,200

---

* 代理律师:李飞,天津高地律师事务所。案例来源:天津市第二中级人民法院裁判文书。

元，并约定后续工程天津公司不再施工且不承担任何费用。结算协议签订后，大庆公司未及时履行付款义务，经催告未果，天津公司诉至法院，请求判令：(1)大庆公司支付天津公司工程款3,369,537.80元，返还履约保证金2,000,000元，及自2012年7月3日至实际给付之日的履约保证金利息(按同期贷款利率计算)和欠付工程款违约金(按同期银行贷款利率四倍计算)；截至2014年4月30日，违约金1,475,580.60元，利息218,958.90元，共计7,064,077.30元。(2)天津投资公司在欠付大庆公司工程款范围内对天津公司承担给付责任。(3)本案诉讼费由二被告承担。

【代理意见】

代理人认为天津投资公司作为被告之一，不具备《最高人民法院关于审理建设工程施工合同纠纷案件适用法律问题的解释》第二十六条规定的各项适用条件，具体如下：

一、原告天津公司并不是"实际施工人"

《最高人民法院关于审理建设工程施工合同纠纷案件适用法律问题的解释》第二十六条第二款规定："实际施工人以发包人为被告主张权利的，人民法院可以追加转包人或者违法分包人为本案当事人。发包人只在欠付工程价款范围内对实际施工人承担责任。"因此，适用该条的前提之一是原告应属于"实际施工人"，即应为不具备相应的施工资质或系无效合同的承包方。然而，本案中，天津公司具备相应的施工资质，而且大庆公司在将涉诉工程分包给天津公司前已报天津投资公司批准同意，该分包合同合法有效，天津公司并不属于实际施工人。

二、天津投资公司不欠付大庆公司任何工程款

天津投资公司已向大庆公司支付的工程款达242,613,642.11元。天津投资公司与大庆公司之间《建设工程施工合同》中约定的合同总额为263,490,918元，约定的进度款支付时点为"竣工验收合格后付至90%，结算后付至结算价的95%，余款5%作为质量保证金"。因此，天津投资公司的已付款金额已达到了合同总额的92%，超过了合同约定的进度款支付比例。因此，天津投资公司不欠付大庆公司任何工程款。

三、《最高人民法院关于审理建设工程施工合同纠纷案件适用法律问题的解释》第二十六条的立法目的

《最高人民法院关于审理建设工程施工合同纠纷案件适用法律问题的解释》第二十六条是为保护农民工的合法权益而作出的规定，应理解为只有在欠付劳务分包工程款导致无法支付劳务分包关系中农民工工资时才能适用该规定，而本案不属于该种情况，故法院不应突破合同相对性原则，扩大发包人的责任。

综上,本案不具备《最高人民法院关于审理建设工程施工合同纠纷案件适用法律问题的解释》第二十六条中要求的各项条件,因此原告无权突破合同相对性,要求开发商承担责任。

【裁判结果】

天津市第二中级人民法院于2014年11月27日作出民事判决:一、被告大庆公司于本判决生效之日起十五日内向原告天津公司支付工程款3,369,537.80元;二、被告大庆公司于本判决生效之日起十五日内向原告天津公司返还履约保证金2,000,000元及利息(自2012年7月3日至实际给付之日止,按照中国人民银行同期同类贷款利率计算);三、驳回原告天津公司的其他诉讼请求。

法院认为,《最高人民法院关于审理建设王程施工合同纠纷案件适用法律问题的解释》第四条规定,承包人非法转包、违法分包建设工程或者没有资质的实际施工人借用有资质的建筑施工企业名义与他人签订建设工程施工合同的行为无效。本案中,大庆公司作为××旅游区工程的总承包人,与天津公司签订的《合作协议》,虽名为合作协议,但协议约定的工程范围与总包合同(扣除桩基础及区块内场地土方平整后)一致,工程的现场管理、资金、人力、物力等全部由天津公司负责,该协议约定的内容实为工程的转包,根据上述司法解释的规定,该《合作协议》无效。

天津公司在施工过程中,中途撤场,现天津公司主张双方于2012年7月3日签订了《结算协议》,并依据该结算协议,要求大庆公司支付工程款。大庆公司辩称,《结算协议》上没有加盖大庆公司的公章,协议是否孙某本人签署不能确定,孙某也无权就工程进行结算,故该结算协议不真实,也无效。法院经审查认为,大庆公司在庭审中认可孙某是其公司的项目部经理,且其没有提供相关证据证明该结算协议上孙某的签字不是其本人所签,故法院对该《结算协议》的真实性予以确认。关于孙某是否有权签署结算协议问题。首先,孙某作为大庆公司的委托代理人代表大庆公司与天津公司签订了《合作协议》;其次,其作为大庆公司的项目部经理与天津公司签订《结算协议》,天津公司有理由相信孙某是代表大庆公司的职务行为;再次,从大庆公司提供的加盖了大庆公司公章的汇总表看,其中明确写明,应付天津公司工程款59,944,240元,该数额与结算协议中确定的结算总造价数额基本一致;最后,从大庆公司提供的工程票据所附报销单的审批情况看,在主管负责人签字栏都有孙某的签字,最终审核人也是孙某,表明孙某不仅仅负责项目的施工管理,也有财务的审批权限,其作为项目部经理负责整个工程的管理,有权代表大庆公司与天津公司签订《结算协议》。故法院确认该《结算协议》是大庆公司与天津公司的真实意思表示,合法有效,可以作为确定天津公司已完工程部分工程款的依据,即大庆公司应给付天津公司工程款59,955,200元。

关于大庆公司已付工程款数额问题。庭审中，经大庆公司与天津公司对账，天津公司认可大庆公司已支付工程款56,585,657.22元，法院予以确认。大庆公司主张天津公司应交的水电费、临建费、材料费、检验费及扣减未完工程量款合计2,513,000元、质量保修金2,997,212元应从应付工程款中予以扣减。但从双方《结算协议》约定大庆公司承担税金、现场水电费、实验室费用、后期施工费用及后期维修费用，不再扣除天津公司其他任何费用的内容看，大庆公司要求天津公司承担上述费用的抗辩理由，不能成立。关于大庆公司主张其代天津公司给付王某工程款1230,000元，给付其他材料款、工程款问题，因天津公司不予认可，且双方之间对于代付工程款又无约定，故大庆公司要求在应付天津公司工程款中予以扣减的主张，不予支持。关于大庆公司主张天津公司应给予唐某1,000,000元的信息费，从其工程款中扣减问题，因该信息费是天津公司承诺给予唐某的，属于天津公司与唐某之间的问题，应由双方另行解决，本案不予审理。综上，大庆公司应付天津公司工程款59,955,200元，减去已付工程款56,585,657.22元，大庆公司尚应支付给天津公司工程款3,369,542.76元。鉴于大庆公司在签署《结算协议》时，并未对天津公司已施工工程的质量提出异议，故天津公司要求大庆公司支付尚欠工程款3,369,537.80元，法院予以支持。

关于天津公司要求大庆公司返还履约保证金2,000,000元问题。根据天津公司提供的收据，并结合大庆公司提供的汇总表中明确写明应付给天津公司工程保证金2,000,000元的内容看，可以确认天津公司已支付履约保证金2,000,000元，大庆公司应予返还。大庆公司主张履约保证金已返还，但并未提供相关证据加以证明，法院不予支持。则天津公司要求大庆公司返还覆约保证金2,000,000元，法院予以支持。鉴于双方签订的《合作协议》中约定合同履约保证金在建设单位第一次拨款时返还，但大庆公司并未返还，则天津公司要求大庆公司按照中国人民银行同期贷款利率支付自2012年7月3日至实际给付之日止的履约保证金利息，法院予以支持。

关于天津公司要求天津投资公司在大庆公司欠付工程款范围内承担责任问题，因涉案工程尚未整体竣工验收合格，天津投资公司提供的付款凭证等，证明其付款金额已经超过了合同约定的工程进度款支付比例，大庆公司未提异议，则依据现有证据无法确定天津投资公司存在欠付大庆公司工程款的事实，故天津公司要求天津投资公司在欠付大庆公司工程款范围内承担责任的主张，法院不予支持。

17. 天津某投资有限公司与某国际控股有限公司企业借贷纠纷上诉案

纪雪峰*

【案例要旨】

双方是否存在借贷事实及法律关系,应当根据当事人提供的证据材料,从举证责任、证人资格、证据效力等多维角度展开分析,通过充分、完整、详尽地逻辑论证,维护当事人的合法权益。

【案情简介】

某国际控股有限公司(以下简称某国际公司)是在香港注册成立的有限公司,注册资本为1万港元,其创始股东即实际控制人为天津某投资有限公司(以下简称某置地公司),但之后,某国际公司的股权已经几轮转让,多次更换了股东,现在实际控制人早已更迭多次;某国际公司于2009年出资设立天津某产业园建设发展有限公司(以下简称天津某公司)并进行了一系列投资及房地产开发业务。

某国际公司在花旗银行香港分行开立的美元账户于2010年1月7日、1月8日累计收到1,499,718美元,于2010年1月12日、1月13日、1月14日、1月20日从不同汇款人处累计收到3,029,626.47美元,总计4,529,344.47美元。大部分汇款单在汇款详情描述部分未填写内容,个别汇款单在汇款详情中标注描述为"培训费"。2010年1月21日,某国际公司将该账户中4,500,300美元以注册资本名义汇入天津某公司账户。

2013年10月28日,某置地公司(某国际公司原唯一股东即实际控制人)向天津市第二中级人民法院提起诉讼,主张上述款项是某国际公司向某置地公司的借款,要求法院判决某国际公司归还上述款项及利息。2014年12月2日,天津市第二中级人民法院作出(2014)二中民三初字第1号民事判决,认定双方之间的借贷关系成立,判决某国际公司向某置地公司归还4,529,344.47美元的借款及相应利息。

* 代理律师:纪雪峰,北京大成(天津)律师事务所。案例来源:天津市高级人民法院裁判文书。

某国际公司不服天津市第二中级人民法院(2014)二中民三初字第1号民事判决向二审法院提起上诉。

【代理意见】

一、某置地公司主张的借款事实并不存在,其提供的证据根本无法证明某国际公司收到了某置地公司汇出的诉争款项,无法证明双方之间存在借款事实。

1. 某置地公司汇给上海某公司等6家公司的6笔诉争款项,与某国际公司在花旗银行的账户下收到的来自孙某等共计18个汇款人汇入的款项的时间、数额、汇款人、收款人以及款项性质,都完全不同。尤其是款项性质,该18笔款项在花旗银行入款单的入款描述中有培训费、往来款等,唯独没有股东借款或任何形式的借款。

2. 本案关键证人某国际公司原财务总监王某、某国际公司当时的唯一董事徐某,无正当理由不出庭作证,接受双方当事人和法庭质询,其书面证言没有证据效力。

根据《最高人民法院关于民事诉讼证据的若干规定》第五十五条规定,证人应当出庭作证,接受当事人的质询。本案中,某置地公司提供的关键证人王某、徐某无正当理由不出庭作证,接受当事人质询,其书面证言没有证据效力。

3. 证人徐某与某置地公司的法定代表人、股东同时与其实际控制人徐某某系父子关系,与某置地公司具有极强的利害关系。徐某作为证人,证明其当时作为某国际公司的董事,独自决定向其父亲控制的企业借款,无任何书面决议,未经任何决策程序;而且除了徐某证言外,某置地公司无任何其他实质性证据能证明与某国际公司之间存在该种借款关系及借款事实,徐某的证言成为言词孤证。徐某的言词孤证显然不能作为本案的定案依据,此乃有瑕疵的证据,其真实性和证明力存在明显的缺陷。

徐某作为本案某置地公司方的利害关系人,即使出庭作证,其证言也不能作为定案依据。

根据《最高人民法院关于民事诉讼证据的若干规定》第六十九条第二项规定,与一方当事人或者其代理人有利害关系的证人出具的证言,不能单独作为认定案件事实的依据。同时,根据《最高人民法院关于民事诉讼证据的若干规定》第七十七条第五项规定,证人提供的对与其有亲属或者其他密切关系的当事人有利的证言其证明力一般小于其他证人证言。

二、本案中某置地公司主张的借款法律关系不成立。

1. 双方并未签署过、也不存在任何形式的借款合同,借款法律关系不成立。

《合同法》第一百九十七条明确规定:"借款合同采用书面形式,但自然人之间借款另有约定的除外。借款合同的内容包括借款种类、币种、用途、数额、利率、期限和还款方式等条款。”即除自然人之间的借款合同之外,其他的借款合同都为要式合同,须采用书面形式订立。否则借款法律关系不成立。

2. 双方未就借款事实达成过任何合意,更不用说就借款种类、币种、用途、数额、利率、期限和还款方式等相关要件达成过合意。

三、本案中某置地公司对其主张的该笔诉争款项并无所有权,无权就其主张任何权利。

根据天津市第二中级人民法院(2012)二中民三初字第34号案件中,其原告徐某某提交的证据10,也就是本案某置地公司出具的一份《说明》证明:本案中某置地公司主张的6笔诉争款项已经由某置地公司出借给了徐某某个人,某置地公司对该笔款项已经不享所有权,更无权在本案中主张任何权利。

【裁判结果】

二审法院于2015年10月10日作出了撤销一审法院民事判决,驳回某置地公司诉讼请求的终审判决。

二审法院认为,某置地公司以其与某国际公司之间存在借款关系为由,提起本案诉讼,双方的主要争议焦点在于某置地公司是否向某国际公司支付了诉争数额的款项及其性质是否为借款。

根据《最高人民法院关于适用〈中华人民共和国民事诉讼法〉的解释》第九十一条第一项的规定,某置地公司作为主张法律关系存在的当事人,应当对产生该法律关系的基本事实承担举证证明责任。根据某置地公司的陈述,其与某国际公司之间并未签署借款合同、借据等,所借款项也并非由其直接向某国际公司支付。某置地公司提供的主要证据分为两类:一类为某置地公司向上海某公司等5家内地公司的汇款凭证,以及某国际公司大约同期在香港的花旗银行账户的收款凭证等间接证据;另一类为证人邹某、王某、徐某的证言等言词证据。由于花旗银行账单显示的汇款人并非某置地公司汇款的上海某公司等5家公司,且某国际公司通过花旗银行所收款项为18笔,而某置地公司向上海某公司等5家公司所汇款项为6笔,在汇款人、汇款笔数方面没有对应性,故两者虽然在汇款时间与总数上大体相当,但不足以证明某国际公司所收汇款来自于某置地公司。某置地公司需对其所汇款项从上海某公司等5家公司继续流转至花旗银行账单中显示的汇款人这一过程进一步举证。某置地公司虽然就此提交了邹某的证言,但邹某作为某置地公司所称的内地向香港汇款的经办人,除其个人陈述外,并无其他证据就其陈述予以证明,故仅以邹某的证言认定上海某公司等5家公司与花旗银行账单中载明的汇款人具有关联性依据不足。某置地公司提交的王某、徐某证言,主要目的在于证明某置地公司与某国际公司存在借款事实,但因王某无正当理由未出庭接受质询,其证言的真实性及证明力无法认定,同时该证言所附的记账凭证系王某提供,且从记账凭证的表面形式看,也无法证明该记账凭证出自某国际公司。在王某未出庭、某置地公司无其他证据佐证的情况下,记账凭证的真实性及证明力均无法认定。徐某的证言经公证、认证手续,虽然形式上的真实性可以认定,但徐某系某置地公司法定代表人徐某某之子,与某置地公司存在利害关系,其证言的证明力不足。某置地公司原审中提交的某国际有限公司《境外汇款申请书》的内容亦不能直接证明某置地公司与某国际公司之间存在借款关系。

原审法院在王某未出庭的情况下,采信王某证言及其提供的记账凭证,对证人邹某、徐某证言证明力的认定均存在错误。在某置地公司不能就上海某公司等向某国际公司汇款的过程进一步举证的情况下,认定某置地公司向上海某公司等所汇款项即为某国际公司在香港所收款项证据不足,二审法院予以纠正。

在某置地公司提交的证据既不能证明其实际向某国际公司支付了诉争数额的款项,也不能证明诉争款项为借款,而花旗银行账单载明的某国际公司所收汇款的付款人、部分款项性质又明确显示与本案某置地公司的主张不同的情况下,举证责任并未转移至某国际公司,仍应由某置地公司承担。同时,由于王某提供的记账凭证无法证实出资某国际公司,某置地公司要求某国际公司提供财务记账凭证及要求法院按照《最高人民法院关于适用〈中华人民共和国民事诉讼法〉的解释》第一百一十二条的规定责令某国际公司提交证据的主张,依据不足,二审法院不予支持。

综上所述,二审法院认为,某置地公司提交的证据不足以证实其诉讼主张,其诉讼请求缺乏事实依据,应予驳回,判决撤销一审判决,驳回某置地公司的全部诉讼请求。

18. 徐某诉吴某房屋买卖合同纠纷案

赵志宇 李 飞*

【案例要旨】

本案细化了津高法(2016)158号《关于依法妥善审理房屋买卖合同纠纷案件的通知》第六条第一款的规定。首先,应当确定违约方出现违约的行为,有无可免责的事由发生。其次,针对房屋价格的评估的时间基准点,法院以明示违约之日为基准日,考虑到被告违约行为、原告的损失以及原告为了继续购买其他房屋需要一定合理期间,法院在认定违约日为基准日的基础之上予以调整,体现了公平原则。再次,法院在参考适用津高法(2016)158号《关于依法妥善审理房屋买卖合同纠纷案件的通知》的时候,还充分考量所处区域实际情况、守约方的履约情况、违约方订立合同时对房屋涨跌情形的预见能力、当事人的过错程度等因素。最后,最低额度不应低于房屋价格涨跌差价的50%,即在房屋价格涨跌差价50%~100%的区间内根据上述因素予以适当调整。

【案情简介】

原告徐某欲改善自己的住房条件,遂与被告吴某于2016年8月1日签订《房产交易合同》,约定购买被告名下坐落于和平区某小区的房屋,购买房屋价款为580万元,原告在合同签订之日,向被告交付定金10万元。原告依约定先后向被告交纳定金2万元、8万元,履行了该合同约定支付定金10万元的义务。然而,在后续与被告接触的过程中,基于市场房价上涨的原因,被告明确表示不再售卖该房屋。原告为了后续进一步履行合同的义务,拼凑房屋首付款,将自己名下另外一套房屋进行了出售,被告明示违约的行为,使得原告基于对合同的信赖产生了巨大的损失,原告为了维护自己的合法权益,由此成诉。

---

* 代理律师:赵志宇、李飞,天津高地律师事务所。案例来源:天津市和平区人民法院裁判文书。

【代理意见】

代理人认为，本案是二手房市场较为频发的房屋买卖合同纠纷，主要争议焦点是确定违约行为，就其以后的赔偿数额进行确定，双方当事人对数额有异议的，在确定时间点的情况下，可共同委托专业的评估机构进行房屋价格的鉴定。

一、关于《房产交易合同》效力问题

关于二人签订的《房产交易合同》，因双方主体适格、意思表示真实，合同内容具体确定，应当认定该合同合法有效。另，《合同法》第八条第二款规定："依法成立的合同，受法律保护。"

二、关于《房产交易合同》义务履行问题

《合同法》第八条第一款规定："依法成立的合同，对当事人具有法律约束力。当事人应当按照约定履行自己的义务，不得擅自变更或者解除合同。"第六十条第一款规定："当事人应当按照约定全面履行自己的义务。"因此，对于原、被告成立并生效的合同，二人应当依照诚实信用原则，合理履行自己的合同义务。其中原告按照《房产交易合同》约定的时间筹集房款首付款，积极履行自己的义务。然而，被告在收到原告交付的定金后，无正当理由不再售卖该房产，不按照合同约定配合原告去签署《天津市房产买卖协议》，办理过户手续。因此，被告的一系列行为已经构成根本违约，对原告的合法权益造成巨大损失。

三、关于违约赔偿问题

《合同法》第一百零七条规定："当事人一方不履行合同义务或者履行合同义务不符合约定的，应当承担继续履行、采取补救措施或者赔偿损失等违约责任。"二人在《房产交易合同》中，原告为了积极履行合同义务，卖掉自身房产筹集购买该房屋的首付款，基于履行合同义务，丧失了自有房屋上涨带来的收益，造成了巨大的损失。对于因房屋价格上涨，导致出现的差额属于《合同法》中规定的预期利益，应当属于守约方所有。

综上，原告基于对合同的信赖，由于被告的违约行为产生了损失。被告应当承担赔偿原告损失的违约责任。

【裁判结果】

天津市和平区人民法院于2017年9月20日作出民事判决：一、被告吴某向原告徐某返还定金10万元；二、被告吴某向原告徐某支付房屋价格的差额损失67万元；三、驳回原告徐某的其他诉讼请求。

法院认为，吴某承认徐某在本案中主张的事实，对徐某主张的事实予以确认。本案争议焦点问题是原告实际价格差额损失。2016年9月10日，被告明确表示不履行合同,在房屋价格上涨的背景下,原告主张按10月15日作为其主张损失的基准日,被告主张按照9月15日为基准日,进行房屋价格评估,法院结合被告违约过错的认定程度、原告的实际损失情况予以适当调整。结合被告实际违约日、房屋价格上涨及当事人合理预期的情况下,依据津高法(2016)158号《关于依法妥善审理房屋买卖合同纠纷案件的通知》第六条第一款的规定,当事人一方不履行合同义务或者履行合同义务不符合约定给对方造成损失的,应当赔偿损失。按照《合同法》第一百一十三条规定,损失赔偿额包括合同履行后可以获得的利益。一方违约且发生房屋价格涨跌情形的,涨跌差价属于合同履行后可以获得的利益,实际损失金额的确定应结合所处区域实际情况、守约方的履约情况、违约方订立合同时对房屋涨跌情形的预见能力、当事人的过错程度等因素综合判定,但最低额度不应低于房屋价格涨跌差价的50%。法院酌定原告的损失额为67万元。原告按照房屋评估价格与合同约定购买价格的差额主张134万元的依据不足,法院不予认定。

【案例评析】

本案中原被告签订的房屋成交价格为580万元,原告主张10月15日为基准点,被告主张9月15日为基准点,在确定一个时间节点之后,共同委托一个评估机构,对房屋的当时价格进行市场评估,评估价格为714万元,房屋差价为134万元。依据《天津市高级人民法院关于依法妥善审理房屋买卖合同纠纷案件的通知》中关于房屋差额的50%即为67万元。法院依据所处区域实际损失金额、守约方的履约情况、违约方订立合同时对房屋涨跌情形的预见能力、当事人的过错程度等因素综合判定,在考量双方公平原则的基础之上,对于房屋评估价格时间基准点予以调整,认定50%的差额损失,是自由裁量原则的公平体现,维护了双方当事人的各自权益。

19. 赵某民间借贷担保案

华天琳　刘晶晶*

【案例要旨】

关于民间借贷利率,《最高人民法院关于审理民间借贷案件适用法律若干问题的规定》第二十六条有明确规定。在合同存在多种担保方式的情况下,代理人要做到不被不利事实迷惑,紧紧抓住有利的事实与证据,保证客户利益最大化。

【案情简介】

被告甲公司向原告赵某借款10,000,000元用于公司经营,双方及乙公司签订借款合同,约定借款期限6个月,年息30%,自甲公司收到借款之日开始计算利息。同时约定乙公司以其持有的甲公司20%股权作抵押担保,承担连带还款责任。合同经赵某签字,甲公司、乙公司盖章。后原告赵某如约放款,到期后甲公司未还本付息。赵某起诉甲公司还本付息,乙公司承担连带保证责任。

【代理意见】

甲公司在合同约定的时间没有还款,构成违约,应承担归还本金的义务。合同约定的利息符合《最高人民法院关于审理民间借贷案件适用法律若干问题的规定》,甲公司应按30%支付合同期内及逾期利息。合同约定的乙公司以持有的甲公司20%股权抵押,虽然没进行抵押登记,抵押无效,但是,乙公司以保证人身份在合同上盖章,并在合同中约定承担连带保证责任,所以乙公司应对甲公司欠付的借款本息承担连带保证责任。

【裁判结果】

天津市滨海新区人民法院于2017年5月19日作出(2017)津0116民初899号

---

* 代理律师:华天琳、刘晶晶,天津行通律师事务所。案例来源:天津市滨海新区人民法院裁判文书(2017)津0116民初899号。供稿单位:天津行通律师事务所,华天琳。

民事判决:一、甲公司在判决生效后10日内偿还赵某借款本金10,000,000元;二、甲公司在判决生效后10后日内支付赵某合同期内的利息1,193,333元;三、甲公司在判决生效后10后日内支付赵某合同到期日至实际给付之日止的资金占用利息(以10,000,000元为基数,按年利率24%计算);四、乙公司对上述三项金钱给付义务承担连带偿付责任。

法院认为:赵某与甲公司、乙公司签订的《借款协议书》系各方当事人的真实意思表示,内容不违反法律的强制性规定,合法有效,对各方当事人均有约束力。合同签订后,原告依约履行了合同义务,向甲公司发放借款10,000,000元,但甲公司在合同到期后未按约还款,已经构成违约,应承担违约责任。赵某诉请要求甲公司偿还借款本金,于法有据,法院予以支持。

关于合同期内的利息,年利率30%系双方自愿约定,且未超过法律规定的限额年利率36%,但借款人甲公司在庭审中表示仅同意按年利率24%支付利息,故对超过24%的部分,法院不予支持。据此标准计算,合同期内的利息为1,993,333元。

关于逾期利息,因各方在合同中仅约定合同期内的利率,未约定逾期利率,赵某主张甲公司参照合同期内的标准计算利息,符合法律规定,但超出法律规定的逾期利率限额,法院将逾期后的资金占用期间的利息的标准调整为年息24%,关于计算期间,法院确定自2016年10月1日起,计算至本判决确定的给付之日。

关于保证责任,某某公司在《借款协议书》中以保证人身份盖章,表明其确有保证的意思表示,《借款协议书》明确约定保证方式为连带责任保证,现甲公司未按期履行合同约定的还款义务,赵某要求乙公司承担连带保证责任,于法有据,法院予以支持。保证人承担保证责任后,有权向债务人追偿。

【案例评析】

一、关于民间借贷的利率

合同约定年利率30%,但是庭审中甲公司拒绝支付超过24%的部分。按照《最高人民法院关于审理民间借贷案件适用法律若干问题的规定》第二十六条规定:"借贷双方约定的利率未超过年利率24%,出借人请求借款人按照约定的利率支付利息的,人民法院应予支持。借贷双方约定的利率超过年利率36%,超过部分的利息约定无效。借款人请求出借人返还已支付的超过年利率36%部分的利息的,人民法院应予支持。"按照该规定,超过24%不足36%的年利率,属于自然债务,借款人自愿履行,法院不限制,借款人不同意履行,法院不支持债权人。因此,本案甲公司在庭审中明确表示不同意按30%支付利息,故法院确认双方按24%年利率计算利息。

关于逾期利息,因双方在合同中为约定逾期利率,根据《最高人民法院关于审理民间借贷案件适用法律若干问题的规定》第二十九条第二款第二项规定，约定了借期内的利率但未约定逾期利率，出借人主张借款人自逾期还款之日起按照借期内的利率支付资金占用期间利息的，人民法院应予支持。因此，赵某可以按照合同期内的利率主张逾期利息，但是因为前述原因，逾期利率以24%年利率为限。

二、关于保证责任

本案中乙公司在合同中的担保方式比较混乱，即约定了乙公司以其持有的某公司的20%的股权抵押给赵某，又约定承担连带保证责任，同时，乙公司以保证人身份盖章。因双方未办理股权抵押登记，导致抵押无效。那么乙公司是否承担保证人的责任，双方的保证责任约定的是否明确，成为赵某实现利益最大化的一个风险。虽然约定比较混乱，但是代理人抓住了合同约定承担连带保证责任的条款，并紧紧抓住乙公司以保证人身份签字的事实，最后法院采纳了这一观点，判决乙公司承担连带保证责任，保证了客户利益最大化。

20. 赵某某诉么某、么某某、A 公司、B 公司民间借贷纠纷案

杨　涛*

【案例要旨】

公司的法定代表人因对外欠款,向其他债权人承诺放弃对其名下公司的经营管理权利,以公司资产作为还款保证后,又以公司名义对外签署的担保协议应为有效,公司应当承担担保责任。

【案情简介】

赵某某与么某于2012年1月18日、2月29日、3月22日、7月23日、8月22日先后签订5份《借款合同》,约定么某向赵某某借款总计6740万元。2013年5月9日,赵某某、么某、A公司、B公司签订《协议书》。该协议书约定:(1)么某共计向赵某某借款6740万元,到期后本息一并偿还。赵某某已履行了出借义务,但么某未能依约还款,上述款项的利息按照银行同期贷款利率的4倍计算。截至2013年4月30日,么某应付赵某某借款本金6740万元、利息17,359,702.4元,本息合计84,759,702.4元。(2)么某承诺于2013年5月31日前偿还上述款项,自2013年5月1日起按照银行同期贷款利率的4倍计算上述欠款84,759,702.4元的利息,直至本息实际结清日止。(3)A公司、B公司承诺对前述借款承担不可撤销的无限连带责任担保,担保因前述借款产生的所有责任,包括但不限于归还借款本金、利息、逾期利息等。(4)此前签署的相关文件与本协议内容不一致的以本协议内容为准,如有未尽事宜各方可另行订立补充协议。赵某某、么某以及A公司和B公司的时任法定代表人么某某在该协议上签字确认。2013年5月14日,赵某某、么某、A公司、B公司签订《补充协议》,主要约定:2013年5月9日经核对后已确认借款事实及借款本息总额为84,759,702.4元,并约定了具体的还款日期。由于么某未能及时还款给赵某某造成巨大损失,经协商一致,由么某赔偿赵某某损失600万元,此

---

* 代理律师:杨涛,天津秉钧律师事务所。案例来源:天津市高级人民法院裁判文书。

600万元一并于2013年5月31日前支付。A公司、B公司同意对前述损失承担不可撤销的无限连带担保。本协议为原借款协议的补充协议，效力等同。此后，么某未能按照协议约定返还借款本息。

此外，么某某与么某系父子关系。么某某既是B公司的法定代表人，也是A公司的原法定代表人。在本案诉讼期间，A公司的法定代表人由么某某变更为他人。

A公司、B公司的股东均为天津市某某实业有限公司（以下简称某公司）。A公司的原股东为么某某、唐某某、么某等人，由么某某担任该公司法定代表人。2010年10月，A公司的股东变更为朱某某和么某，法定代表人变更为朱某某。

A公司主张么某某、唐某某、么某等三人于2012年9月出具说明，主要内容为：么某某等三人向天津滨海某某集团有限公司、天津市兆博某某有限公司、朱某某、周某某借款，三人将名下资产包括A公司、B公司交由上述四方组成的联合体掌握和处置，义务由联合体承担。三人放弃一切权利。而且，么某某等三人与上述四方签订的《协议书》也表明了同样的内容。

赵某某起诉要求么某归还前述借款及相关的利息，由A公司、B公司对前述给付承担担保责任。A公司、B公司认为虽然么某某在签订《协议书》之时仍为前述公司的法定代表人，但因其已经承诺放弃对前述公司的管理权利，故其签署的《协议书》无效，A公司、B公司不应承担相应担保责任。

【代理意见】

一、关于借款本金

赵某某与么某签订的5份《借款合同》《协议书》均系当事人的真实意思表示，依照合同约定赵某某应向么某出借6740万元，么某确认已收到该借款。民间借贷纠纷，应根据借贷款项的交付、当事人之间的交易习惯等因素，综合判断认定借贷事实是否发生以及借款金额。综上，《借款合同》《协议书》已发生法律效力，么某应依约返还相应借款本息。由于赵某某实际支付的借款数额低于其主张的借款本金6740万元，故应依照金融机构账目往来记录等书证认定借款数额为6740万元。

二、关于借款利息

赵某某与么某均确认2013年5月1日之前发生的利息合计17,359,702.4元，该利息系按照银行同类贷款利率4倍的标准计算。该约定系当事人真实意思表示，符合最高人民法院的相关规定，应予以确认。

三、关于连带责任

《协议书》明确约定A公司、B公司对么某返还借款本息的合同义务承担连带责任，A公司、B公司的时任法定代表人么某某已在该协议中签字确认，么某某在庭审中亦确认上述事实。因此，A公司、B公司应依照协议书的约定承担连带保证责任。A 公司的法定代表人虽在诉讼期间变更为他人,但该项变更并不影响 A 公司在《协议书》中的意思表示的效力和应承担的合同义务。所以,A 公司、B 公司对么某的债务应承担连带责任。A 公司、B 公司以么某某、么某已向天津滨海某某集团有限公司、天津市兆博某某有限公司、朱某某、周某某等债权人承诺放弃权利为由,主张在本案中不应承担连带责任不应得到支持,因为前述承诺系么某某、么某作为债务人基于其他债务向天津滨海某某集团有限公司等其他案外人作出的意思表示,与 A 公司、B 公司作为独立法人在本案中依约承担保证责任没有法律上的必然联系。A 公司、B 公司的前述主张缺乏法律依据,不能成立。

【裁判结果】

天津市高级人民法院经依法审理,最终判决:一、十五日内么某归还赵某某借款本金6570 万元及截至2013 年4 月30 日的利息,并以6570 万元为基数,按人民银行规定的同期贷款利率4 倍标准,给付自 2013 年 5 月 1 日起至实际付清之日止的利息;二、A 公司、B 公司对前述给付事项承担连带保证责任。

【案例评析】

公司的法定代表人因对外欠款,向其他债权人承诺放弃对其名下公司的经营管理权利,以公司资产作为还款保证后,又以公司名义对外签署的担保协议应为有效,公司应当承担担保责任。因为,首先,法定代表人以公司名义对外签署协议系职务行为,其法律后果应由公司承担;其次,法定代表人基于其他债务向其债权人作出的承诺,与公司作为独立法人依约承担保证责任没有法律上的必然联系。

《民法通则》第四十三条规定:“企业法人对它的法定代表人和其他工作人员的经营活动,承担民事责任。”《合同法》第三十二条规定:“当事人采用合同书形式订立合同的,自双方当事人签字或者盖章时合同成立。”第四十四条规定:“依法成立的合同,自成立时生效。”在签订合同过程中,应该邀约、承诺,双方当事人意思表示一致,合同即可成立。法定代表人作为法人的代表,当然有权在合同上签字以示对合同内容的确认。法定代表人以公司名义对外签署协议系职务行为,其法律后果应由公司承担。另外,法定代表人基于其他债务向其债权人作出的承诺,与公司作为独立法人依约承担保证责任在法律上没有必然的联系。

21. 赵某与天津某商贸有限公司、天津某国际贸易有限公司、庄某借款合同纠纷案

崔云玲　于海旺*

【案例要旨】

公司人格独立是其作为法人独立承担责任的前提。如果公司在人格上丧失独立性，成为股东或其他公司逃避债务的掩体和工具，则应当否认其独立的法人格，责令股东为其债务或者关联公司相互之间承担连带责任。从适用效果来看，否认关联公司各自的独立人格，将各关联公司视为一体，对其中特定公司之债权人的请求承担连带责任，不过是将滥用关联公司人格之股东的责任延伸到由他们控制的关联公司。只有这样处理才能周全而有效地制止股东滥用公司法人独立地位和股东有限责任以逃避债务的违法行为，真正实现立法的规制目的。

【案情简介】

本案历经天津市河东区人民法院一审，天津市第二中级人民法院裁定发回重审，天津市河东区人民法院重审及天津市第二中级人民法院终审的四轮审判。一审及重审判决均为"驳回原告赵某的诉讼请求"。

本案原告赵某经人介绍于2013年3月4日与天津某国际贸易有限公司（以下简称某国贸公司）签订《借款合同》一份（以下简称《借款合同一》），约定赵某出借给某国贸公司人民币1800万元，借款期限为2013年3月4日至2013年4月17日，并对利息等进行了约定。庄某以某国贸公司法定代表人身份在该借款合同上签字。同日，赵某将1800万元转入某国贸公司账户。借款期限届满后某国贸公司并未清偿欠款，并在2013年6月1日开始停止支付利息，赵某追索欠款未果。庄某称

---

* 代理律师：崔云玲、于海旺，北京盈科（天津）律师事务所。案例来源：天津市第二中级人民法院裁判文书。

该借款已用于支付其另一公司天津某商贸有限公司(以下简称某商贸公司)在北京的购房款。

2013年11月经庄某提议,赵某再出借100万元给庄某应急,庄某将某国贸公司的1800万元债务转移至某商贸公司名下,并承诺某商贸公司有北京的房产作为还款后盾。故此,赵某又与某商贸公司签订《借款合同》一份(以下简称《借款合同二》),该借款合同约定赵某借给某商贸公司人民币1900万元,借款期限为2013年6月1日至2013年12月31日,并对利息等进行了约定。庄某以某商贸公司总经理的名义向赵某出具《个人担保书》,对该借款承担连带保证责任。因庄某在2013年6月1日开始就未再支付借款利息,故《借款合同二》及庄某的《个人担保书》签署日期为"2013年6月1日"。赵某于2013年11月15日通过网上银行向庄某转账100万元。该1900万元借款期限届满后,庄某及某商贸公司均未如约清偿欠款,赵某催讨未果,遂于2015年12月7日对某商贸公司及庄某提起诉讼。后在重审中追加某国贸公司为共同被告,并以被告某商贸公司、某国贸公司在被告庄某的操作下丧失公司独立人格为由,要求某国贸公司与某商贸公司、庄某承担连带清偿责任。庭审中赵某所出示的证据只显示其向某国贸公司支付了1800万元,向庄某支付了100万元,两份借款合同之间没有关联性。虽然赵某在催讨欠款过程中与庄某的短信记录显示庄某承认欠付1900万元借款,且该款项已用于购买北京房产,但仍无法将两份借款合同有效衔接。

一审法院认为赵某所称债务转移和公司人格混同缺乏足够的证据支持。其一,借款合同一、借款合同二是两个相互独立的法律关系,借款合同二因尚未实际履行而未生效;其二,某国贸公司与某商贸公司为独立的法人单位,住所地、经营范围、财务账号等均不同,现有证据不能认定两被告公司的财产无法区分。故此判决驳回原告赵某的诉讼请求。

【代理意见】

代理律师认为:本案中某商贸公司与某国贸公司是由庄某实际控制的关联公司,二公司间存在人格混同,某商贸公司、某国贸公司、庄某应对所欠赵某的1900万元借款本息承担连带清偿责任。

一、某商贸公司与某国贸公司是由庄某实际控制的关联公司,庄某与某商贸公司及某国贸公司间存在财产混同。赵某无论与某国贸公司还是某商贸公司签订《借款合同》,其实质均是赵某与庄某之间的民间借贷。

1. 赵某与某国贸公司、某商贸公司签订《借款合同》时,实际代表二公司出面的均是庄某,且庄某实际持有该二公司的公章,赵某有理由相信庄某是二公司的实际控制人。

2. 庄某在2011年1月26日至2015年6月29日是某国贸公司的实际控股人，占股98.77%，并在2011年1月26日至2013年2月25日担任某国贸公司的法定代表人。

3. 庄某在2013年3月4日以某国贸公司法定代表人的身份在《借款合同》上签字，虽然此时庄某并非某国贸公司的法定代表人，但其持有该公司公章。

4. 虽然庄某并非某商贸公司的登记股东，但其在2013年11月20日、2014年3月13日均取得某商贸公司授权，以某商贸公司实际控股人身份参加诉讼。

5. 庄某在2013年11月持某商贸公司公章及法人章与赵某签订《借款合同》，并以某商贸公司总经理的身份签订《个人担保书》。

6. 庄某与某国贸公司及某商贸公司间存在大量没有基础法律关系的资金往来。某商贸公司的注册资金仅50万元，但某商贸公司与庄某间在一年内的资金往来却高达4000余万元。

7. 某商贸公司的名义股东陆某、庄某蔓系庄某的姐夫、姐姐，且庄某在2013年11月20日至2014年4月14日亦担任某商贸公司的法定代表人。

8. 庄某在某国贸公司和某商贸公司均报销大量差旅费。其在2013年5月2日、3日在某商贸公司报销的差旅费即高达170万元，而在多次庭审中庄某及某商贸公司均陈述此时庄某与某商贸公司间不存在任何关系。

综上，某商贸公司与某国贸公司是由庄某实际控制的关联公司。

二、某商贸公司与某国贸公司构成人格混同。

(一)某商贸公司与某国贸公司间存在财务混同。

1. 赵某与某国贸公司签订1800万元借款合同后，共收取借款利息387万元，其中庄某个人支付184.5万元，某商贸公司支付202.5万元。换言之，某国贸公司应支付的利息系由某商贸公司及庄某个人支付。

2. 某商贸公司在购买案外人北京宣兴房地产开发股份有限公司的房产时，某国贸公司支付了4200万元购房款，某商贸公司仅支付尾款40余万元，但该房产却登记在某商贸公司名下。

3. 某商贸公司与某国贸公司之间，及二公司与庄某间均持续存在没有基础法律关系的大额资金往来。据不完全统计在4个月时间内二公司间资金往来超过2800万元，在不足一年时间内某国贸公司与庄某间资金往来超过1100万元，某商贸公司与庄某间资金往来超过4000万元。

4. 某商贸公司系租用某广场注册，但该公司与某广场物业公司间没有资金往来，所有租金及物业费均由某国贸公司缴纳。

(二)某商贸公司与某国贸公司间存在人员混同。

1. 庄某系某商贸公司、某国贸公司的实际控制人，持有二公司的公章、法人章，分别以公司法定代表人和总经理身份与赵某签订借款合同。

2. 庄某在作为某国贸公司绝对控股人期间,分别担任过某国贸公司法定代表人、某商贸公司法定代表人、某商贸公司总经理。并且在并非某商贸公司登记股东的情况下,以某商贸公司实际控制人身份取得某商贸公司授权参加诉讼活动。

3. 案外人冯某曾为某商贸公司股东,亦曾担任某国贸公司法定代表人,且曾为某国贸公司借款提供连带责任保证。

4. 某商贸公司的名义股东陆某、庄某蔓系二公司实际控制人庄某的姐夫、姐姐。

(三)某商贸公司与某国贸公司的经营地址相同。

1. 某国贸公司的注册地址为某某经济区某某西路××号某某汽配城××号楼×××,但该地址并不存在,某某经济区某某西路××号某某汽配城××号楼也从未出现过某国贸公司。

2. 某国贸公司在网上的招聘广告中使用的地址与某商贸公司注册地址均为某广场。

3. 某商贸公司系某国贸公司为扩展业务设立的公司,其注册地址是虚拟的,是由某国贸公司与某广场物业公司签订的虚假租赁合同,实际使用的是某国贸公司租赁的某广场办公场所,房屋租金及物业费亦均由某国贸公司缴纳。

(四)某商贸公司与某国贸公司的经营范围相同。

虽然某商贸公司与某国贸公司的名义经营范围存在差异,但均涉及矿产品、化工产品等相关业务。同时,需要特别指出的是二公司名为贸易公司,实为小贷公司。二公司在一年间的银行流水高达十几亿元,绝大多数是没有基础法律关系的往来款、借款、还款,几乎没有实际贸易业务。

综上所述,某国贸公司与某商贸公司间构成《公司法》所规定的人格混同,违背了法人设立宗旨,严重损害了债权人赵某的权益,二公司及庄某应对1900万元借款本息承担连带清偿责任。

【裁判结果】

二审法院认为,关于某国贸公司与某商贸公司之间是否构成人格混同是本案的争议焦点。

关于两公司人员方面。根据现有证据显示,在案涉两份借款合同签订期间,庄某既是某国贸公司的控股股东,又以某商贸公司总经理的名义对外签订保证合同,同时以实际控股人的名义代表某商贸公司参加诉讼,某国贸公司与某商贸公司无论对外签署协议、参加诉讼均由庄某实际操作,庄某系两公司的实际控制人实际控制两公司的经营业务。

关于两公司经营地址方面。某商贸公司的注册地址并不存在,其实际办公地址即为某国贸公司在某广场租赁的办公地址，一直由某国贸公司支付租赁费和物业费。

关于两公司财产方面，某商贸公司、某国贸公司与庄某之间在未提供证据证实各方之间存在基础法律关系的情况下存在大额资金往来，且某国贸公司为某商贸公司购买房产支付将近30,000,000元的购房款，房产却登记在某商贸公司名下，亦不能提供其付款的理由及依据。

此外，某国贸公司在某商贸公司设立时即确认系某国贸公司因扩展业务需要才成立的某商贸公司。综合本案事实表明，某国贸公司与某商贸公司表面上是彼此独立的公司，但两公司无论从人员、办公地址、账目往来等方面均界限模糊，已实际构成人格混同，其行为违背了法人制度设立的宗旨，违反了诚实信用和公平原则，损害了债权人利益，两公司均应对另一公司的债务承担连带责任……

综上，二审法院判决撤销一审判决，支持原告赵某的诉讼请求。

判决如下：

一、撤销天津市河东区人民法院(2016)津0102民初7881号民事判决；

二、被上诉人天津某商贸有限公司于本判决生效之日起十日内偿还上诉人赵某借款本金19,000,000元，并自2013年6月1日起至本判决确定给付之日止按照月息百分之二的标准支付利息；

三、被上诉人天津某国际贸易有限公司对上述第二项给付事项承担连带给付责任；

四、被上诉人庄某对上述第二项给付事项承担连带保证责任。

【案例评析】

一、关联公司人格混同的认定

关联公司间人格混同，是指公司与公司之间法人人格特征高度一致的公司存在状态。公司人格混同主要表现为以下三种形式：组织机构混同、公司间财产混同和经营业务混同。

1. 公司间组织机构混同。公司之间如果具有相同的高级管理人员、相同的工作人员、相同的办公场所等情形，一般可认定为公司组织机构混同。公司作为社团法人，其运行基础便是人的组合。因此，不同公司间一旦组织机构混同，极易导致公司财务、利益整体性混同，公司的独立意志也将不复存在。本案中，某商贸公司与某国贸公司的组织结构混同主要表现在以下几个方面：第一，两公司均由庄某实际控制。案涉两份借款合同签订期间庄某既是某国贸公司的绝对控股股东，在某国贸公司法定代表人处签字，又以某商贸公司总经理的名义对外签订保证合同，同时以实际控制人身份代表某商贸公司参加诉讼。第二，庄某在不同时期内分别交叉担任两公司的法定代表人。第三，案外人冯某亦曾分别担任两公司的股东和法定代表人。第四,两公司的名义股东间是近亲属关系。第五,某商贸公司系因某国贸公司扩展业务而注册,其注册地址并不存在,实际办公地址与某国贸公司办公地址相同,且由某国贸公司支付租金及物业费。故此,两公司间组织结构混同。

2. 公司间财产混同。公司财产独立是公司人格独立的基础,只有在财产独立的情况下,公司才能以自己的财产独立地对其债务负责。公司间财产混同违背了公司资本三原则,严重影响公司对外清偿债务的物质基础。本案中,不仅某商贸公司与某国贸公司间存在相互代为支付的情况,而且两公司间存在大量没有基础法律关系的资金往来。同时,两公司与其实际控制人庄某间亦存在大量的没有基础法律公司的巨额资金往来,往往在一笔资金入账后立即转出支付的情形。两公司与实际控制人庄某之间存在财产混同。

3. 公司间业务混同。业务混同是指公司之间在经营业务、经营行为、交易方式等方面存在混同现象。主要表现为公司之间从事相同业务活动。本案中,两公司名为贸易公司,但其实际经营内容均为民间借贷。

综上,某商贸公司与某国贸公司在组织机构、财产及业务方面均存在混同现象,两公司实属"一套人马,两块牌子",故认定两公司存在人格混同。

二、公司人格混同承担民事责任的法理依据

公司享有独立人格,得以独立承担责任,使股东承担有限责任。公司制度正是通过确立公司独立人格来隔离股东对公司行为的直接责任。但公司制度也存在难以克服的缺陷,即无法遏制公司人格制度被滥用。传统的揭开公司面纱仅是指通过揭开公司面纱而追究公司面纱背后的股东个人的连带责任,从而使股东与债权人的利益获得再平衡。随着经济发展,出现了公司股东滥用其对若干公司的支配权,为规避法定义务或者合同义务,利用多个关联公司之间的关联性转移利益,损害其中一个或者若干个公司的利益以求其作为控制股东利益的最大化。此时应其中某个公司债权人的请求,否认关联公司之间的各自独立地位,使其共同对发生的债务承担责任。

《公司法》第二十条第三款"公司股东滥用公司法人独立地位和股东有限责任,逃避债务,严重损害公司债权人利益的,应当对公司债务承担连带责任"的表述属于传统的揭开公司面纱的场合。因此有观点认为《公司法》尽管引入了法人人格否认,但对于关联公司人格混同这一类行为却未有涉及,以致找不到人格否认适用于关联企业人格混同的具体条文。在审判实践中,要对人格混同的关联企业实行人格否认,只能依据民法基本原则准用公司法人人格否认理论,而不能直接适用《公司法》第二十条。其实公司法人人格否认理论的实质是在公司独立人格被滥用后,得以揭开公司面纱,即绕过公司而直接追究隐藏在公司法人背后的股东的责任。关联公司人格否认与传统的人格否认制度在法理上并无二致,二者概念区分的意义在于责任流向上的差异，即关联公司人格否认，债务首先从被控制的公司流向控制股东，接着从该控股股东流向其他受制于该股东的具有关联性的公司。

在我国现阶段，同一控股股东以自己或他人名义设立若干公司，并完全控制这些公司的运营，即"一套人马，若干牌子"的关联公司模式非常普遍。因此，在关联公司大量存在且独立性难以保障的情况下，将法人人格否认的规制适用扩展至关联公司之间的人格否认，符合我国确认这一规定的立法意图。关联公司人格混同的原因多是由于股东滥用了公司法人独立地位和股东有限责任，否认关联公司各自的独立人格，将各个关联公司视为一体，对其中特定公司的债权人承担连带责任，不过是将滥用关联公司人格之股东的责任延伸到完全由他们控制的关联公司上。在关联公司人格混同的情形下，扩展适用法人人格否认制度，体现了比照最相类似的条款、类似情况类似处理的原则。

本案中，天津市第二中级人民法院在庄某控制关联公司利用人格混同逃避债务的情况下，为维护债权人的正当利益，实现社会公平正义，正是参照《公司法》第二十条第三款的规定，判决某商贸公司与某国贸公司对1900万元债务承担连带清偿责任。

22. 南京某公司演艺合同纠纷案

陈 岳*

【案例要旨】

本案系天津范围不常见的演艺合同纠纷,关键在于双方签订有劳动合同和演艺合同双合同,演员最初认为劳动关系劳动者可任意解除,故随意解除合同,但演艺合同属于民事合同范畴,又具备特殊性,因此最终公司索赔成功。

作为公司一方应当注重规范合同文本,区别演艺合同关系和劳动关系,进行区分对待,并对演员进行普法宣传,避免不必要的纠纷产生。

【案情简介】

天津某某公司系注册于天津的、组织相声演出的剧场公司,其组织相声社团并聘请王某作为其相声演员,为其进行相声演出,为此,天津某某公司与王某分别签订了两份合同,一份是劳动合同,用于为王某缴纳社保及相关福利;另一份是演艺经纪合同,作为为王某进行演出并规划演艺道路的双方合同。

演艺合同约定:"5)被告未经原告同意,擅自脱离团队或与其他公司、团队、组织或与个人签订演艺、劳务合同,则应赔偿原告包装策划费、宣传推广费、演艺培训费、经济损失等共计10万元整。"

合同签订后,双方履行良好,但于2016年中,被告自行脱离演出团体,并明确声明不再参加天津某某公司演出,要求与天津某某公司解除劳动关系。此后,双方进行了劳动仲裁,并解除劳动关系,但就演艺经纪合同关系未进行处理,王某也不再参加演出。

天津某某公司向法院提起诉讼,请求判令王某按照演艺合同约定赔偿经济损失及违约金10万元整,一审法院支持了天津某某公司的诉讼请求,王某就此提出上诉。

---

* 代理律师:陈岳,天津度睿律师事务所。案例来源:天津市第二中级人民法院裁判文书。

【代理意见】

一、本案涉诉合同为《某相声会馆“某某某”相声社团演艺合同》(下称演艺合同),被告提到的劳动案件所涉为《劳动合同》,两者属不同法律关系,与本案不具有关联性,根据《最高人民法院知识产权案件年度报告》(2009年)及相关判例阐述,演艺经纪合同是一种包含代理、居间、知识产权、劳动等性质在内的综合性质合同,被告违反演艺合同约定,理应承担相应违约责任。

本案原被告双方签订有两份合同,一者为劳动合同,另一者为演艺合同,双方基于前述两份合同产生了劳动者与用人单位、艺人与经纪公司两种法律关系,被告提到的劳动案件解决的是劳动合同产生的劳动关系,与本案并不具备关联性,二者也不应予以混淆,被告违反演艺合同约定,理应承担相应违约责任。

在《最高院知识产权案件年度报告》(2009年)中的第28条中明确阐明,在熊某、杨某与某公司知识产权合同案〔(2009)民申字第1203号〕中,最高人民法院认为,涉案演艺合同是一种综合性合同,关于演出安排的条款既非代理性质也非行纪性质,而是综合性合同中的一部分。

而在该年报所涉的(2009)民申字第1203号民事裁定书中说理部分中,也明确阐释,本案双方合同不仅包含关于演出安排的约定,还包含某公司对熊某、杨某商业运作、包装、推广以及著作权使用许可等多方面内容,而且各部分内容相互联系、相互依存,构成双方完整的权利义务关系。

由此可见,演艺经纪合同是一种具备综合性质的复合合同是为最高人民法院所明确和认可的。因此,被告主张双方系劳动关系并不符合事实和法理,劳动关系问题已经生效判决裁判,本案应处理的是两者的演艺合同纠纷,而根据庭审事实查明,被告恶意单方违约系不争事实,理应承担相应违约责任。

二、经纪公司培养艺人付出精力及经济巨大支出,目前类似诸多判例,均判令违约艺人赔偿经纪公司数十甚至数百万元,被告单方违约解除合同并去其他场所进行演出,理应赔偿演艺合同约定之违约金10万元,该索赔主张合理合法。

本案某公司为包装、培训被告付出良多,从随处可听到的相声广播宣传,到为其拍摄微电影扩大知名度,从协助进修学位,到为其安排相声专场演出,付出成本、精力巨大,因此演艺合同约定之违约赔偿金10万元合情合理,实际上不足以弥补原告之实际损失,理应予以支持。

此外,艺人与演艺公司之间的纠纷现今屡见不鲜,根据目前既有判例,艺人单方解约均被判令赔偿经纪公司巨额赔偿金:如,歌手张某单方解约赔偿经济公司50万元;又如,演员林某新单方解约,赔偿经济公司195万元。相较之下,原被告约定之10万元实在不高,原告要求被告支付违约赔偿金的诉请合理合法,理应予以支持。

三、原告主张的其他经济损失,包括退票损失、宣传费用损失、救场演员费用及公证费用,均与被告之违约行为存在直接因果联系,且提供了相应的完整费用支出证据,形成完整的证据链条,理应予以支持。

【裁判结果】

一审法院认为,原告天津市某剧场有限公司作为甲方,案外人天津人民广播电台相声广播作为乙方,被告王某作为丙方,三方签订了《某相声会馆"某某某"相声社团演艺合同》,系当事人的真实意思表示,符合法律的规定,为有效合同。合同签订后,原、被告均应恪守合同约定的内容。因为在演艺行业中,相关从业人员的价值与其自身知名度、影响力紧密相关,而作为该行业从业人员的管理单位,在艺人的初期培养、宣传以及知名度的积累上,必然付出商业代价;同时,艺人是否能够达到市场的影响力,存在不确定性,由此管理单位在艺人的培养过程中存在一定的风险。在艺人具有市场知名度后,管理单位对其付出投入的收益将取决于旗下艺人的演出情况,假若艺人不按合同的约定执行,将使管理单位在履行合同中处于不对等的地位,也违背诚实信用原则,同时,也鼓励成名艺人为了追求高额收入而恶意解除合同,不利于演艺行业的整体运营秩序的建立。故原告请求法院判令被告按照双方合同约定赔偿原告包装策划费、宣传推广费、演艺培训费等共计100,000元的诉讼请求,法院予以支持。

二审法院认为,上诉人王某与被上诉人天津市某剧场有限公司以及案外人天津人民广播电台相声广播签订的演艺合同,是当事人真实的意思表示,应认定有效。当事人应当按照约定全面履行自己的义务。本案在合同履行期间,未到合同期满,上诉人提出辞职,被上诉人向其发出了沟通函,询问是否继续履行演艺合同、参加原定演出并根据安排参加演出和彩排。上诉人书面回复,不再继续履行合同,不再参加原告安排的演出和彩排。上诉人的行为已经构成违约,应当承担违约责任。原审按照双方合同约定,判决上诉人赔偿被上诉人100,000元并无不当,二审法院予以维持。上诉人主张赔偿5000元,无事实和法律依据,法院不予采纳。关于上诉人提出追加天津人民广播电台相声广播为当事人一节,原审中天津人民广播电台相声广播出具了不参加诉讼的说明,明确表明没有参与合同的实际履行,在合同中的权利和义务均由被上诉人享有和履行,并服从法院判决。故上诉人的该项请求依据不足,法院不予支持。

二审法院判决,驳回王某上诉请求,维持原判。

23. 天津某部队解除房屋租赁合同纠纷案

李晓霞*

【案例要旨】

基于《合同法》关于合同解除的条件问题以及对违约金的规定问题，对于依法成立的合同，其效力及合同内容受到《合同法》的保护。武警天津某部队与某快捷酒店管理有限公司签订的房屋租赁合同，因政策法规重大调整及承租人长期拖欠租金、水电费构成根本违约，且转租行为改变了建筑物原有用途、次承租人某职工医院提出代承租人支付拖欠资金以抗辩出租人的合同解除权并不成立，新建建筑物归属依《租赁合同》规定，因此法院一审支持原告诉讼请求，二审驳回某职工医院的上诉请求，维持一审判决。

【案情简介】

武警天津某部队在2013年7月20日与某快捷酒店管理有限公司签订了房屋租赁合同，将其原招待所楼四层房两千余平米的房屋出租给该快捷酒店管理有限公司，租期自2013年8月1日至2018年7月31日。某快捷酒店管理有限公司在承租武警天津某部队房产后，未经该部队同意，擅自将该房屋转租给某职工医院，由该职工医院使用房屋，某职工医院在使用期间新建了五层电梯间及其他简易建筑。

自2015年11月开始某快捷酒店管理有限公司开始拖欠武警天津某部队的租金，自2016年7月开始拖欠水电费，经该部队多次催要，某快捷酒店管理有限公司并未支付拖欠费用。2016年5月，根据武警总部的通知，武警天津市总队下发《关于停止军事行政区周边租赁项目的通知》，该通知要求军事行政区及周边的租赁项目必须于2016年6月30日前停租收回，而武警天津某部队出租给某快捷酒店管理有限公司的房屋恰好在停租之列。同月，武警天津某部队向某快捷酒店管理有限公司发出《关于停止租赁项目告知书》并就停租事宜多次与之协商，均未果。武警天津某部队于2017年1月1日向其辖区内人民法院提起诉讼要求解除其与某快捷

* 代理律师：李晓霞，北京鑫兴（天津）律师事务所。案例来源：天津市第二中级人民法院裁判文书。

酒店管理有限公司之间的房屋租赁合同,并要求某快捷酒店管理有限公司与某职工医院腾房并支付拖欠费用,某职工医院新建的五层电梯间及其他简易建筑归武警天津某部队所有。

一审法院审理后认为武警天津某部队与某快捷酒店管理有限公司所签订的《租赁合同》合法成立并生效,双方均应按照合同约定履行各自的义务。合同履行过程中,由于武警部队政策法规发生重大调整造成合同无法履行,且被告某快捷酒店管理有限公司自2015年11月开始拖欠房租、自2016年7月开始拖欠水电费,故支持武警天津某部队要求解除合同、要求二被告腾房并支付拖欠费用以及新建建筑物归其所有的诉讼请求。

某职工医院不服一审法院判决,其认为合同不应解除,提出代承租人支付拖欠租金以抗辩出租人合同解除权,并认为其不能在判决规定的日期内完成腾房,而且其新建的建筑物也不应归武警天津某部队所有。二审法院经过审理后认为某职工医院提出的代承租人支付拖欠的租金以抗辩出租人合同解除权的理由无法抗辩政策的重大调整造成的合同无法履行,至于建筑物的归属问题已经在《租赁合同》中作出明确约定。所以,二审法院驳回了某职工医院的上诉请求,维持了一审判决。

【代理意见】

武警总部关于全面停止有偿服务房地产租赁有关问题的通知属于部队政策法规调整,符合武警天津某部队与某快捷酒店管理有限公司之间的《租赁合同》中关于合同解除的约定,而且某快捷酒店管理有限公司长期拖欠租金、水电费经催要仍不支付的行为也符合《租赁合同》中关于合同解除的约定条件,至于违约金的计算以及建筑物的归属问题《租赁合同》也作出了明确的约定,所以一审法院、二审法院的判决是正确恰当的。

一、原被告双方的《租赁合同》约定出现军队和武警部队政策法规重大调整造成合同无法履行的情况时合同解除,且互不承担责任。

根据中央军委、武警总部关于军队和武警部队全面停止有偿服务的文件精神,武警天津市总队给原告武警天津某部队下达了《关于停止军事行政区周边租赁项目的通知》,该通知要求军事行政区及周边的租赁项目必须立即停止,要求原告武警天津某部队必须于2016年6月30日前停租收回出租给被告某快捷酒店管理有限公司的房产。原告接到通知后,即向被告某快捷酒店管理有限公司发出《关于停止租赁项目告知书》,明确告知被告所承租的原告房产"属于清理的范畴,必须终止合同,停止租赁,按期收回"。该《告知书》被告已经收悉并在庭审中作为他方证据出示,其对解除合同、停止租赁的内容是明知的,但却没有提出任何异议,说明被告对解除合同的事实是认可的。根据《租赁合同》第十二条"合同的解除"之规定:"因不可抗力原因以及国家、军队和武警部队政策法规重大调整造成合同无法履行的，甲乙双方均不承担责任。”本次国家和军队重大政策调整就是不能预见、不能避免并不能克服的客观情况，属于不可抗力，符合合同约定解除的条件。退一步讲，即便这次国家和军队的政策调整不构成法定不可抗力，根据《租赁合同》第十二条的规定“国家、军队和武警部队政策法规重大调整造成合同无法履行的”同样构成合同约定解除的条件。原、被告双方已经通过书面约定的方式，把这种政策性的变化调整事件的发生，视为等同于不可抗力事件。这是双方不违反法律规定的、一致的、已经落实到文字上的意思表示，其效力当然必须得到维护。被告方作为具有独立承担民事责任能力的法人，合同已经签订多年当然明确知道这种约定的效力。因此，按照合同约定，这次政策调整，解除合同，毫无疑问应当被视为是双方早已经约定范围内的不可抗力事件，应当按等同于法定不可抗力事件处理。因此，《租赁合同》应予以解除，而且原告不承担责任。

二、被告长期拖欠租金、水电费，构成根本违约，按照约定应解除合同并由被告支付拖欠费用及违约金。

被告某快捷酒店管理有限公司自2015年11月开始拖欠租金、自2016年7月开始拖欠水电费，虽经原告武警天津某部队多次催要，被告仍不支付。根据《租赁合同》第五条：“乙方租金逾期不交，甲方将终止承租合同，造成一切损失由乙方承担。”以及第十四条：“（二）乙方逾期交付房地产租金及有关费用，每逾期一日，甲方按滞交经费总额的千分之三向乙方加收违约金；逾期30日，甲方有权解除本合同并收回按本合同约定属于甲方的全部财产，同时停止向乙方提供水、电等，属于乙方的财产在没有结清租金和其他费用之前，乙方不得转移；逾期60日，视为乙方放弃其在甲方处财产，同时甲方有权向乙方收取所欠租金及滞纳金。”根据这两条规定，被告某快捷酒店管理有限公司拖欠租金、水电费达30日，原告武警天津某部队即有权解除合同，现被告拖欠租金、水电费已经远远超过30日，合同解除的条件已经成就。因此，原、被告之间的《租赁合同》应予以解除，而被告亦应向原告支付拖欠租金、水电费及违约金。

三、被告存在擅自改变租赁用途、新建和添建建筑物等多项违反合同义务的行为，租赁合同应予以解除，但新建建筑物的权属应归原告所有。

《租赁合同》第十条对承租方即被告某快捷酒店管理有限公司的合同义务作了明确的规定，包括不得擅自改变租赁用途、不得对承租房屋进行改造、不得增扩固定设施、不得新建和添建建筑物、不得擅自转租等。而被告某快捷酒店管理有限公司在承租原告武警天津某部队房产后，擅自将房产转租给被告某职工医院，不仅改变了租赁用途，还新建了简易车棚、库房，改造扩建了五层电梯间，这些行为二被告不但未通知原告，更未征得原告的书面同意，而征得原告书面同意是合同约定转租行为有效的必备要件。因此,原告有权解除租赁合同,同时根据该条第三项的规定,在合同解除时,新建建筑物的权属归原告所有。

四、某职工医院的上诉请求不应被支持。

某职工医院提起上诉理由有三点:一是认为合同不应解除,提出代承租人支付拖欠租金以抗辩出租人的合同解除权;二是认为其不能在判决规定的日期内完成腾房;三是认为其新建的设施不应归武警天津某部队所有。对此我们认为,某快捷酒店管理有限公司在履行合同过程中,存在多种违反合同约定义务的情形,而且每种情形按照合同约定都足以解除合同,拖欠租金和水电费只是众多约定解除合同的情形之一。因此,某职工医院提出代某快捷酒店管理有限公司向武警天津某部队交付租金和水电费并不足以抗辩我方的合同解除权,《最高人民法院关于审理城镇房屋租赁合同纠纷案件具体应用法律若干问题的解释》第十七条对出租人合同解除权抗辩的规定,只是在存在拖欠租金这一单一情形下的适用。而且该条的规定是“次承租人请求代承租人支付欠付的租金和违约金以抗辩出租人合同解除权的”,次承租人除了要支付承租人拖欠的租金,还要支付承租人拖欠的违约金,二者是并列关系,不是可以选择适用的,但某职工医院在一审、二审中均表示只愿意代某快捷酒店管理有限公司支付拖欠的租金和水电费,并不支付违约金,其抗辩合同解除权的条件并不完备,不能适用该解释的规定。至于某职工医院提出的其不能在判决规定日期内完成腾房是执行的问题,前提是认可了法院的判决,而且武警天津某部队已经于2016年5月即向某快捷酒店管理有限公司出具《关于停止租赁项目告知书》,某职工医院有充足的时间进行应对处理,某职工医院的此点上诉理由并不能成立。而对于建筑物的归属问题,因武警天津某部队与某快捷酒店管理有限公司已经在《租赁合同》中作出明确约定,而某职工医院却未就此问题与某快捷酒店管理有限公司作出约定,其当然应受《租赁合同》的约束,建筑物归武警天津某部队所有。

【裁判结果】

一审法院认为争议焦点有三:一是武警天津某部队与某快捷酒店管理有限公司签订的《租赁合同》是否应当解除;二是某职工医院是否应将诉争房屋返还给武警天津某部队;三是武警天津某部队主张的租金、水电费、违约金等是否应予支持。

一审法院认为武警天津某部队与某快捷酒店管理有限公司签订的《租赁合同》合法成立并生效,双方均应按照合同约定履行各自的义务。合同履行过程中,由于武警部队政策法规发生重大调整造成合同无法履行,且某快捷酒店管理有限公司长期拖欠租金、水电费,故武警天津某部队主张解除与某快捷酒店管理有限公司签订的《租赁合同》之诉求,应予支持。《租赁合同》已解除,某职工医院已无权继续占用该房屋，根据合同法和物权法的规定，对新建建筑物的归属应由武警天津某部队所有。至于武警天津某部队主张的租金、水电费、违约金等是按照《租赁合同》的约定所主张，应予支持。

二审法院维持了一审法院的判决，同时指出某职工医院对腾房期限提出上诉的问题，因武警天津某部队已于2016年5月6日即向承租人出具了《关于停止租赁项目告知书》，而某职工医院又与承租人是租赁关系，其应对告知书的内容是明知的，至本案二审判决之时上诉人有充足的时间进行应对处理，故驳回上诉人的上诉请求。

综上，一审法院支持了武警天津某部队要求解除合同、要求某快捷酒店管理有限公司及某职工医院腾房并支付拖欠租金和水电费、违约金，新建建筑物归武警天津某部队的诉讼请求。二审法院维持了一审法院的判决。

【案例评析】

一、本案中部队政策法规调整是否构成因不可抗力导致的合同解除

本案中，合同解除有一重要的理由便是因为武警部队政策调整造成合同不能继续履行，那该政策法规调整是否构成不可抗力呢？不可抗力，是指不能预见、不能避免并不能克服的客观情况。不可抗力除了自然灾害、社会异常事件，还有政府行为。而本次国家和军队重大政策调整就是不能预见、不能避免并不能克服的客观情况，属于不可抗力，根据《合同法》第九十四条之规定，因不可抗力致使不能实现合同目的的，当事人可以解除合同。在庭审中，被告代理人均认为本案中的情况不构成不可抗力。所幸本案中所涉及的《租赁合同》对部队政策法规调整造成合同无法履行的也成立合同解除条件，是一种约定的不可抗力情形，能构成合同约定解除的条件。

二、本案中对违约金的主张能否得到支持

根据《合同法》第一百一十四条的规定，当事人可以约定一方违约时应当根据违约情况向对方支付一定数额的违约金，也可以约定因违约产生的损失赔偿额的计算方法。本案中所涉《租赁合同》明确规定对于拖欠租金、水电费的，违约金按照滞交总额的日千分之三计算，所以原告方根据合同约定主张了30余万元的违约金。庭审中被告代理人认为原告方主张违约金过高，其实不然，违约金的作用不止是补偿守约方所受的损失，还有惩罚违约方的功能。承租人自2015年11月便开始拖欠租金，时间跨度长；案涉房屋2463.78平米，房屋面积大；原告方2016年5月即发出解除合同告知书，承租人迟迟不返还房屋，原告方损失持续增大。所以，原告主张的违约金并不过高，完全是按照合同的约定计算而来，而合同也是当初双方合意而成，对违约金的计算也是彼此认可的。因此，法院判决支持原告对违约金的主张并

无不当。虽然全面停止部队有偿服务房地产租赁项目是中央军委的政策调整,是不可抗力,但具体到具体的停偿项目中是否必然导致合同的解除且部队一方不承担任何责任还是要依据租赁合同的约定。作为合同主体的当事人在签订合同之前要向专业律师寻求帮助,以尽可能保护自己的权益,减少不必要的损失。

24. 蔡某某、上海 A 公司与唐山 C 公司侵害外观设计专利权纠纷案

杨春明*

【案例要旨】

判定现有设计抗辩是否成立,可以从两个方面着手:首先,对比涉案外观设计专利与现有设计是否构成近似,可以根据授权外观设计、被诉侵权设计的设计特征,以外观设计的整体视觉效果进行综合判断;其次,分析上述差异对整体视觉效果是否存在影响,而产品正常使用时容易被直接观察到的部位相对于其他部位、或授权外观设计区别于现有设计的设计特征相对于授权外观设计的其他设计特征,通常认定为对外观设计的整体视觉效果更具有影响。

【案情简介】

原告蔡某某系名称为“餐具(心愿)”的外观设计专利的专利权人,该涉案专利的申请日为 2013 年 12 月 30 日,授权日为 2014 年 7 月 30 日,专利号为 ZL×××××××××××××.8。该专利目前处于有效状态。

2013 年 12 月 31 日,原告蔡某某与原告上海 A 公司签订《专利使用许可合同》。之后蔡某某与上海 A 公司另行签订《情况说明》,载明蔡某某于 2014 年 7 月 30 日获涉案专利授权后,即将涉案专利排他许可上海 A 公司使用,《专利使用许可合同》载明的签订日期系笔误,该合同的实际签订时间为 2014 年 8 月 30 日。

2014 年 9 月,原告发现被告 B 公司各门店销售了侵害涉案专利权的产品,而根据侵权产品标示的信息,其生产商为被告唐山 C 公司。同月底,原告上海 A 公司对两被告的上述侵权行为进行了保全证据公证。2015 年 4 月,原告上海 A 公司发现 B 公司各门店仍在继续销售侵权产品。

为此,两原告认为被告唐山 C 公司与被告 B 公司的上述行为已构成对涉案专

---

* 代理律师:杨春明,北京中伦文德(天津)律师事务所。案例来源:上海市高级人民法院裁判文书。供稿单位:北京中伦文德(天津)律师事务所,杨春明。

利权的侵害,严重损害了两原告的合法利益,故向法院起诉,请求判令:(1)两被告立即停止制造、销售侵权产品并销毁生产模具、设备;(2)两被告赔偿两原告包括合理费用在内的经济损失共计人民币(以下币种均为人民币)40万元。审理中,两原告变更其诉请为请求法院判令:(1)被告唐山C公司停止制造、销售侵权产品并销毁库存的侵权产品;(2)被告B公司停止销售侵权产品;(3)被告唐山C公司赔偿两原告包括合理费用在内的经济损失共计60万元。

一审法院认定,与两原告经公证购买的被控侵权产品相同的产品在涉案专利申请日前已在市场上公开销售,故被控侵权产品所采用的外观设计相对于涉案专利设计属于现有设计,两被告主张的现有设计抗辩成立。判决驳回原告蔡某某、原告上海A公司的全部诉讼请求。

原告蔡某某、上海A公司不服一审判决,提起上诉,被上诉人唐山C公司委托我所作为代理人进行答辩。

【代理意见】

一、一审判决认定事实清楚,唐山C公司一审中提交的证据真实合法有效

唐山C公司提交的与B公司、D公司的合作合同、发票、供货单出库单、订单,唐山C公司与B公司的往来邮件;D公司员工余某某、E公司法定代表人杨某的证明(2016年3月8日法庭审理笔录(第二次)第3-13页),能够形成完整的证据链证明被控侵权产品属于现有设计,并且完全可以证明被控侵权产品“蕙兰”于2013年7月已经进行公开销售,属于现有设计。本案的侵权事实不成立。

二、上诉人提交的新证据与本案无关

上诉人提交的新证据与本案无关,且证明目的也与其在一审中已经多次确认的陈述存在矛盾,2015年法庭审理笔录(第一次)第10页,2016年3月7日预备庭审笔录(第二次)第1页,2016年4月29日补充质证笔录第2页。同时上诉人也不能提供相反的新证据推翻被上诉人唐山C公司一审中所提交证据的真实性。故其上诉请求没有事实及法律依据。

三、关于公众周知问题

唐山C公司的产品于生产后供货给天津B公司配送中心,然后由配送中心将唐山C公司的产品供给全国各地B公司进行销售,除此之外也在批发市场、零售市场以及自己的网店上进行线上多渠道销售,已经为大多数人所周知,且唐山C公司在供货给B公司配送中心后,由于B公司作为大型超市,采购商品立即上架销售符合交易习惯,亦即达到了为公众所知的结果。故,唐山C公司销售的被控侵权产品“蕙兰”系列餐具属于现有设计,为公众所周知,不构成侵权。

四、关于质检报告早于被控侵权产品"蕙兰"生产时间的问题

上诉人提出在原审公正书中提交的质检报告时间早于生产时间的问题，在原审中已经进行过质证，且证人余某某在2016年3月8日法庭审理笔录(第二次)第10页亦予以解释说明。此份质检报告属于D公司所生产的白瓷的质检报告，证明其生产的白瓷符合国家检验标准。而被控侵权产品"蕙兰"系列餐具，是在D公司白瓷生产之后，进行贴花加工制作完成，故而，检验报告的时间早于被控侵权产品的生产时间并不矛盾，进而证明，唐山C公司所销售的被控侵权产品"蕙兰"系列餐具，早于被上诉人专利申请日之前，属于现有设计，不构成侵权。

综上，被上诉人唐山C公司销售的"蕙兰"系列餐具属于现有设计，不构成侵权，原审判决认定事实清楚、适用法律正确应当予以维持。

【裁判结果】

上海市高级人民法院于2016年10月28日作出民事判决：驳回上诉，维持原判。

法院认为，二审期间，蔡某某、上海A公司提交了(2016)沪徐证字第××××号公证书、(2016)川成蜀证内经字第×××××号公证书，目的是证明唐山C公司的商品条码未在中国物品编码公司备案，以及证明B公司一码多品现象常见，条码与商品难以一一对应。唐山C公司、B公司经质证，不认可上述证据的关联性。唐山C公司、B公司未提交新的证据材料。对当事人二审争议的事实，二审法院认定如下：蔡某某、上海A公司在二审中向法院提交的新证据中，唐山C公司的商品条码是否在中国物品编码公司备案，与本案无关；B公司成都分店的经营情况，亦与本案争议无关。因此，上述证据与本案均不具备关联性，二审法院不予采信。二审法院经审理查明，一审法院查明的事实属实。

本案的争议焦点在于：(1)被控侵权产品是否落入涉案专利权的保护范围；(2)现有设计抗辩是否成立；(3)如果构成侵权，应承担的民事责任。

就第一个争议焦点问题，二审法院认为，因商品代码为"×××××××××××××"的被控侵权产品缺少内侧碗底中间的图案，商品代码为"××××××××××××××""×××××××××××××"的被控侵权产品内侧碗底中间没有细线圆形及花枝图案、产品外形也与涉案外观设计专利有区别，对整体视觉效果有显著影响，因此与涉案外观设计专利套件3不构成近似。商品代码为"×××××××××××××"的被控侵权产品，其内侧碗底中间没有细线圆形及花枝图案，与涉案专利套件4不构成近似。上诉人在一审中并未主张商品代码为"×××××××××××××"的被控侵权产品与套件4近似，二审法院在二审中不予审查。商品代码为"×××××××××××××"的被控侵权产品，其器形与涉案外观设计专利存在差异,两者的折线分割比例不同,对整体视觉效果影响较为显著,故该被控产品与涉案外观设计专利套件7不构成近似。综上所述,二审法院认为一审法院认定并无不当。

就第二个争议焦点问题,二审法院认为,首先,对于花纹纸样设计晚于"蕙兰"商品实样的问题,唐山C公司解释认为该所谓商品实样是白瓷,瓷器花纹在后续生产工艺中添加。结合一审已经查明的花纹设计的相关事实,唐山C公司关于花纹设计晚于白瓷实样的解释可资采信,"蕙兰"商品即为被控侵权产品可予认定。其次,唐山C公司、D公司及B公司提供的一系列证据可以形成证据链,证明被控侵权产品在涉案专利申请日前的2013年7月已经销售给B公司。依据商业经营的常态,B公司作为零售商,其进货后合理期间内会将商品上架销售。其进货日与涉案专利申请日相差近5个月时间,如果如此之长的时间内进货商品不上架销售,实属异常。因此,认定B公司在涉案专利申请日前已经将被控侵权产品上架公开销售、公众已经可以获知其外观设计,符合民事诉讼的高度盖然性证据标准。据此,一审法院认定被上诉人的现有设计抗辩成立,于法不悖。对于上诉人的上诉意见,二审法院不予支持。

综上,二审法院认为,上诉人蔡某某、上海A公司的上诉请求不能成立,应予驳回;一审判决认定事实清楚,适用法律正确,应予维持。

【案例评析】

关于现有设计抗辩问题。

所谓现有设计,是指申请日(有优先权的,指优先权日)以前在国内外为公众所知的设计,包括申请日以前在国内外出版物上公开发表过、公开使用过或者以其他方式为公众所知的设计。《专利法》第六十二条规定:"在专利侵权纠纷中,被控侵权人有证据证明其实施的技术或者设计属于现有技术或者现有设计的,不构成侵犯专利权",《最高人民法院关于审理侵犯专利权纠纷案件应用法律若干问题的解释》第十四条第二款规定:"被诉侵权设计与一个现有设计相同或者无实质性差异的,人民法院应当认定被诉侵权人实施的设计属于专利法第六十二条规定的现有设计。"上述规定将现有设计排除在外观设计专利权保护范围之外,使得专利权的保护范围与专利权人的创新性贡献相适应。

我们认为,判定现有设计抗辩是否成立,可以从两个方面着手:首先,对比涉案外观设计专利与现有设计是否构成近似,可以根据授权外观设计、被诉侵权设计的设计特征,以外观设计的整体视觉效果进行综合判断。其次,分析上述差异对整体视觉效果是否存在影响,而产品正常使用时容易被直接观察到的部位相对于其他部位、或授权外观设计区别于现有设计的设计特征相对于授权外观设计的其他设计特征，通常认定为对外观设计的整体视觉效果更具有影响。本案中，上海市高级人民法院便从上述两个方面入手进行分析，认为商品代码为“××××××××××××××”的被控侵权产品，其器形与涉案外观设计专利存在差异，两者的折线分割比例不同，对整体视觉效果影响较为显著，故该被控产品与涉案外观设计专利套件7不构成近似。

25. 天津某体育健身公司与天津武清区某健身中心侵害商标专用权纠纷案

赵 宇*

【案例要旨】

商标加盟合约中,如果涉及商标许可事宜,在商标许可使用期间发生商标权的转让,被许可使用人并不知晓商标权利人变更的情况,被许可使用人使用该商标有源于加盟合约的合法依据,新的商标权利人无权以侵犯商标专用权为由起诉被许可使用人。即使被许可使用人未依约支付部分许可费用,也仅属于履行合约所产生的纠纷,新的商标权利人有权依据加盟合约对被许可使用人提起违约之诉而非商标侵权之诉。

【案情简介】

原告天津某体育健身有限公司于2016年9月7日向法院诉称:原告为第3856783商标"宝力豪"(商标图样为**宝力豪**)的权利人,涉案商标迄今为止已经在中国连续使用了10余年,是国内较早注册的健身品牌,拥有较高声誉,该品牌亦具有极大的商业价值和品牌价值。被告在未经原告许可的情况下,使用原告的该注册商标,经营与原告同种业务的企业,使公众产生误认与混淆,被告的行为侵犯了原告的注册商标专用权,应当承担赔偿责任,请求判令:

一、被告立即停止侵权行为;

二、被告销毁带有"宝力豪"商标字样的宣传资料、广告牌等;

三、被告赔偿原告经济损失及维权费用31万元;

四、依法判令被告在侵权门店及每日新报骑缝以外的位置发表致歉声明;

五、本案诉讼费用由被告承担。

---

* 代理律师:赵宇,天津瀛略律师事务所,天津律师协会知识产权专业委员会委员。案例来源:天津市和平区人民法院(2016)津0101民初5640号民事裁定书。供稿单位:天津律师协会知识产权和互联网专业委员会,赵宇。

为支持其诉讼请求，原告提供如下证据：

证据1.《市场主体信息》，证明原告主体信息；

证据2.《商标注册证(第3856783号)》；

证据3.《核准商标转让证明》；

证据4.《商标续展注册证明》。

以上证据表明涉案注册商标“宝力豪”的注册人为原告，核定服务项目为健身俱乐部等，注册有效期限自2006年4月7日至2016年4月6日止，涉案商标续展注册有效期至2026年4月6日。

证据5.(2016)津南开证经字第××号《公证书》(包括《宝力豪健身俱乐部入会合约》正反面复印件、会员卡正反面复印件及宝力豪收据复印件)，对此原告表示，该证据表明被告使用了原告的涉案注册商标，侵犯了原告的注册商标专用权；

证据6.公证费发票，对此原告表示，该证据表明原告为维权共计支出了公证费2000元，会员办卡费3650元；

证据7.《民事代理委托合同》；

证据8.代理费发票；

证据9.律师费支票存根；

以上证据表明原告为维护权利支出的合理费用10,000元。

2016年11月初，被告天津市武清区某健身中心委托天津瀛略律师事务所代理本案，由赵宇律师具体承办。

被告代理律师接到委托后，经过研究案情，发现本案的背后存在一个合法有效的商标加盟合约关系，但在许可期间涉案商标由第三人天津宝力豪体育产业有限公司转让给原告，但是被告并不知晓商标权利人变更情况。后在商标授权许可履行过程中产生纠纷。于是原告直接以侵害商标专用权为由起诉被告，故形成本案。

【代理意见】

经过前面案情分析，被告律师觉得本案在商标侵权事实上我方确实被动，只有查明本案商标加盟合约事实，将案由从“侵害商标权纠纷”转化为“商标加盟合同纠纷”，这样才能提高我方胜诉概率。被告律师的主要代理意见如下：

一、本案被告使用涉案的商标具有合法依据，不构成侵犯商标权

2009年3月，涉案商标属于第三人天津宝力豪体育产业有限公司，第三人与被告方签订有《美国宝力豪国际健身连锁加盟合约》(以下简称加盟合约)，合约中约定第三人将商标许可给被告使用，许可期限为10年，许可费用为若干；后在2010年4月该商标由第三人变更为本案原告。履行加盟合约中发生争议，原告无视加盟合约的商标许可事实，而以商标侵权为由起诉被告，是不符合客观事实的。在加盟合约依然有效的基础上,即使履行中有争议,也应当以加盟合约之合同争议提起诉讼,不应当以“侵犯商标”提起诉讼。

二、为了查明本案的相关事实,必须追加2009年3月时涉案商标权人参与本案的诉讼

(一)追加第三人申请书

申请人(姓名):天津市武清区某健身中心

被申请人(姓名):天津宝力豪体育产业有限公司

申请事项:追加被申请人天津宝力豪体育产业有限公司为本案的第三人参加诉讼。

事实与理由:

申请人与天津东方宝力豪体育健身有限公司因侵害商标专用权纠纷一案,贵院以(2016)津0101民初字第5640号商标纠纷案件受理,被申请人天津东方宝力豪体育健身有限公司与本案正在进行的诉讼,具有法律上直接的害关系。理由如下:

申请人天津市武清区某健身中心的实际合伙经营人杨某,在2009年3月16日,与被申请人天津宝力豪体育产业有限公司签订《美国宝力豪国际健身连锁加盟合约》(见证据1),约定:被申请人天津宝力豪体育产业有限公司授权申请人杨某使用商标/商号等权利(第一条),期限为10年,即授权期截至2019年3月15日,同日杨某支付费用15万元(见证据2)。本案涉及的“3856783”号商标,在签订加盟合同时,即2009年3月16日,其权利属于被申请人天津宝力豪体育产业有限公司。后在2010年4月27日,涉案商标转让给本案原告(见证据3-商标转让资料)。后本案原被告因为加盟合同产生争议,原告凭借受让后的商标起诉被告,故形成本案。

申请人认为,本案原告(天津某体育健身有限公司)和被申请人(天津宝力豪体育产业有限公司)属于关联公司(见证据4),商标权在内部发生转让,即本案诉讼标的——“3856783”号商标权利,在2009年属于一个主体(天津宝力豪体育产业有限公司),加盟合同约定授权10年,目前尚未到期;而在2016年9月起诉时,商标又属于另外一个主体(天津某体育健身有限公司)。为了查明本案的商标许可、商标转让等事实,依法确定各方相关法律权利义务,依据《中华人民共和国民事诉讼法》第五十六条相关规定,特申请追加被申请人天津宝力豪体育产业有限公司为本案的第三人参加诉讼。

(二)同时提交如下证据

1.《美国宝力豪国际健身连锁加盟合约》,证明被告对涉案商标使用具有合同依据。

2.付费15万元的收据,证明被告已付费,有合法依据。

3.商标转让资料,证明2009年3月商标属于宝力豪体育公司,原告使用有合法性，且2010年4月27日，涉案商标转让给本案原告。

4. 东方宝力豪公司、宝力豪体育公司的工商信息，证明二公司为关联公司（股东、高管任职有交叉）。

三、一旦查明确认本案的商标许可事实，本案的纠纷之案由应当是“合同纠纷”，那么受理法院无权管辖，应当裁定驳回原告的起诉

本案案由为“侵害商标权纠纷”，但是被告使用涉案商标确有源于《美国宝力豪国际健身连锁加盟合约》的合法依据，虽然被告未依约支付部分许可费用，但是这个属于履行合约产生的纠纷，原告有权依据《美国宝力豪国际健身连锁加盟合约》对被告提起违约之诉，加盟合同纠纷中约定由北京仲裁委员会管辖，按照天津市高级人民法院对知识产权案件管辖规定，天津市和平区人民法院只能管辖被告商标侵权案件，在案由从“侵害商标权纠纷”转化为“商标加盟合约纠纷”后，显然受理法院——天津市和平区人民法院无权管辖，应当裁定驳回原告的起诉。

【裁判结果】

天津市和平区人民法院（2016）津0101民初5640号民事裁定书：原告撤诉申请符合法律规定，依照《中华人民共和国民事诉讼法》第一百四十五条第一款的规定准予原告撤回起诉。

26. 孙某诉天津某高速公路管理公司违法解除劳动合同案

高　原　袁　芳*

【案例要旨】

用人单位在行使经营自主权、制定相关内部管理制度时,充分考虑制度设计的合理性,严格履行《劳动合同法》规定的民主讨论、公示程序,在作出解除劳动关系处理决定时应采取慎重态度,进行充分的调查取证,严格履行必要的法律程序,听取工会意见,并妥善保留相关证据。

【案情简介】

孙某原系天津某高速公路管理公司(以下简称公司或企业)的职工。因孙某未按公司规定办理请假手续,根据管理制度按旷工处理,公司与其解除劳动合同。孙某不服,并认为公司存在欠付延时加班费的情形,遂向天津经济技术开发区劳动争议仲裁委员会(以下简称仲裁委)提出仲裁申请:(1)公司支付违法解除劳动合同赔偿金70,090.02元;(2)公司支付2011年1月至2016年2月延时加班费28,542.3元。仲裁委部分支持了孙某关于延时加班费的主张,即裁决公司支付2015年5月13日至2016年2月28日的延时加班工资3280元。仲裁委对孙某的其他仲裁请求予以驳回。

公司不服仲裁裁决向天津市第二中级人民法院(以下简称二中院)申请撤销仲裁裁决。因孙某亦不服仲裁裁决,向天津市滨海新区人民法院(以下简称滨海新区法院)提起诉讼,二中院依法作出驳回公司申请的裁定。

经开庭审理,滨海新区法院认定公司指定医院就诊的规定不具合理性,据此解除劳动关系系违法解除,判决公司支付违法解除劳动合同赔偿金66,091.83元。关于延时加班的问题,滨海新区法院认定在综合工时制(计算周期为年)背景下,公司

---

* 代理律师:高原、殷慧慧,天津高地律师事务所。案例来源:天津市第二中级人民法院裁判文书(2017)津02民终1934号。供稿单位:天津高地律师事务所,高原、袁芳。

提出的孙某工作期间应扣除必要的休息和吃饭时间的抗辩符合情理，实际不存在加班延时情形，但考虑到仲裁裁决作出后公司未提起诉讼，故对仲裁裁决中关于延时加班工资3280元的裁决予以确认。

公司不服一审判决向二中院提起上诉。

【代理意见】

一、职工在劳动关系存续期间严重违纪，公司依法辞退并无不当

职工系公司收费站收费员，2016年2月22日至3月6日申请病休2周，病休期间，公司依据《病假管理规定》告知孙某，职工累计病休已满2周，如再次需要到医院就诊的，公司为其指定就诊医院（某某医院）。

2016年3月7日，孙某持非指定就诊医院开具的诊断证明申请病假，公司不予批准，2016年3月8日，公司短信通知孙某应到指定医院就诊，否则公司对职工的病假申请有权不予批准。2016年3月10日，公司短信通知孙某下午5点前将合格请假手续及说明材料交到公司，孙某未能补充提交。2016年3月16日，公司向孙某公证邮寄《通知》，重申职工应遵守《病假管理规定》提交合格请假资料，到指定医院就诊，要求3月21日下午5点前将合格请假手续及说明材料交到公司。3月21日，孙某仅持诊断证明复印件（非指定医院）申请病假，见站区人员提出质疑，将复印件扔到站区就离开了。

鉴于自2016年3月7日起，孙某病假手续不合格，在公司未批准休假的情况下不到岗上班，经多次督促不予补正，公司于3月30日以"劳动者旷工超过3个工作日，严重违纪"为由，根据《劳动合同法》第三十九条及公司相关管理制度将孙某予以辞退。

（一）公司《病假管理规定》指定就诊医院的合法性

公司《病假管理规定》第二条第二款规定："职工累计病休已满2周或到医院已就诊三次，再次需要到医院就诊的，公司有权为其指定医院就诊（急诊、急救、孕妇三期除外），就诊费用由职工承担，同时公司可视具体情况委派人员陪同。对此，职工应当予以积极配合，否则公司对职工的病假申请有权不予批准。"

在程序上，上述规章制度根据《劳动合同法》相关规定经过民主讨论程序并正式公布，职工孙某参与讨论及制度学习并无异议。

在实体上，公司以规章制度形式指定医院于法有据。根据《劳动部、国务院经济贸易办公室、卫生部、国家工商行政管理局、中华全国总工会关于加强企业伤病长休职工管理工作的通知》规定："职工因伤病需要休假的，应凭企业医疗机构或指定医院开具的疾病诊断证明，并由企业审核批准。"该规范性文件处于现行有效状态。在各地司法实践中，该条规定已得到广泛尊重和运用。

上海市第二中级人民法院(2015)沪二中民三(民)终字第×××号《民事判决书》(毛某某与上海某某大酒店有限公司劳动合同纠纷)中法院认为,上海某某大酒店有限公司制定的《员工手册》明确规定了请病假要将区级以上医院(急诊除外)的病假单原件、挂号单、病历卡和医药费复印件交至人力资源部,该规定于法不悖,对毛某某具有约束力。根据《上海市劳动局关于加强企业职工疾病休假保障职工疾病休假期间生活的通知》的规定,职工疾病需要休假的,应凭企业医疗机构或指定医院开具的《病情证明单》,并由企业行政审核批准……上海法院判决中的《上海市劳动局关于加强企业职工疾病休假保障职工疾病休假期间生活的通知》,上位法正是《劳动部、国务院经济贸易办公室、卫生部、国家工商行政管理局、中华全国总工会关于加强企业伤病长休职工管理工作的通知》,关于企业有权审核批准病休、指定就诊医院的规定是完全一致的。

广东省广州市中级人民法院(2016)粤01民终××××号《民事判决书》(蔡某某与广州某某企业集团有限公司某某乳胶厂劳动争议),法院也是援引《劳动部、国务院经济贸易办公室、卫生部、国家工商行政管理局、中华全国总工会关于加强企业伤病长休职工管理工作的通知》,最终认定依照《职工守则》的规定,蔡某某自2014年11月9日起已形成旷工的事实。

(二)企业为职工指定某某医院就诊,未超出合理范畴

企业在规章制度中指定医院并不是武断地采取"一刀切"的做法,而是限定了若干条件:(1)职工累计病休已满2周或到医院已就诊三次,再次需要到医院就诊的;(2)急诊、急救、孕妇三期除外。对此,还广泛征求了全体职工意见,职工孙某也签了字,未提出任何异议。

本案中,孙某病由为颈椎病,不属于急诊、急救、孕妇,不存在阻碍其到指定医院(某某医院)就诊的客观障碍。孙某没有提交任何证据证明无法到指定医院就诊,也未向单位作出合理说明。

事实上,从孙某第一次请病假(2016年2月21日)到2016年3月21日最后一次来收费站,都是孙某坐企业班车来开发区,不存在任何障碍。企业提供一个视频材料,视频来源于企业班车车内摄像头,视频反映的是2016年3月21日孙某乘坐班车来收费站,在车内与多个职工攀谈说笑,精神极佳,丝毫看不出是无法正常上班的病人,更谈不上孙某确因病无法支撑而不能到某某医院就诊。

二、职工工作时间采用综合工时制,以年为周期,工作时长不超过2000小时/年,不存在加班情形

孙某于2006年1月入职,担任收费、疏导岗位,三年续订一次,最后一次签订《劳动合同书》是2013年6月9日,《劳动合同书》第五条明确约定劳动者的工作时间采用综合计算工时工作制,合同期间为2013年6月9日至2016年6月8日。劳

动合同订立时，被告合法持有《企业申请特殊工时工作制行政许可决定书》，孙某所在岗位采取综合计算工时制已取得行政机关许可，计算周期为年。

鉴于高速公路夜间车流量较少，公司本着以人为本的宗旨，各收费站夜班收费疏导岗都会安排轮流睡觉，结合各站区实际，不少于2小时/人次。经与收费站核查，该收费站夜间车流量非常少，职工在夜班期间轮流睡觉时长达6~7小时。公司提供的说明及证人证言可以证明。

关于“在岗工作时长应酌情扣减一定非工作时间”，已得到司法实践的支持。在常某诉天津某某某某有限公司加班费争议案件中，天津市滨海新区人民法院(2015)滨民初字第××××号民事判决确认：“鉴于劳动者在实际工作中存在用餐、休息的情况，每12小时应酌情考虑扣减1小时的非工作时间，12小时以上考虑2小时的非工作时间”。天津市第二中级人民法院(2015)二中保民终字××××号民事判决认为原审法院认定并无不妥，维持原判。乔某诉天津某某劳务服务有限公司与天津某某股份有限公司经济补偿金纠纷、赵某诉辽宁某某某某某有限责任公司劳动争议案件，司法机关均根据公平原则，在工作时间认定上遵循上述立场，对需要连续工作的岗位，最终扣除必要的休息、用餐等非工作时间。

据此，职工夜班工作时长扣减3个小时的非工作时间，在不考虑病事假及年假情况下，职工的工作时长已不超过2000小时/年。

三、公司在2014年5月1日前未及时办理重新申请备案，不属于导致劳动合同无效之情形，双方应按照《劳动合同书》约定履行各自义务。职工的工作岗位、工作内容均未发生变化，应视为按原约定继续履行合同

2013年4月1日起施行的《天津市企业实行特殊工时工作制行政许可规定》第二十六条规定：“本规定施行前，经批准实行特殊工时工作制的用人单位，应在本规定施行起一年内，按照本规定重新申请。”

被告存在档案资料无法查找等历史遗留问题，被告未能及时在2014年5月1日前办理重新申请。

《天津市企业实行特殊工时工作制行政许可规定》作为地方行政部门颁布的规范性文件，不属于法律、行政法规，用工双方已签订的劳动合同不存在违反法律、行政法规强制性规定而无效的情形。该规范性文件只是对用人单位特殊工时备案进行了程序安排，用人单位未按规定重新备案，可承担行政责任，但并不产生已生效劳动合同条款无效的法律后果。

就职工的劳动关系而言，2014年5月1日之后，职工的工作岗位、工作内容未发生变化，《劳动合同书》约定采用的综合工时制也未发生变化，应当视为按原约定继续履行合同。

上述法律观点，具有相关司法案例支持。关于特殊工时制审批过期情形下的加班费争议案件,天津市第一中级人民法院审理的张某诉北京某外企公司一案,(2014)一中民一终字第××××号《民事判决书》认定如下:“本案劳动合同缔结时,被上诉人北京某外企公司采用不定时工作制,仍在有关部门批准的期限内,在合同履行过程中,该项审批虽已到期,但双方并未变更合同,仍按原合同内容继续履行。作为用人单位未及时办理审批手续,应承担相应的法律责任,但上诉人以此为由,要求径行按照标准工时认定双方权利义务关系并相应计付加班费,没有法律依据”。

上述司法立场获得《人民法院报》的支持,详见《人民法院报》(2015年6月11日)《不定时工作制到期后加班费的认定——天津一中院判决张某诉北京某外企业公司劳动争议纠纷案》。

【裁判结果】

天津市第二中级人民法院于2017年3月29日作出(2017)津02民终1934号民事判决:一、撤销一审民事判决;二、驳回孙某全部诉讼请求。法院全面采纳律师的代理意见,认定公司《病假管理规定》对孙某有约束力,孙某未按规定请假,已构成旷工,公司与其解除劳动合同并无不当。同时,法院对滨海新区人民法院因公司未起诉而认定延时加班费成立的错误判决予以纠正。

法院认为,《劳动法》第二十五条及《劳动合同法》第三十九条第二款规定,劳动者严重违反用人单位的规章制度的,用人单位可以解除劳动合同。本案上诉人提供的证据可以证明被上诉人对上诉人颁布的《病假管理规定》是知晓的,故该《病假管理规定》对被上诉人是有约束力的。上诉人在2016年2月22日至2016年3月6日连续休病假2周,按照上述《病假管理规定》上诉人在2016年3月7日再次就医时应到公司指定的医院,事实上,被上诉人未按照上诉人指定医院就医,上诉人两次以短信的形式向被上诉人提出警告,要求上诉人到指定的某某医院就诊,否则公司有权不准假,擅自休假按旷工处理。后上诉人又通过公证的形式再次向被上诉人提出警告,但被上诉人无视上诉人的警告通知,于2016年3月21日擅自到其他医院就诊,且未到公司上班。上诉人基于被上诉人上述情况以被上诉人未按公司《病假管理规定》的规定到指定医院就诊,公司不予准假,已构成旷工情形,且累计超过3个工作日为由,对被上诉人作出解除合同的决定并无不当。上诉人不同意支付被上诉人解除合同赔偿金的理由成立,法院予以支持。原审法院对此项判决有误,法院予以纠正。

关于加班费一节,因双方当事人对一审法院认定的被上诉人不存在延时加班的事实均未表异议,故法院照准。但一审法院以“原仲裁裁决后,上诉人未提起诉讼”为由,对原仲裁裁决中上诉人向被上诉人支付延时加班费3280元的裁决予以确认欠妥，因为原仲裁裁决后，上诉人向法院申请了撤裁，表明上诉人对原仲裁上诉人向被上诉人支付延时加班费一项是不予认可的，故法院对原审法院该项判决一并予以纠正。

【案例评析】

一、用人单位在病假管理制度中规定指定医院就诊是否对劳动者具有约束力

为保证病假管理制度中关于指定医院就诊的规定对劳动者具有约束力，用人单位应特别关注合法性与合理性问题。

合法性，主要是程序上的一种要求，包括病假管理规章制度应经过民主讨论程序，并充分公示，职工孙某参与讨论及制度学习并无异议。

合理性，主要是内容上的一种要求，首先企业规章制度指定医院不能武断地采取“一刀切”的做法，应当限定若干条件，如职工累计病休已满 2 周或到医院已就诊 3 次，再次需要到医院就诊的，应到指定医院，急诊、急救、孕妇三期除外等。此外，企业所指定医院在路途、专业、等级等方面也应具备一定合理性。

二、综合工时制下，是否全部制度工时均应计入劳动者实际工时中，超出时长即视为延时加班

综合工时制，指由工作性质决定需连续作业（如交通、铁路、邮电、水运、航空、渔业等）或受季节和自然条件限制（地质及资源勘探、建筑、制盐、制糖、旅游等）等特殊行业的职工，分别以周、月、季、年等为周期综合计算工作时间的制度。

鉴于综合工时制存在一定特殊性，工作期间扣除必要的休息和吃饭时间符合情理。制度工时并非均应全部计入劳动者实际工时中，实际工时的计算标准因用人单位的运营模式、工作环境、岗位职责等方面的差异而各有不同。实践中，以劳动者的实际在岗提供劳动的时长来确定有效工时，从而进一步认定延时加班，具有合理性，符合综合工时制的立法宗旨。

三、综合工时制许可期限届满后，用人单位未按规定重新备案，劳动者是否有权按照标准工时制度主张延时加班费

就劳动关系而言，综合工时制许可期限届满后，劳动者的工作岗位、工作内容未发生变化，《劳动合同书》约定采用的综合工时制也未发生变化，从法理和司法实践的角度说，应当视为按原约定继续履行合同。

27.天津某公司与刘某劳动争议纠纷案

胡锐利*

【案例要旨】

本案涵盖了劳动者按照《劳动合同法》第三十八条规定解除劳动合同的实体和程序要件问题。但本案更深层次的问题在于劳动者发生"泡病假"情形时,用人单位究竟该如何妥善处理?在本案中,用人单位比较成功的是在劳动者具有医院病休证明但未按公司规定程序请休病假时并未直接按违纪与员工解除劳动合同,而只是在双方对病假存在争议的情况下未发放病假工资,后劳动者主动提出解除劳动合同。在整个事件处理过程中,劳动者确有不按照公司规定程序请假的违纪情形,但用人单位并未主动行使劳动合同解除权,而劳动者主动提出解除的行为也反映了劳动者的实际目的并不是病休,而是要获得补偿离开公司。在此情况下,法院保护了用人单位的利益,只对劳动者的病假工资予以支持,这是比较公平的处理方法,有利于维护和谐的劳资关系。

【案情简介】

刘某于1994年9月8日入职天津某公司。2005年1月双方签订无固定期限劳动合同,刘某任职操作工。天津某公司于2010年3月4日获批企业申请特殊工时工作制行政许可决定书,其中刘某所在岗位为裁剪缝纫工,实行综合计算工时工作制。刘某在综合工时确认表上签名确认。天津某公司于2009年1月14日制定的《关于加强请假管理制度的会议纪要》规定:员工(含一般管理人员)请假(含事假、非突发病假等)必须提前1天以上由本人填写《请假报告单》,提出申请,经其上级领导(班长及部门负责人)审核后,于同日由部门负责人报到人事部,待公司审核许可后方可休假。刘某在相关通知与规定(包含上述会议纪要)签收单签名确认。

天津某公司2013年作息时间表显示,8月应出勤27天。刘某于2013年8月1

---

* 代理律师:胡锐利,北京隆安(天津)律师事务所。案例来源:天津市第二中级人民法院裁判文书(2014)二中保民终字第188号。供稿单位:天津市律师协会。

日至9日正常出勤,8月10日当天,刘某向公司递交了由天津市某医院出具的诊断结论为腰椎间盘突出症,建休一周的诊断证明书,病历及收费票据一并递交,但未依上述会议纪要的要求填写并提交《请假报告单》。此后一段时期内,天津市某医院于2013年8月10日为刘某出具诊断证明书,结论为腰椎间盘突出症,建休一周。天津市某医院于2013年8月24日为刘某出具诊断证明书,结论为腰椎间盘突出症,建休一周。天津市某医院于2013年8月31日为刘某出具诊断证明书,结论为腰椎间盘突出症,建休一周。刘某将上述三次建休证明及相关挂号单、病历及药费收据等提交天津某公司。天津市某医院于2013年9月7日为刘某出具诊断证明书,结论为腰椎间盘突出症,建休一周。天津市某医院于2013年9月14日为刘某出具诊断证明书,结论为腰椎间盘突出症,建休一周。天津市某医院于2013年9月21日为刘某出具诊断证明书,结论为腰椎间盘突出症,建休二周。刘某在向公司提交遭拒的情况下,将以上三次休假证明、病历及药费收据于2013年9月22日以邮政速递方式递交公司,公司拒收,退回寄件人。刘某于2013年9月25日以邮政速递方式向公司发出请求支付病假工资的函件,主要内容为8月10日至31日请休病假期间,公司未支付病假工资,为此书面致函请求支付病假工资。该邮件以原址查无此人为由退回寄件人。刘某于2013年9月30日将解除劳动合同通知函以邮政速递方式提交公司。解除劳动合同通知函的主要内容为:其于2013年8月10日至31日休病假,公司未支付病假工资,再有公司未足额支付其2013年8月1~9日的工资,为此其不得不提出解除劳动合同。该邮件公司拒收,退回寄件人。刘某在上述2013年8月10日至9月21日的六次请休病假手续中,均未提交《请假报告单》。2013年10月7日,刘某将解除劳动合同通知书交至公司人力资源部门。自此,刘某离开天津某公司,公司为刘某缴纳社会保险费截至2013年11月。

刘某于2013年10月16日以天津某公司为被申请人向天津经济技术开发区劳动争议仲裁委员会提出仲裁申请,请求支付2013年8月1日至8月9日工资差额582.48元,支付2013年8月10日至8月31日病假工资722.75元,支付2013年9月1日至9月30日病假工资1048元;支付解除劳动合同经济补偿金30,880.79元等。该仲裁委于2013年12月31日作出仲裁裁决,被申请人向申请人支付2013年8月10日到2013年9月30日病假工资1770.8元;驳回申请人其他仲裁请求。

后刘某、天津某公司均不服,先后起诉至一审法院。一审法院经审理判决,被告天津某公司补发原告刘某2013年8月10日至同年9月30日的病假工资1770.80元;被告天津某公司于本判决生效之日起五日内为刘某出具解除劳动合同证明,并协助刘某办理档案及社会保险关系转移手续;驳回原告刘某的其他诉讼请求;驳回被告天津某公司的诉讼请求。

后刘某、天津某公司均不服一审判决提起上诉。二审判决维持一审民事判决书中第二项;撤销一审民事判决书中第一、三、四项;上诉人天津某公司补发上诉人刘某2013年8月10日至9月30日的病假工资2027.59元;驳回上诉人刘某的其他上诉请求;驳回上诉人天津某公司的其他上诉请求。

【代理意见】

作为用人单位一方代理律师,律师认为,本案系因劳动关系解除后的纠纷,主要争议焦点:(1)天津某公司是否应向刘某支付解除劳动合同经济补偿金;(2)天津某公司是否应向刘某支付2013年8月10日至9月30日的病假工资。

一、刘某提出的依据《劳动合同法》第三十八条规定解除与天津某公司劳动合同的主张不成立

在本案中,刘某很显然是主张因天津某公司未依法及时足额支付其2013年8月、9月的工资,从而主张要求与公司解除劳动合同,进而要求公司支付其解除劳动合同经济补偿金。在这里,天津某公司存在未依法及时足额支付原告2013年8月、9月工资的事实是前提;在此前提成立后,刘某还需依法行使解除权。这两个法定条件缺一不可,否则刘某无权得到经济补偿金。而事实上,刘某并不具备这样的法定条件。

(一)公司根据刘某的实际出勤情况足额发放了刘某2013年8月、9月的工资,不存在恶意拖欠行为

1.公司足额发放了刘某2013年8月实际出勤上班期间的工资,具体理由为:(1)因刘某所在岗位是实行综合计算工时制的,对于刘某每月的工资数额,天津某公司有其特殊的计算方式,即基于每月被告排班出勤的天数(不是基于平均20.83天/月的出勤天数),结合原告的实际出勤时间计算发放原告工资,在这种计算方式下,只要刘某按照天津某公司的排班出勤的天数正常出勤,其每月(无论实际出勤天数多少)的工资数额基本是固定的,这种计算方式是合理合法的,并不违反法律的强制性规定;(2)刘某在职期间一直是执行这样的工资计算方式,刘某对此也从未提出过任何异议;(3)天津某公司根据前述计算方式发放了刘某2013年8月实际出勤上班期间的工资,故不存在恶意拖欠行为。

2.刘某在本案中主张的病假不成立,公司无须向其支付任何病假工资。根据《关于公布〈天津某公司就业规则〉规定的通知》等规章制度的规定,员工申请病假,需要满足以下条件:(1)正常情况下需提前一天填写《请假报告单》,申请休假;(2)紧急情况无法事先请假的,必须当日以电话或他人转告的形式通知部门负责人;(3)须提供医院的相关资料原件(包括病历、收据、处方、检查报告、诊断证明和休假证明等);(4)需要到公司指定的某医院或天津市内的三级医院就诊。而在本

案中，刘某仅仅向被告提交了三张病休诊断证明，并未按照公司规定履行其他请假手续，故刘某的病假不成立，公司无须向其支付任何病假工资；此外，因刘某一直不按被告公司规定提交所有医院病休证明资料，公司根本无法核实确认刘某病休的真实性和必要性，在这种情况下，公司根本无法确定原告缺勤期间应该享受什么待遇，双方对于此段期间的工资发放事宜一直存在争议，鉴于此，公司并未就此段期间发放工资给原告，在此并不存在恶意拖欠的行为，因此，刘某无权因此而主张依据《劳动合同法》第三十八条的规定解除劳动合同。

（二）程序上刘某没有依法行使解除权

若刘某拟依据《劳动合同法》第三十八条的规定解除与被告的劳动合同，刘某需履行事先通知义务。事实上刘某并未履行该义务，而公司则在2013年9月之后仍继续为刘某缴纳了社会保险和住房公积金。直至劳动仲裁开庭时，公司才准确得知原告是要依据《劳动合同法》第三十八条的规定解除双方的劳动合同。刘某虽然当庭主张曾通知公司解除劳动合同，但并未就此提供充分有效的证据予以证明。

二、刘某请求支付病假工资没有法律和事实依据，不应得到法律的支持

首先，刘某在本案中主张的病假不成立，公司无须向其支付任何病假工资。

其次，因公司为刘某缴纳了2013年9月的社会保险和住房公积金，故公司需支付给刘某2013年9月的病假工资中应扣除应由刘某个人负担的社会保险和住房公积金部分，此外，因刘某2013年10月、11月个人应承担的社会保险和住房公积金部分也是由公司代垫的，刘某应就此予以返还或折抵。

因此，刘某请求支付病假工资没有法律和事实依据，不应得到法律的支持。

【裁判结果】

天津市第二中级人民法院于2014年10月16日作出（2014）二中保民终字第188号民事判决书：一、维持天津市滨海新区人民法院（2014）滨功民初字第×××号民事判决第二项；二、撤销天津市滨海新区人民法院（2014）滨功民初字第×××号民事判决第一、三、四项；三、上诉人天津某公司于本判决生效之日起五日内补发上诉人刘某2013年8月10日至9月30日的病假工资2027.59元；四、上诉人天津某公司于本判决生效之日起五日内支付上诉人刘某2013年度未休年假工资588.81元；五、驳回上诉人刘某的其他上诉请求；六、驳回上诉人天津某公司的其他上诉请求。

法院认为，二上诉人之间因劳动关系解除而成讼，围绕本案三个争议焦点：第一，天津某公司是否应向刘某支付解除劳动合同经济补偿金；第二，天津某公司是否应向刘某支付2013年8月1日至9日的工资差额以及8月10日至9月30日的病假工资，并按2倍支付；第三，天津某公司是否应向刘某支付2012年、2013年未休

带薪年假工资。逐项分析如下:

关于解除劳动合同经济补偿金问题。本案属于劳动者单方解除劳动合同,根据《劳动合同法》的规定,用人单位具有未及时足额支付劳动报酬等情形,劳动者依法解除劳动合同的,用人单位应当向劳动者支付经济补偿金。本案中,刘某的解除理由是,公司未足额支付其2013年8月10日至9月30日病假工资,且未足额支付其2013年8月1日至9日的工资。关于未足额支付病假工资问题,现公司提供的文件签收单足以证实刘某知悉公司请假制度,但刘某在请休病假时未按要求填写《请假报告单》,请假程序不符合公司制度规定,公司亦未对刘某的请休病假作出批准,在双方对请休病假存在争议的情况下,公司未及时支付刘某8月10日至9月30日的病假工资,不符合《劳动合同法》规定的用人单位未及时足额支付劳动者劳动报酬的恶意拖欠情形。关于未足额支付其2013年8月1日至9日的工资问题,鉴于刘某所在工作岗位实行综合计算工时工作制,根据公司颁布的2013年作息日历,结合刘某在2013年8月的出勤天数、当月完成的产量以及该公司的工资发放办法,公司并不存在未足额支付刘某2013年8月1日至9日工资的事实。据此,在劳动合同的解除事由上,刘某的主张不符合给付经济补偿金的法定情形,其要求公司给付解除劳动合同经济补偿金依据不足,原审未予支持并无不当。二审中,刘某仍坚持要求公司向其按2倍标准支付2013年8月1日至9日工资的上诉请求,法院不予支持。

关于2013年8月10月至9月30日的病假工资问题。现有证据能够证明刘某在上述期间存在患病就医的事实,公司应当向刘某补发病假工资,但刘某主张按2倍支付的理由不能成立,法院不予支持。二审中,公司向法院出具书面函件,自愿给付刘某自2013年8月10日至2013年9月30日的病假工资2027.59元,法院照准。

关于未休年假工资问题。刘某主张的2012年度未休年假的请求未经仲裁前置程序,原审法院不予审理,并无不当,其主张应将该年度未休年假天数转入2013年度一并计算的意见,法院不予采纳。根据刘某的累计工作年限,按照刘某2013年的实际工作时间,经折算,其当年度应享受7天带薪年假,已休3天5小时,还应享受4天带薪年假。现公司同意向其支付该4天的未休年假工资588.81元(1600.82元÷21.75天×4天×2倍),法院亦照准。

【案例评析】

在实践操作中,劳动者按照《劳动合同法》第三十八条的规定解除劳动合同,依法行权时需注意以下方面:

一、行权实体条件

首先必须是用人单位发生了前述法条规定的违法情形，这是行权的法定前提，劳动者在考虑据此解除劳动合同时，务必核实用人单位发生的违法行为是否属于《劳动合同法》第三十八条列举的情形。本案中，天津某公司在双方对请休病假存在争议的情况下，未及时支付刘某 8 月 10 日至 9 月 30 日的病假工资，不符合《劳动合同法》规定的用人单位未及时足额支付劳动者劳动报酬的恶意拖欠情形，同时因天津某公司足额发放了 8 月 1 日至 8 月 9 日的工资，故不存在劳动合同解除的实体条件。

二、行权程序要件

在确认用人单位发生了《劳动合同法》第三十八条规定的违法行为后，劳动者可以通知用人单位解除劳动合同，但一定要注意在通知时事先明确解除劳动合同的理由，且保留已通知用人单位解除劳动合同的证据。出于严谨，建议劳动者以书面通知的形式告知用人单位解除劳动合同，若劳动者没有证据证明已通知用人单位解除劳动合同，一旦用人单位否认，则劳动者可能面临极大的败诉风险，若劳动者届时已不再到用人单位出勤，劳动者的未出勤行为可能被认定为旷工。另外，劳动者在通知时如果没有明确是基于《劳动合同法》第三十八条规定的情形解除劳动合同，则劳动者解除劳动合同的行为可能会被认定为主动辞职，此时劳动者无权在解除劳动合同后获得任何补偿金。本案中刘某未能提供有效证据证明向用人单位发出了解除劳动合同通知书，程序上未能依法行权。

28.天津某金融公司公证债权文书执行纠纷案

王殿禄 吕莹珺*

【案例要旨】

债权人与债务人在双方意思自治情况下达成并进行公证的法律文书符合且具备执行法律文书的特征,公证债权文书、执行公证书均有效。

【案情简介】

天津某金融公司商业化收购天津某投资有限公司等债权人对某房地产公司的非金融不良债权,后该金融公司成为债务人某房地产公司的债权人,债权人与债务人之间重新达成债务重组还款协议,并由债务人提供自有开发建设的不动产作为抵押担保物。

在债务重组协议中约定,债务人应当按照协议全面履行还款义务。债务重组履行的协议期限为6个月,到期后有3个月的宽展期,期内的债务重组收益年化利率为20%,宽展期内的年化利率为24%。自宽展期结束后第10个月起,债务人仍未履行债务的,债权人按照协议计算重组收益率为24%并加收违约金等。

按照双方当事人在债务重组协议中的公证执行条款的约定,债权人向公证处申请签发执行证书赋予公证文书强制执行效力。后某公证处依法出具了《执行证书》,债权人随即向天津市中级人民法院申请执行。但限于执行证书仅就申请日前双方确定的本金和利息金额出具,未对申请日后的利息计算标准等事项予以明确,由此在执行程序中产生了相应的问题,引发后续争议。

2015年3月,天津市中级人民法院出具《民事裁定书》裁定查封债务人的抵押物。此后,债务人就执行证书的执行标的分别向天津市中级人民法院及高级人民法院提出异议及复议申请对本案公证债权文书不予执行,两审法院分别于2015年6月、2015年11月驳回债务人异议及复议申请。

---

* 代理律师:王殿禄、吕莹珺,天津融汇律师事务所。案例来源:天津市高级人民法院、天津市第一中级人民法院。

2016年3月,天津市中级人民法院委托天津某房地产土地评估有限公司对抵押物进行评估,评估机构出具评估报告。

同年5月,天津市中级人民法院另出具《执行裁定书》,裁定拍卖该执行标的物。同年8月拍卖程序启动,9月经淘宝网司法拍卖平台拍卖成功,拍卖所得款项由法院代为保管。同年10月,天津市中级人民法院再出具相关《执行裁定书》(以下简称拍卖成交裁定)裁定拍卖标的物所有权转移至买受人。同年11月,天津市中级人民法院将执行公证文书中确定的执行款拨付给债权人,部分余款历经后续法律程序,才由法院确认拨付给债权人。

【代理意见】

本案执行的事实和基础依据是执行公证书和公证债权文书,而执行公证书是债权债务双方依据重组协议约定,双方自愿申请的,故执行的效力、内容的确定性不容置疑。然而,债务人对本案公证债权文书的效力问题、重组收益年化利率的约定是否过高、应否持续计算债务利息、违约金以及在执行期间应否计算一般债务利息、法定加倍给付利息等存在异议,天津市中级人民法院向高级人民法院提交了复议申请,要求不予执行公证债权文书。故本案公证债权文书的效力及公证文书的内容成为争议焦点。

一、债务人申请执行复议的情况

1. 复议申请中,债务人认为本案属于民间借贷纠纷,且其不认可债权人的主体身份为国有金融机构的这一观点,债权人特向法庭提交自身主体身份的证明。复议期间,恰逢《关于人民法院审理借贷案件的若干意见》已经失效,依据2015年9月1日生效实施的《最高人民法院关于审理民间借贷案件适用法律若干问题的规定》(以下简称《最高院关于民间借贷的规定》),债权人不属于新司法解释的适用主体范围。

鉴于债权人的主体身份,债权人与债务人之间的借款合同纠纷属于金融借款合同纠纷。债务人提出适用《中国银行业监督管理委员会、中国人民银行关于小额贷款公司试点的指导意见》的主张不成立。债权人主张执行的重组收益率及违约金不受现行《最高院关于民间借贷的规定》的调整。

2. 债务人认为债权人主张的收益利率及违约金超出同期贷款利率的四倍,没有法律依据。

双方签订合同的当年度人民银行同期贷款年化利率最高为6.5%,即使按照当时《关于人民法院审理借贷案件的若干意见》中的规定,合同中约定的收益率并没有超过同期贷款利率的四倍。后因2014年国家主管部门调整了同期贷款利率,才出现了合同约定的利率略高于2014年同期贷款利率。合同期限为短短的6个月,利率的变化并非合同双方当事人可以预见或可以控制的,因此债权人的主张并无违法之处,既符合相关合同法律的规定,又不违背国有金融机构从事处置不良资产业务的规定,主张合法有据。

关于上述债权债务关系,双方主体合法有效,事实清楚,金融借贷关系明确。且约定的合同条款系双方真实意思表示,不存在重大误解。

3. 债务人认为执行公证行为系债权人单方委托行为,并未经其同意认可。债权人依法申请,公证机关依法出具,后经人民法院依法调查取证,公证程序合法、公证档案保留完整。

公证的目的、形式及程序均合法有效,公证文书本身无错误,公证内容系债权人与债务人共同意思表示,非债权人单方的行为意思表示。债务人不忠实于事实本身,对自己作出的真实意思表示进行否定,与事实不符;不履行合同义务,违背公平、诚实守信原则。双方早已对签订的《债务重组暨还款协议》及《抵押协议》自愿进行公证,且公证程序合法。在债务人一直不履行还款义务情形下,债权人依据合同设定的强制执行的条款,向公证处申请进行《执行证书》的公证,债务人届时是积极配合的,此程序合法,在公证机关有据可查。债务人在公证机关公证的过程中其法定代表人亲自到场,提交了有效证件和文书,没有就公证事项提出异议,放弃了抗辩权,有公证笔录为证。债务人系独立法人,且其法定代表人是完全民事行为能力人,并能够代表法人组织作出合法行为,在享有权利的同时应当履行义务。故以上执行公证文书及公证债权文书合法有效。

《最高人民法院关于当事人对具有强制执行效力的公证债权文书的内容有争议提起诉讼人民法院是否受理问题的批复》中指出:"根据《中华人民共和国民事诉讼法》第二百一十四条和《中华人民共和国公证法》第三十七条的规定,经公证的以给付为内容并载明债务人愿意接受强制执行承诺的债权文书依法具有强制执行效力。债权人或者债务人对该债权文书的内容有争议直接向人民法院提起民事诉讼的,人民法院不予受理。"

据此,代理人认为,债务人应当全面履行还款义务,公证文书及执行公证书有效,依据我国《民事诉讼法》及相关解释、《最高人民法院关于人民法院办理执行异议和复议案件若干问题的规定》依法应当驳回债务人的复议申请。

二、关于执行标的金额的计算争议

鉴于债务人对执行公证书仅约定申请执行公证书前的债务金额,且虽债务重组协议及抵押协议业已经过公证,但执行证书中未明确记载申请出具公证书之日后至实际回款之日止期间内计算一般债务利息及违约金的标准(应按照公证债权文书约定),故引发债务人提出执行异议与复议。

在执行标的成功拍卖后,为顺利推进执行程序,尽快收回拍卖款项,保护国有资产利益最大化，在法院的主持下，债权人与债务人积极协商解决，并向法院递交拍卖回款拨付申请，经过严格的执行程序，最终债权人的合法权益获得保证。

下面就执行标的计算争议列明如下。代理人协助债权人初步拟定两种计算方式。

1. 按照执行证书及公证债权文书要求全面履行，其中包括如下部分：

（1）申请出具《执行证书》前债权金额即执行证书确定的金额。

（2）计算自申请出具执行公证书之日后至实际拨付拍卖回款日止的重组收益及违约金。按照《公证书》中《债务重组暨还款协议》约定的计算标准给付。即"乙方（债务人）确认，因本次债务重组占用甲方（债权人）资金而须向甲方支付重组收益。重组期内的重组年收益率为20%，重组期满时随本金一次支付。乙方超出六个月未归还本金及收益的，自第七个月起收益率按照年化收益率24%计算，以乙方实际占用天数按日计算。如重组期限届满后三个月内（自重组期限开始起九个月内），乙方未能偿还全部重组本金及收益的，则自第十个月起，乙方除按照重组年化收益率24%支付收益外，甲方可按照应还未还全部本金及收益的日万分之五标准向乙方加收违约金。

（3）金融公司垫付评估费用。

以上计算方式具有合法事实依据和公证程序，如债务人同意，不提出相关异议，则本案回款申请，经法院审查，可以获得支持。

2. 如果债务人提出前述执行异议内容，对执行证书申请日后的债务给付计算依据不予认可，则需要完全基于法律依据执行，而不是双方约定的共同意思表示。执行标的包括如下部分：

（1）金融公司申请出具《执行证书》前债权金额，即执行证书双方确认的金额，与上述方案同。

（2）《执行证书》出具期间的利息及违约金。以本金为基数，以年化收益率24%计算申请出具《执行证书》日至《执行证书》出具日共计5日的利息，再以应付未付部分为基数以日万分之五的比率计算在此期间的违约金。

（3）执行期间以本金为基数计算的一般债务利息。以本金为基数，以年化收益率24%计算《执行证书》出具日至法院首次拨付执行款日共计657日的利息。

（4）执行期间（截至拍卖成交裁定日）加倍部分债务利息，以本金为基数，以日万分之一点七五的比率计算加倍部分债务利息。

（5）公司垫付的评估费用。

因法院先行拨付了执行公证文书中确定的金额，按照《合同法》及相关解释，借贷还款是先还利息后还本金的，有约定的按照约定，约定不明的按照交易习惯。一般的借贷交易习惯是先利息后本金，也有的本金与利息同时偿还。剔除费用等金额,债务人先予以偿还的部分应当按照先偿还利息再还本金的顺序偿还。故首次拨付后剩余未拨付债权金额全部计入本金计算一般债务利息。

相比之下,按照双方公证文书约定与法定情形的计算方式,两种方案获得回款数额有一定差异,同时因第二种方案基于法定情形而计算,则有可能经过法院的审查对于一般债务利息及违约金或执行期内的加倍给付利息的全部支持的可能,产生不确定性,甚有可能不能有效地保护国有资产的利益最大化。故代理人建议,债权人与债务人尽可能达成一致的执行意向,再经债权人申请,经过法院承办执行机关审查,以促成第一种方案顺利执行。

【裁判结果】

天津市高级人民法院依据我国《民事诉讼法》及相关解释及《最高人民法院关于人民法院办理执行异议和复议案件若干问题的规定》依法驳回债务人的复议申请。

经过天津市中级人民法院的执行工作,最终依据债权人申请(第一种计算方案),在债权人与债务人执行意愿一致的情况下,由债务人积极配合,法院最终依照执行程序完成了拍卖回款的全部划拨。

天津市高级人民法院认为,本案系公证债权文书执行纠纷,争议焦点为公证债权文书是否存在导致不能执行的法定情形即公证内容事项不合法、公证程序违法等事实问题。

然后,经过该院依法审查并依职权调查公证债权文书的形成过程,对债权人主体身份给予充分确认,认定国有金融机构不是《最高人民法院关于民间借贷的规定》调整的主体,同时债权人的业务经营即本案执行标的金额的重组收益率及违约金也不受现行《最高人民法院关于民间借贷的规定》的调整。另依据承办法官调查,公证债权文书、执行公证书形成程序均合法,内容均系双方共同意思表示,并无法定不予执行的情形,且债务人也未能提供相应的证据说明存在不予执行的情形,故裁定债务人应当自觉主动履行协议约定的义务。故此,裁定驳回债务人的复议申请。

2016 年 5 月,天津市中级人民法院基于天津市高级人民法院裁定,作出如下裁定:拍卖、变卖债务人名下所有的已经抵押给债权人并经公证文书确定的执行标的物。由此,迈出实现债权人合法权益重要一步。

【案例评析】

公证债权文书如何确定效力?执行公证书与公证债权文书的关系如何?执行债务标的金额计算依据如何确定?以上问题是决定本案执行环节能否顺利推进的

关键点。

一、在《最高人民法院、司法部关于公证机关赋予强制执行效力的债权文书执行有关问题的联合通知》中，第一条规定："公证机关赋予强制执行效力的债权文书应当具备以下条件：（一）债权文书具有给付货币、物品、有价证券的内容；（二）债权债务关系明确，债权人和债务人对债权文书有关给付内容无疑义；（三）债权文书中载明债务人不履行义务或不完全履行义务时，债务人愿意接受依法强制执行的承诺。"第二条规定："公证机关赋予强制执行效力的债权文书的范围：（一）借款合同、借用合同、无财产担保的租赁合同……（四）还款（物）协议……（六）符合赋予强制执行效力条件的其他债权文书。"在《最高人民法院关于人民法院执行工作若干问题的规定（试行）》中规定，为了保证在执行程序中正确适用法律，及时有效地执行生效法律文书，维护当事人的合法权益，根据《民事诉讼法》等有关法律的规定，执行机构依法执行的法律文书包括："……（四）公证机关依法赋予强制执行效力的关于追偿债款、物品的债权文书……"

目前依据以上法律规定，债权人与债务人在双方意思自治情况下达成并进行公证的法律文书符合且具备执行法律文书的特征，公证债权文书、执行公证书均有效，因而天津市中级人民法院及高级人民法院裁定并无不妥之处。

二、在本案债权人申请执行阶段，债务人提出债务利息约定过高、适用执行依据不正确等执行异议，公证程序不合法等申诉事由，请求不予执行。在上述程序中，天津市中级人民法院及高级人民法院承办法官们审慎地调查，到公证机关阅卷，审查公证过程及债权债务关系的事实依据即债务重组协议、抵押协议、公证债权文书、公证执行文书的真实性，最终依法驳回了债务人不予执行的请求。本案执行的事实基础和生效文书即公证债权文书及公证执行文书是本次执行的依据，且公证债权文书与执行文书是公证文书的共同组成部分。执行公证书确定的一定期间的债务金额，其计算的依据是经过公证的债权文书，而本案债权人申请全额划款事实依据充分，受到法律保护，司法机关对于公证债权文书的执行给予了充分的法律保障，足以说明公证债权文书与执行公证书同样是具备法律效力的执行依据。由此，本案执行标的金额的计算标准自然也是依照公证的债权文书中约定的计算方式和标准，因为执行异议、复议均被驳回，故债务人也为尽早偿还债务避免受到更多债务利息的负累，从而同意依照双方协议约定履行债务，最终较为圆满地解决了此案金融借款纠纷。

随着经济发展，越来越多的金融借贷案件双方选择以公证债权文书及赋予其执行效力的公证文书作为解决可能产生纠纷的基础依据。这就需要签署公证债权文书的双方，在双方意思自治情形下，依照相关《合同法》《物权法》《担保法》《公证法》等相关法律法规的规定依法进行公证，确保执行公证债权文书的内容合法、主体合法、公证程序合法,同时还要对可能产生不确定内容予以明确,以避免出现本案中产生的争议情形。在申请执行的过程中,相关司法机关可以依据事实与执行工作的相关规定,确认债权人与债务人的权利义务关系,同时切实有效地以合法生效的公证债权文书的内容为依据,在法定的范围内,最大限度地依法保障债权人的合法权益。最后,在此建议,如事前咨询相关专业律师,在本案公证债权文书形成过程及债务催收过程中,进一步明确债务金额的计算标准,并形成有效的通知证据,则更能够有利证明双方确定权利义务关系的依据是公证债权文书的内容,从而能更加快捷地解决此案,及时收回拍卖所得回款。

29. 某公司案外人执行异议之诉纠纷案

宋炳怡*

【案例要旨】

被执行人将其所有的需要办理过户登记的财产出卖给第三人，第三人已经支付部分或者全部价款并实际占有该财产，但尚未办理产权过户登记手续的，如果第三人对此没有过错，人民法院不得查封、扣押、冻结。

【案情简介】

原告天津某汽车销售有限公司（以下简称某公司）与第三人丁某某系买卖合同关系。2016 年 6 月 23 日，某公司与第三人签订《二手车收购协议书》，第三人将其名下的津 DZQ×××宝马牌小轿车以 40 万元价格出售给某公司。某公司与第三人于 2016 年 6 月 23 日当天就办理完毕付款、交车手续。某公司与第三人办理车辆过户手续期间，知悉 2016 年 6 月 29 日天津市武清区人民法院应本案被告天津某银行股份有限公司武清中心支行（以下简称某银行武清支行）的执行申请，作出了（2016）津××××执××××号之执行裁定书及协助执行通知书，对尚未来得及过户至某公司名下的津 DZQ×××宝马牌小轿车予以查封。某公司认为，依据《物权法》及相关司法解释，涉案车辆的所有权已经归某公司所有，就此向天津市武清区人民法院提出执行异议，法院以（2016）津××××执异××号执行裁定书驳回了执行异议。故某公司依据相关规定，向天津市武清区人民法院提出案外人执行异议之诉。天津市武清区人民法院于 2016 年 7 月 26 日立案后，依法组成合议庭，于 2016 年 9 月 14 日公开开庭审理了本案。

【代理意见】

一、涉案车辆应归某公司所有，天津市武清区人民法院不得查封，应予解封。理

---

* 代理律师：宋炳怡，天津兴滨律师事务所。案例来源：天津市武清区人民法院裁判文书（2016）津 0114 民初 6901 号。

由是:《最高人民法院关于人民法院民事执行中查封、扣押、冻结财产的规定》第十七条规定:"……第三人已经支付全部价款并实际占有,但未办理过户登记手续的,如果第三人对此没有过错,人民法院不得查封、扣押、冻结。"另,《最高人民法院关于适用〈中华人民共和国物权法〉若干问题的解释(一)》第六条规定:"转让人转移船舶、航空器和机动车所有权,受让人已经支付对价并取得占有,虽未经登记,但转让人的债权人主张其为物权法第二十四条所称的'善意第三人'的,不予支持,法律另有规定的除外。"本案中,某公司已经按其与第三人丁某某的约定在2016年6月23日签约当日向指定账户支付了车辆对价400,000元,车辆也于当日交付给某公司。《物权法》及其司法解释的规定,明确排除了转让人的债权人主张其为善意第三人的情形。即本案中涉案车辆虽然未经过户登记,但某公司已经支付对价并取得占有,某银行武清支行不得主张行使善意第三人的权利。

二、在车辆买卖过程中,某公司没有过错,不存在与第三人丁某某恶意串通、虚假交易的情况。理由是:(1)某公司在整个交易过程中已经尽到审查注意义务,即在签署购车协议签时,通过相关网站查询有关第三人丁某某的涉讼、失信信息,且本次交易的涉案车辆价格合理。(2)某公司进一步采取了审慎防控风险注意义务措施,即要求第三人丁某某在《二手车收购协议》中保证在交车前无任何经济纠纷、交通违法及法律责任。(3)某公司为确保该车的合法性,还审查了涉案车辆的全部信息。(4)某公司在交易时间进程上没有任何怠于办理、拖延办理的情形。

三、本案所涉车辆不是该执行案件的执行标的。

四、某银行武清支行否认本次交易的真实性,主张存在恶意串通和虚假交易,但未提供证据予以佐证。

综上,代理人认为某公司的诉讼请求符合法律规定,希望法庭依法作出公正的判决。

【裁判结果】

天津市武清区人民法院于2016年10月20日作出(2016)津0114民初6901号民事判决:一、原告依法享有对车牌号为津DZQ×××宝马牌小轿车(车架号为×××××××××××××××××)的所有权;二、解除对车牌号为津DZQ×××宝马牌小轿车(车架号为×××××××××××××××××)的查封措施。

法院认为,原被告双方争议的焦点问题有:(1)原告与第三人之间的买卖合同是否合法有效;(2)涉案车辆所有权归属;(3)法院对涉案车辆的强制执行措施应否解除。

原告与第三人之间就涉案车辆于2016年6月23日签订了《二手车收购协议

书》,该协议书由原告举证,第三人认可真实性,且该协议不违背法律法规的规定,应当认定为合法有效。被告虽否认该协议的真实性,认为双方系恶意串通,但不能提供证据证明其主张,故法院对被告的主张不予采信。

关于车辆的所有权归属,原告与第三人称自己经履行了主要合同义务,原告当日付款,第三人当日交车,按照《物权法》第二十三条之规定,动产物权的设立和转让,自交付时发生法律效力,故原告诉请确认涉案车辆所有权归其享有的诉讼请求,法院予以支持。

原告与第三人双方虽然对涉案车辆进行了买卖,并履行了合同主要义务,但交通运输工具系特殊动产,法院对涉案车辆采取查封措施时,第三人还未将涉案车辆过户至原告名下,故法院依据《最高人民法院关于人民法院民事执行中查封、扣押、冻结财产的规定》第二条之规定查封丁某某名下的动产并无不当。但依据《最高人民法院关于人民法院民事执行中查封、扣押、冻结财产的规定》第十七条之规定,被执行人(本案第三人,下同)将其所有的需要办理过户登记的财产出卖给第三人(本案原告,下同),第三人已经支付部分或者全部价款并实际占有该财产,但尚未办理产权过户登记手续的,如果第三人对此没有过错,人民法院不得查封、扣押、冻结。本案中,通过原告与第三人签订的协议书可以看出原告对车辆购买采取了谨慎的态度并对第三人的征信情况采取了最大限度的注意义务,在此交易中原告没有过错,应解除对涉案车辆的强制执行措施,即解除查封。

【案例评析】

恶意串通的合同,是指双方当事人非法串通在一起,共同订立某种合同,造成国家、集体或第三者利益的损害。行为人的行为具有明显的不法性,因此可以将恶意串通的合同作为违法合同对待。此类合同的主要特点:一是当事人出于主观上的恶意,即明知或应知某种行为将造成对国家、集体或第三者的损害,而故意为之。当事人出于恶意,表明其主观上具有违法的意图。二是当事人之间相互串通的目的是损害国家或第三人的利益。互相串通,首先是指当事人都具有共同的目的,即都希望通过实施某种行为而损害国家、集体或第三者的利益。共同的目的可以表现为当事人事先达成一致的协议,也可以是一方作出意思表示,而对方或其他当事人明知实施该行为所达到的目的非法,而用默示的方式表示接受。其次,当事人互相配合或者共同实施了该非法行为。在恶意串通行为中当事人所表达的意思是真实的,但这种意思表示是非法的,因此是无效的。

关于船舶、航空器和机动车等的物权,由于价值较大,一般也需要登记,属于特殊动产物权。动产物权变动以交付为要件,《物权法》第二十四条对特殊动产物权专门作出了规定:“船舶、航空器和机动车等物权的设立、转让和消灭,未经登记,不得对抗善意第三人。”根据该规定,船舶、航空器和机动车本身属于动产,物权变动以交付为要件。但由于未经过登记,其取得的物权并不完整,不得对抗善意第三人。具体到机动车等特殊动产之上存在未办理登记的受让人与转让人的债权人的情况,如果实际受让人不能对抗债权人,会导致对物权优先于债权这一民法原则的违背。《最高人民法院关于适用〈中华人民共和国物权法〉若干问题的解释(一)》规定特殊动产物权已经支付对价并实际占有的受让人,即使未经登记,也可以对抗转让人的债权人,加大力度保护了实际受让人的权利,遵循了动产物权变动的物权法原则。

具体到本案,成功之处在于以下几点:

第一,合同效力认定方面。从原告是否尽到注意义务,即协议签订前是否对第三人的征信情况、车辆及其权属进行合理审查;同时,原告也实际支付合理对价,不存在恶意串通,从而认定协议是有效的。

第二,车辆所有权归属方面。在确定协议有效的基础上,原告与第三人各自履行了协议的主要义务,确认原告对涉案车辆有所有权,且应解除对涉案车辆的强制执行措施的代理意见成立并被采纳,成功保障了原告的合法权益。

30. A公司诉B公司、C公司建设工程施工合同纠纷案

郭文礼*

【案例要旨】

实践中,在保修期内,建设工程的防水工程、墙面抹灰等局部出现一定的施工质量瑕疵较为常见。但不能以尚在保修期内为由,否定发包人与承包人就质保金给付期限达成的约定,从而忽略了对承包人合法权益的应有保护力度。

【案情简介】

A公司与B公司于2009年8月26日签订《建设工程施工合同》,约定由A公司承包B公司发包的北闸口镇某住宅楼1~6号楼、2~3号楼之间底商、5~6号楼之间底商、水泵房,并约定工程价款为120,333,728元,“整体竣工验收合格后,发包方付清全部工程款(不含质保金5%),质保金一年后付清”。双方在《质量保修书》中约定,屋面防水工程,有防水要求的卫生间、房间和外墙面的防渗漏的保修期为5年,其他项目保修期均为2年。

此后,B公司与C公司及天津市津南区北闸口镇人民政府签订《北闸口镇某住宅区开发建设协议书》,约定该工程以B公司名义进行开发建设,但项目的全部投资及建设施工,均由C公司实际负责,并由C公司承担该项目所产生的一切义务及法律责任。后C公司与A公司签订《补充协议书》,约定A公司就该工程的施工范围为1-4号楼、2-3号楼之间的底商及水泵房。2011年9月5日,该工程竣工验收合格。

2012年1月15日,C公司与A公司签订《结算确认函》,该确认函载明“1#-4#楼、2#-3#楼之间底商及水泵房,是由乙方(A公司)负责施工,该工程结算,经甲、乙双方达成一致,由乙方施工的该项工程,不存在其他争议,最终结算价格为5398万元整”,该确认函备注部分注明“1#楼一层至三层吊顶,目前尚未施工,待甲方确

---

* 郭文礼,天津君荐律师事务所律师。

认不做时,此部分价格按投标报价价格(单价)下浮15%后,从结算总价中扣除”。

因B公司迟延给付工程款,A公司提起诉讼。B公司、C公司不同意A公司的诉讼请求,认为该工程存在大量质量问题,不应退还质保金2,699,000元。庭审中,各方均认可涉诉工程在保修期内出现质量问题。天津市第二中级人民法院审理认为,A公司与B公司约定的给付质保金期限明显短于涉诉工程的保修期,而涉诉工程在一审辩论终结之日为止出现质量问题,如依双方约定判令B公司在保修期尚未届满的情况下返还质保金,涉诉房屋的众多业主一旦发生房屋质量保修问题,因作为建设单位的B公司已不持有质保金,可能以没有维修资金为由拒绝维修,甚至出现推诿扯皮,将会给众多业主就维修问题带来诸多新纠纷,业主的合法权益无法得到充分保障,综合考虑以上情况,B公司应当在涉诉工程竣工验收合格(2011年9月5日)满5年后返还质保金为宜。A公司不服一审判决,提起上诉,后天津市高级人民法院维持原审判决,A公司向最高人民法院申请再审。

【代理意见】

首先,双方当事人关于诉争质保金给付期限的约定,不具备法定无效情形。关于合同无效,《合同法》第五十二条列举了五种合同无效的情形,具体为:(1)一方以欺诈、胁迫的手段订立合同,损害国家利益;(2)恶意串通,损害国家、集体或者第三人利益;(3)以合法形式掩盖非法目的;(4)损害社会公共利益;(5)违反法律、行政法规的强制性规定。就双方当事人关于诉争质保金给付期限的约定而言,上述五种合同无效的具体情形明显均不具备。

其次,涉诉工程所涉及的是数万平方米的房屋建筑工程,如果要求该建筑工程不能有丝毫的质量瑕疵,就目前建设工程施工水平而言是不现实的。至于建设工程出现了质量问题应当如何处理,《建筑法》第六十二条给出的回答为“建筑工程实行质量保修制度”;至于承包人怠于履行保修义务又应当如何处理,该法第七十五条则进一步规定:“建筑施工企业违反本法规定,不履行保修义务或者拖延履行保修义务的,责令改正,可以处以罚款,并对在保修期内因屋顶、墙面渗漏、开裂等质量缺陷造成的损失,承担赔偿责任”。而《最高人民法院关于审理建设工程施工合同纠纷案件适用法律问题的解释》第二十七条(因保修人未及时履行保修义务,导致建筑物毁损或者造成人身、财产损害的,保修人应当承担赔偿责任),亦作出基本相同的规定。根据上述法律及司法解释的规定,作为涉诉工程承包人的A公司,在保修期限内所应当履行的是保修义务。

再次,退一步讲,即使A公司在保修期限内未适当履行保修义务,所可能承担的行政责任仅限于被相关部门处以罚款,所可能承担的民事责任仅限于就B公司或者业主的损失承担赔偿责任。但是,无论是《建筑法》《最高人民法院关于审理建设工程施工合同纠纷案件适用法律问题的解释》,还是被原审判决援引为判决依据的国务院《建设工程质量管理条例》均没有“只要在保修期内房屋出现质量问题,发包人就可以拒付质保金,直至保修期满”这样的规定。

最后,原审判决的裁判理由,所体现的主旨就是“只要在保修期内房屋出现质量问题,发包人就可以拒付质保金,直至保修期满”。否则,就会“产生损害广大业主利益的后果……”,就会“使得国务院《建设工程质量管理条例》中关于保修期的规定无法落实”,甚至“无法实现双方当事人约定质保金的目的”。其实质就是在没有任何法律依据的情形下,无限扩大了对发包人及业主的利益保护,而忽略了对承包人合法权益的应有保护力度。综上,本案质保金应当按照双方约定的时间返还。

【裁判结果】

最高人民法院认为,A公司的再审申请符合《中华人民共和国民事诉讼法》第二百条第六项规定的情形,依照《中华人民共和国民事诉讼法》第二百零四条、第二百零六条之规定,裁定本案由最高人民法院提审。

31. 邢某某与陈某某、刘某某房屋买卖合同纠纷案

徐　禄*

【案例要旨】

房屋买卖合同效力纠纷中,交易双方是否构成《合同法》中的恶意串通,应结合事实综合判定。依据《最高人民法院关于适用〈中华人民共和国婚姻法〉若干问题的解释(三)》的第十一条及《物权法》第一百零六条,构成善意取得应满足三个条件:受让人为善意,已经支付合理对价,办理产权登记手续,此三个条件缺一不可。若买方不符合善意买受人以及善意取得的条件,则应当认定构成恶意串通,涉诉房屋的买卖合同自始无效。

【案情简介】

邢某某与陈某某系夫妻关系,双方于1999年7月28日登记结婚,后双方感情恶化,邢某某于2016年3月14日向一审法院提起离婚诉讼,一审法院判决驳回,双方一直分居,邢某某在外独自租房居住。

2016年11月4日,陈某某与刘某某签订《天津市房产买卖协议》,约定由刘某某购买陈某某所有的坐落于天津市滨海新区大港某某路房屋,房屋价款为100万元,同日双方办理房屋过户手续,2016年11月9日刘某某取得房屋产权证。

2016年年末,邢某某参加天津电视台科教六频道某某节目,节目中邢某某说男方在婚姻关系存续期间将房屋出卖,损害其合法权益,节目组律师团队中大多律师认为不符合无效条件,应在离婚诉讼中分割卖房款。天津击水律师事务所潘强主任伸出援助之手,指派徐禄律师承办本案。

徐禄律师于2016年11月26日接受委托承办离婚一案,后于2016年11月28日立案,期间徐禄律师与当事人邢某某充分沟通,了解案情,徐禄律师根据以往案

* 代理律师:徐禄,天津击水律师事务所。案例来源:天津市滨海新区人民法院(2016)津0116民初65688号民事判决书;天津市第二中级人民法院(2018)津02民终3562号民事判决书。

件代理经验,提出:“在离婚纠纷类案件中往往存在一方利用阴阳合同出售房屋隐匿价款的情况,本案中就有可能存在这种情形。”此后当事人接受徐律意见。为查清售房款具体数额,欲提起房屋买卖合同纠纷诉讼,但因邢某某经济困难无法交纳房屋买卖合同纠纷(依据标的额收取)诉讼费,故律师选择合同效力纠纷(计件,仅80元诉讼费)案。徐禄律师于2016年12月1日在滨海新区人民法院大港审判区立房屋买卖合同效力案。

在立案后,律师经调查取证,发现买方刘某某与陈某某存在“亲家”关系。刘某某的儿媳王某某系陈某某亲姐姐的女儿,系陈某某的亲外甥女。王某某的丈夫张某某系刘某某的独子。

【代理意见】

刘某某的行为不符合《最高人民法院关于适用〈中华人民共和国婚姻法〉若干问题的解释(三)》的善意买受人,亦不满足《物权法》第一百零六条的善意取得制度,应认定买卖双方恶意串通,损害邢某某的合法权益,涉诉房屋的买卖合同自始无效。

《最高人民法院关于适用〈中华人民共和国婚姻法〉若干问题的解释(三)》第十一条第一款规定:“一方未经另一方同意出售夫妻共同共有的房屋,第三人善意购买、支付合理对价并办理产权登记手续,另一方主张追回该房屋的,人民法院不予支持。”

《物权法》第一百零六条第一款规定:“无处分权人将不动产或者动产转让给受让人的,所有权人有权追回;除法律另有规定外,符合下列情形的,受让人取得该不动产或者动产的所有权:(一)受让人受让该不动产或者动产时是善意的;(二)以合理的价格转让;(三)转让的不动产或者动产依照法律规定应当登记的已经登记,不需要登记的已经交付给受让人。”

具体结合本案案情发表如下代理意见:

一、刘某某明知如下情况:(1)邢某某与陈某某系夫妻关系;(2)两人夫妻关系恶化,处于分居状态,正在诉讼离婚;(3)涉诉房屋系夫妻共同财产。故不满足善意取得的构成要件中的善意。

二、邢某某与陈某某1999年结婚。诉争房屋系夫妻关系存续期间(2006年1月11日)以共同财产出资认购的期房(底商、房建筑面积156.28平方米),定金150,000元,最终成交价为656,627.8元。(1)参照陈某某、刘某某交易当时(2016年11月4日)的房价行情,及地点、性质、面积、市场规律等因素,涉诉房屋交易当时的市值应在170万元以上(周边成交市值)。(2)一审法院依法委托评估鉴定单位对涉诉房屋进行评估鉴定,评估价款为129.87万元。众所周知房屋评估价款,受房屋行政指导干预,故均低于房屋实际市值,一般仅为房屋实际市值的80%~85%区间。(3)涉案房屋的评估价格仅为129.87万元,成交价格100万元仍然明显低于评估价款近30万元。

根据《最高人民法院关于适用〈中华人民共和国合同法〉若干问题的解释(二)》第十九条第一款规定:"对于合同法第七十四条规定的'明显不合理的低价',人民法院应当以交易当地一般经营者的判断,并参考交易当时交易地的物价部门指导价或者市场交易价,结合其他相关因素综合考虑予以确认。"故应当认定成交价100万元系明显不合理低价转让。人民法院不只是单一、教条地参照评估报告,而是结合其他相关因素综合考虑予以确认,故认定成交价系明显不合理低价。

三、虽然涉诉房屋完成了登记备案过户手续,但客观上存在如下情况:(1)邢某某对买卖双方交易涉诉房屋一事并不知情;(2)陈某某、刘某某买卖双方均未告知、通知邢某某,邢某某未参与交易;(3)邢某某对于涉诉房屋的买卖合同、过户手续等均无签字确认;(4)房管部门处无任何邢某某的相关身份信息、委托授权手续等资料。

另外,涉诉房屋原产权证原件、购房合同、契税证明等与涉诉房屋的相关资料一直在邢某某处保管。按照房管部门的操作流程,若对刘某某换发新房产证,必收回原始房产证。由此,足以证明邢某某对陈某某出卖夫妻共同房产一事概不知情。

《合同法》第五十二条规定:"有下列情形之一的,合同无效:……(二)恶意串通,损害国家、集体或者第三人利益……(四)损害社会公共利益……"本案中,陈某某、刘某某买卖双方恶意串通,以不合理低价达成虚假的买卖合同,主观上存在故意,客观上存在恶意行为,达到了帮助陈某某转移、隐匿夫妻共同财产,致使邢某某权益受损,严重侵害邢某某的合法权益,不应认定刘某某的善意买受人地位,应认定买卖双方恶意串通,损害邢某某的合法权益,涉诉房屋的买卖合同自始至终无效。

【裁判结果】

天津市滨海新区人民法院(一审)认为,诉争房屋系邢某某与陈某某婚姻存续期间的夫妻共同财产,陈某某在与邢某某分居期间擅自处分诉争房屋,构成无权处分。刘某某与陈某某系亲属关系,对邢某某与陈某某的夫妻关系应有一定了解。

刘某某在明知邢某某与陈某某夫妻关系恶化且分居的前提下,未经邢某某同意,购买诉争房屋,损害了邢某某的利益,不能认定刘某某的行为系善意行为。诉争房屋成交价格100万元,远低于该房屋评估价格1,298,700元,不能认定房屋转让价格为合理价格。

综上认定刘某某不构成对诉争房屋的善意取得。刘某某与陈某某的恶意串通行为损害了邢某某的利益，故刘某某与陈某某之间签订的《天津市房产买卖合同》应当无效，对原告邢某某的诉讼请求予以支持。

天津市第二中级人民法院（二审）认为，本案中涉诉房屋系邢某某与陈某某夫妻共同财产，邢某某曾以夫妻感情破裂为由诉请离婚，后邢某某搬离涉诉房屋另行租房居住，在此期间陈某某未征求邢某某的同意，擅自出售涉诉房屋，其主观存在恶意。

刘某某作为陈某某外甥女的婆婆，虽不一定知晓邢某某与陈某某已夫妻关系恶化的事实，但其在明知陈某某已婚的情况下，仅与陈某某个人签订协议并办理全部购房手续，交易期间并未主动与房屋共有人邢某某沟通联系，该行为亦属失当。

加之，涉诉房屋成交价格 100 万元远低于该房屋评估价格 1,298,700 元，而邢某某再次起诉离婚请求分割陈某某擅自出售房屋价款的主张，应属合法诉权，与其另行据证呈讼本案主张合同无效并不矛盾，且邢某某的另案主张也不足以否定陈某某低于市场价格出售房屋已损害邢某某利益的事实。

综合上述事实分析，难以认定刘某某取得涉诉房屋所有权系善意，一审法院认定刘某某、陈某某之间签订的《天津市房产买卖合同》无效，符合案件事实及相关法律规定，本院对此予以维持。

32. 董某某诉付某某等人遗嘱继承纠纷案

郭文礼*

【案例要旨】

随着科学技术的发展,目前电子打印系统取代“笔”成为大多数人工作生活中重要的文书制作工具。但在他人打印的遗嘱上签字,并不具备自书遗嘱的“亲自”行为,不是自书遗嘱。若不符合法律规定的其他种类遗嘱的形式要件,应当认定为无效。

【案情简介】

被继承人付某某与妻子李某生前育有付女士等6个子女,董某某系被继承人付某某的外孙。位于北京市昌平区北七家镇某处房屋登记在被继承人付某某名下。2006年7月14日李某去世。

2012年4月17日,董某某的母亲前往打印店打印出一份《关于我房产继承事宜的遗嘱》,后让被继承人付某某在打印文件最后一页立遗嘱人处签字。该遗嘱内容载明上述房屋系外孙董某某单位的福利分房,因董某某在公司的职位和工龄等条件获得的购买机会,最后由被继承人付某某及其妻子李某实际出资购买,相比市场价优惠了近10万元,故而在其去世之后,应先计算出当初董某某所在单位优惠的购房价格占当时购房总价的占比,出售该房产后优先将该款支付给董某某,再行按照遗嘱分割该财产。

2015年12月5日,被继承人付某某去世。后董某某向人民法院提起诉讼,要求付女士等人按照被继承人付某某的自书遗嘱共同支付房屋价值的29.08%(约70万元)作为继承款。庭审中,作为被继承人付某某的第一顺序继承人,付女士等人不同意董某某的诉讼请求,认为该遗嘱不具有法律效力,应当按照法定继承规定进行处理。

---

* 郭文礼,天津君荐律师事务所律师。

【代理意见】

遗嘱是具有完全行为能力的人在生前合法处分自己的遗产等事务，并于其死亡时发生效力的法律行为，因为遗嘱的特殊性，我国有关继承的相关法规规定了遗嘱必须符合基本的构成要件，既包括立遗嘱人具有遗嘱自由、遗嘱内容真实合法，也包括遗嘱的形式必须符合法律的要求。

1985 年实施的我国《继承法》明确遗嘱的种类有公证遗嘱、自书遗嘱、代书遗嘱、录音遗嘱、口头遗嘱。本案中的遗嘱显然不属于公证遗嘱、录音遗嘱和口头遗嘱。关于是否属于自书遗嘱，由于 1985 年《继承法》制定、实施时，“笔”是当时的主要书写工具，电脑技术或者说打印技术远远没有现在普及，但科学技术的发展使得目前电子打印系统取代“笔”成为大多数人工作生活中重要的文书制作工具，因此不应仅仅因为书写工具的不同而否定相关遗嘱文件的效力，应考察立法时的本意，即强调自书遗嘱的“亲自”行为。而本案中的遗嘱系由他人前往打印店打印，并不能体现立遗嘱人付某某亲自操作或者主导他人操作打印工具的行为，因此不是自书遗嘱。

关于是否为代书遗嘱，法律规定代书遗嘱应当有两个以上见证人在场见证，由其中一人代书，注明年、月、日，并由代书人、其他见证人和遗嘱人签名，本案中的遗嘱无见证人、代书人签名，不符合法律规定的形式要件，故不应当认定为代书遗嘱。

综上所述，本案中的遗嘱因不符合法律的规定，不具有法律效力。

【裁判结果】

北京市昌平区人民法院判决认定该遗嘱有效，被告不服提起上诉，北京市第三中级人民法院受理后，认定该遗嘱无效，双方当事人当庭达成调解。

33. A公司与B公司建设工程施工合同纠纷案

何 响*

【案例要旨】

分析建设工程施工合同中的阴阳合同的效力时:首先,应从双方签订合同的顺序看。施工协议书签订在前,备案合同签订在后,且双方签订了二份备案合同之后再未通过其他形式对合同文本进行修改,因此,备案合同应视为双方最终达成一致的真实意思表示。其次,应从审核备案的程序审查。涉诉工程属于必须经过招投标的项目,原告作为投标人之一,参加了公开招投标程序,通过公平竞价优势胜出,在竞争中标后签订了二份备案合同,且该二份备案合同经过行政管理部门的审核备案把关,因此应以备案合同为准。最后,从双方实际履行的情况看,施工协议书与备案合同的主要条款内容并不相同,而双方对于实际施工范围、施工面积均与二份备案合同吻合的事实并无争议,因此,双方实际履行的是备案合同。

【案情简介】

天津市某饭店改造工程系由被告B公司开发建设。2010年5月26日,被告B公司(甲方)与案外人黄某(乙方)签订《施工协议书》一份。2010年8月18日,被告B公司(甲方)与原告A公司(乙方)签订《施工协议书》一份。上述二份施工协议书约定一致的内容有:第一条:项目概况:某项目,总建筑面积约85,000平方米,建筑高度为90米以下,主楼为28层,共为6个塔楼,地下一层……第三条:工程预结算按天津市工程2008定额执行,取费按二类下浮15%计算……第五条:甲方在裙房第二层完成后按月给付前期工程量80%工程款,剩余工程款的95%在土建竣工验收后15天内一次性付清,5%按国家规定时间在保修期满后给付;第六条:工程施工时间为24个月,如超过则每天按人民币2万元赔偿甲方损失等。二份施工协议书的主要不同之处为:2010年5月26日签订的施工协议书第三条中约定有“人

* 代理律师:何响,天津法政牛津律师事务所律师,邮箱:hexiang5678@163.com。案例来源:(2015)二中民四初字第0062号判决书。

工按天津市有关调差执行”的内容,而在2010年8月18日签订的施工协议书中,上述内容被删除。

后,双方经过公开招投标程序就涉诉工程签订了二份《天津市建设工程施工合同》,并向行政主管部门天津市某县建设工程合同管理办公室备案。其中,2010年12月10日被告(甲方)与原告(乙方)签订的合同编号为2011-011的《天津市建设工程施工合同》中约定:工程名称:某饭店改造项目;工程内容:桩基础工程,建筑面积:78,000平方米;承包范围:桩基础工程,直径600~700毫米,长24~42米摩擦灌注桩855根;开工时间:2010年12月12日(以具体开工报告为准);竣工日期:2011年1月28日;合同价款金额:人民币17,385,200元等内容。2011年5月23日被告(甲方)与原告(乙方)签订的合同编号为2011-035的《天津市建设工程施工合同》中约定:工程名称:某饭店改造项目;工程内容:建筑面积90,275.43平方米,框架结构;层数26~30层;承包范围:建设单位所发图纸(不含桩基)及工程量清单的全部内容,开工时间:2011年4月30日(以具体开工报告为准);竣工日期:2012年12月30日;合同价款金额:人民币173,525,800元等内容。

2013年6月24日,原告A公司对涉案工程施工完成并竣工验收合格。2013年11月,原告A公司向被告B公司送达结算送审文件,2014年3月,原告A公司收到被告B公司对涉案工程的结算审核文件,被告审核确认的工程造价为184,841,799元。

原告A公司以至今被告仅支付工程款178,344,420元,尚欠工程款54,144,818元为由向法院起诉,请求判令:(1)确认二份备案合同无效;(2)被告向原告支付工程款差额54,144,818元(数额以法院按照原告提交的二份施工协议书进行司法鉴定后的结果为准);(3)被告向原告支付自2014年4月起至生效判决的履行之日的上述工程款利息(利息按照中国人民银行同期同类贷款基准利率计算);(4)被告承担本案受理费和因诉讼产生的一切费用。后,原告变更上述诉讼请求中第3项为:请求判令被告向原告支付自2013年6月28日起至生效判决的履行之日的上述工程款利息(利息按照中国人民银行同期同类贷款基准利率计算)。

被告B公司答辩认为,不同意原告的诉讼请求,请求驳回其诉讼请求,本案诉讼费由原告承担。理由:双方所签订的涉诉工程的二份备案合同合法有效。双方虽在备案合同之前签署了施工协议书,但施工协议书与备案合同有本质区别,不影响备案合同的签订。双方之间的工程款除了质保金4,177,376元因质保期未到而未结算,其他均已结算完毕,不存在原告主张的要求被告再行支付的工程款差额。

【代理意见】

总的意见是:驳回原告诉讼请求,诉讼费由原告承担。具体理由是:

一、本案经招投标后备案的中标合同合法有效

(一)本案2010年9月10日前签署的两份《施工协议书》不构成实质性磋商。

1. 从时间上看,本案2010年9月10日前,工程名称未确定,没有桩基工程的桩位图、没有确定的施工图纸、无法计算工程量,双方没有进行实质性磋商的前提和基础。9月10日前签署的两份《施工协议书》(分别是5月26日和8月18日)只能是合作的初步意向,将初步合作意向和对工程的预测认定为实质性磋商,违背基本常识。

2. 从内容上看,本案2010年9月10日前签署的两份《施工协议书》缺少实质和关键的内容;即使有一些具体内容,也不准确,或没有履行的确实证据。

第一份5月26日的《施工协议书》与本案原告无关,只在协议第二页出现了包工头黄某名字,因此只需要考察第二份8月18日的《施工协议书》。

第二份8月18日的《施工协议书》,与备案的中标合同相比,内容至少有以下不准确之处:(1)工程名称不准确,《施工协议书》写的是"某县时代广场项目",而备案的中标合同写的是"某饭店改造工程";(2)总建筑面积、楼层和塔楼数、施工时间都不准确。《施工协议书》是85,000平方米、28层、6个塔楼,2年竣工,而备案的中标合同是90,275.43平方米,26~30层,7个塔楼,600天竣工。

更为关键的是《施工协议书》没有工程造价,没有预结算的依据。而备案的中标合同则有具体约定:桩基备案中标合同明确合同价款1738.52万元,主体工程备案合同明确合同价款为1.735,258亿元;两份合同均明确执行2008年《天津市建设工程计价办法》《天津市建筑工程预算基价》《天津市安装工程预算基价》,这也是双方在结算文件中均载明采用的结算标准。

原告片面地、错误地将《施工协议书》中简单笼统的意向性约定的近似,列举为履行了《施工协议书》的理由,明显是在混淆概念。工程图纸、工程量清单、主材的采购方式、结算依据等内容,只有在备案的中标合同及招投标文件中才可能有具体明确的约定。

《施工协议书》中提到乙方垫资2000万元,但原告自己提供的证据显示,黄某或A公司均未向答辩人支付过款项,只有案外人梅某曾借款2000万元给被告,2000万元的原始支付凭证上明确载明是"借款"。因此,《施工协议书》的上述内容也并未履行。

3. 从证据角度看,《施工协议书》效力存疑。黄某属于温州籍的包工头、自然人,来天津前长期在温州生活和居住,与位于湖南的本案原告之单位,在历史上没有任何的工作上的隶属关系;在本案签署所谓的《施工协议书》时,黄某没有提供本案原告的委托授权书。因此，虽然《施工协议书》上盖了原告的章，即便认为该章是真章，但本案原告的委托代理人或天津分公司代表人，2010 年 9 月 10 日前并未与被告进行过真正磋商，因此，《施工协议书》的效力存疑，至少是法律上的效力很低。

（二）本案 2010 年 9 月 10 日前签署的两份《施工协议书》没有实质性地影响到招投标的公正性。

根据《招标投标法》第三十二条、第三十三条之规定，禁止串通投标和骗取中标，其立法原意是为了保证招投标的公正性，即先行行为不得实质性地影响招投标的公正性。工程建设实践中，不能仅从形式上判断先行行为的性质，更不能轻易地将前期的某些协商接触行为、洽谈意向行为、辅助施工行为等轻易地认定为实质磋商、未招先定或串通投标，而应以是否实质性地影响招投标公正来准确理解立法原意，只有“是否实质性地影响招投标公正”才是判定是否构成恶意磋商、未招先定的根本标准。

虽然本案中，案外人黄某与被告提前进行了联系，并签署了合作意向，但 2010 年 9 月 10 日前签署的两份《施工协议书》没有影响某饭店改造项目的桩基工程招投标和主体工程招投标的公正性。因为实际招投标时，采用的是合理低价法，即在保证工程质量的前提下，以最低价格投标的一方中标，且不低于成本价，这完全没有损害发包人和某县政府的利益，没有影响到招投标的公正性，也没有影响到工程的质量。

（三）本案 2010 年 9 月 10 日前签署的两份《施工协议书》只是意向性的、或然性的简单约定，实际施工、实际结算中遵循的是备案的中标合同

1. 工程名称、总平米数、塔楼数、楼层、施工图纸、施工时间等主要方面，实际施工、实际结算中遵循的都是备案合同。

2. 价款方面。备案合同中非常明确地确定是“固定价格合同方式”，“风险费用已含在合同价款中”，除了“施工过程中因施工图的重大设计变更所发生的费用”可以调整外，没有约定其他任何价格方面可以调整的项目或方式。实际施工中，没有重大设计变更，也没有价格调整方面的任何补充协议。实际结算中，本案被告、发包人也严格依照备案的中标合同的固定价格进行结算与审核（虽然此审核和结算被本案原告不认可），将申请审核的 3.06,838,618 亿元工程价款减为 1.84,841,799 亿元。

3. 材料设备方面。备案的中标合同中均约定是“包工包料”，没有约定发包人采购和供应材料设备，实际工程中也没有由发包人供应材料设备，这与《施工协议书》中的约定“安装工程的主材料由发包人和承包人共同采购”明显不一致，这就证明实际施工中履行的是备案的中标合同。

(四)按照"后约定优于前约定""备案的约定优于未备案的约定"之民商事审判的基本法理和基本原则,也应以备案合同计算工程造价。

"后约定优于前约定""新约定优于旧约定""备案的约定优于未备案的约定",既是处理建筑工程合同纠纷案件的基本原则,也是民商事行为的基本法则。要推翻这些基本原则,必须有非常充足的事实和法律依据。《合同法》第三十条明确指出:"有关合同标的、数量、质量、价款或报酬、履行期限"等的变更,是"对邀约内容的实质性变更",是新的约定,受到法律保护。《最高人民法院关于审理建设工程施工合同纠纷案件适用法律问题的解释》(以下简称《司法解释》)第二十一条更指出:当事人就同建设工程另行订立的建设工程施工合同与经过备案的中标合同实质性内容不一致的,应当以备案的中标合同作为结算工程价款的根据。

本案中,2010年9月10日后的"备案合同011"和"备案合同035",与2010年5月26日、8月18日的《施工协议书》相比,在工程名称、施工面积、塔楼数量、施工时间、工程量等主要方面有出入,实际施工均以"备案合同011"和"备案合同035"为准,双方当事人应当也只能履行招投标后所确定的工程内容和工程量。如果在实际工程中履行《施工协议书》中所谓的"某广场项目"、"85,000平方米、28层、6个塔楼,2年竣工",整个工程将变得不可思议,事实上,至今也未存在过85,000平方米、28层、6个塔楼,2年竣工的某广场!

即使认为"备案合同011""备案合同035"与《施工协议书》中的工程近似或一致,根据《司法解释》第二十一条的规定,应当以备案的中标合同作为结算工程价款的根据。

因此,本案无论是根据后约定优于前约定、备案合同的约定优于未备案合同的约定,还是依据《司法解释》第二十一条,均应以备案的中标合同即"备案合同011""备案合同035"结算工程价款!

(五)本案工程的两次招投标均经某县政府确认为合法有效、至今一直处于合法有效状态。且经合法招投标后订立的备案合同,不存在《合同法》第五十二条规定的无效情形,更不存在显失公平或重大误解等情形。

依照某县政府有关行政部门法定程序进行的本案工程的两次招投标而签订的"备案合同011"和"备案合同035",至今一直属于合法有效的合同,从未有任何行政决定或司法决定确认其为无效或其属于恶意磋商、未招先定。本案原告要想以存在恶意磋商、未招先定来否定招投标的效力、进而否定行政部门备案合同的效力,应当先行向行政部门提出确认招投标无效的行政确认申请,先由行政部门确定招投标行为是否有效,或提起行政诉讼;不应当在本案的民商事案件中提出由民商事法官确认招投标行为无效。这既不符合公法与私法相区分的基本法理,也不符合我国诉讼程序的规定。民商事案件的法官,不会在民商事案件中直接确认招投标无效或直接认定串通投标。

民商事案件的法官有权依照《合同法》第五十二条认定合同无效，但“备案合同011”和“备案合同035”，不存在《合同法》第五十二条所规定的情形：

第一，没有“以欺诈和胁迫的手段订立合同，损害国家利益”，实际是本案原告自愿参加招投标，以合理低价确定中标方，给国家和社会节省了费用和资源。

第二，没有“恶意串通，损害国家、集体或者第三人利益”，本案事先联络、商谈意向的行为，属于工程建设领域极其常见、非常普遍的现象，不属于恶意串通，更没有损害国家、集体或第三人利益。如果将常见的事先洽谈、早期意向、早期接触的现象均界定为“未招先定、明招暗定”，则中国几乎100%以上的经招投标确立的备案合同都将无效。但司法实践中，经过招投标确立的备案中标合同，很少被裁定为无效。一般有经验的民商事法官均非常慎重，非经行政部门或行政诉讼的前置性认定，不认定招投标无效。且，本案在2010年9月10日前，工程图纸、工程内容、工程价款等均未确定，根本不存在可提前磋商、事前谈判的实质性内容。

而且，最高人民法院有关司法解释（如《最高人民法院关于审理买卖合同纠纷案件适用法律问题的解释》第三条）的立法原意和王利明等著名学者的研究表明：为了促进交易、维护交易的稳定性，在《合同法》第五十二条第二项的“恶意串通、损害第三人利益”的情形中，合同并不当然无效，合同的效力应取决于第三人是否主张合同无效，原被告之间不得通过向对方主张合同无效而谋取诉讼利益。在无第三人或第三人不主张合同无效时，法院不宜主动以“恶意串通损害第三人利益”为由认定合同无效。

第三，没有“以合法形式掩盖非法目的”，本案建筑工程建设是依法进行的项目，依法进行的招投标，项目本身完全合法，发包人和承包人也是依法经营的企业，没有任何非法目的。

第四，本案招投标后签订的备案合同及工程项目，本身不可能“损害社会公共利益”。

第五，本案招投标后签订的备案合同，其内容和签订过程，均没有“违反法律、行政法规的强制性规定”。应当注意，这里的“强制性规定”是指“合同效力”方面的强制性规定，而非对合同履行的“监督义务”方面的强制性规定。只违反“监督义务”方面强制性规定的，该行政处罚的处罚，但民事方面当事人之间的备案的约定仍然有效。

本案“备案合同011”和“备案合同035”，也不存在《合同法》第五十四条中提到的重大误解、显示公平或趁人之危或欺诈胁迫的情况。因为建筑工程属于重大的专业性活动，本案原告事先充分知晓并仔细研读了招标文件，对于“合理低价法”确定工程造价以及造价“参考2010年10月《天津市工程造价信息》及市场行情”，“政策性调价文件截至建筑〔2010〕344 号文件”等招标要求非常清楚,完全不存在重大误解或趁人之危或欺诈胁迫的情况。也不存在显示公平,因为被答辩人完全是自己报的工程总价,没有低于当时的市场成本价格,被答辩人仍有相当的利润空间;如其工艺先进、人员调配合理、材料购置性价比高,则还有很大的利润空间。

即使所谓的存在重大误解或显失公平能够成立,要撤销备案的中标合同,履行所谓的《施工协议书》,也因撤销权是只有 1 年时间的除斥期间,本案早已过了原告行使撤销权的时间。

(六)本案原告的主要诉讼请求超过了 2 年的诉讼时效且存在恶意诉讼行为,又违背了禁反言原则,人民法院应当直接驳回其诉讼请求。

退一万步讲,即使本案的备案中标合同属于《合同法》第五十二条、第五十四条规定的情形,应被认定无效或被变更、撤销,也因为已经过了诉讼时效或除斥期间而应该予以驳回。因为“备案合同 011”和“备案合同 035”的最晚签订时间为 2010 年 5 月 23 日,本案原告从 2010 年 5 月 23 日起,即已明知备案合同价格低且属于固定价(包死价),但自 2010 年 5 月 23 日至 2015 年 9 月 15 日之间,本案原告从未就备案合同的效力提出过异议,从未主张其应属无效或应变更、撤销。从原告自 2015 年 9 月 16 日起诉以来提出的所有证据中,没有“2010 年 5 月 23 日至 2015 年 9 月 15 日之间,曾经主张过备案的中标合同无效或应变更、撤销”的证据!

主张备案的中标合同无效的诉讼时效不能从工程竣工日期计算,应当从“知道或应当知道”之日起进行计算。本案“知道或应当知道备案合同无效”的时间,显然最晚也应当是 2010 年 5 月 23 日,而决非实际竣工日期 2013 年 6 月 30 日。就算是实际竣工日期 2013 年 6 月 30 日才知道,与本案起诉日期 2015 年 9 月 16 日之间,也超过了 2 年。

由于本案原告的最主要的诉讼请求是确认备案的中标合同无效,其他的诉讼请求均以备案的中标合同无效之请求能够成立为前提,因此,人民法院完全应当以超过了诉讼时效为理由,驳回本案原告的诉讼请求!

更为重要的是,根据“不得通过非法手段或通过诉自己非法来为自己谋取诉讼利益”的基本法理,也不应支持原告的备案中标合同无效的请求。本案原告的真正目的,就是想钻法律的所谓“空子”,通过起诉备案的中标合同无效、应按照先行签订《施工协议书》履行,妄图达到多算和多得工程费用之目的。且不论实际过程中的工程施工,不可能按照设计图纸尚未确定、招投标尚未进行、工程量尚未确定时签的意向性的非常简要笼统的《施工协议书》进行(这是普通非法律人都能明白的常识)。况且,所谓的“实质磋商”“未招先定”并不成立,即使成立,实践中过错也主要在于承包方、在于本案原告!非法律人都能明白,工程建筑市场活动中,常见的是承包人千方百计寻找和腐蚀、拉拢发包人,有几个发包人拉拢、腐蚀承包人的?

更严重的是，本案原告（承包人）对工程造价的计算出尔反尔，变来变去，只从单方利益考虑，违背了法律上的禁反言原则（禁止反悔原则）。在2013年工程竣工申请结算时，不遵守备案的中标合同中约定的1.914,202,41亿元（桩基工程固定价加土方工程固定价加主体工程固定价），单方面想当然地提出了工程总造价3.068,386,18亿元的结算申请，现在起诉时，又提出了2.348,092,41亿元的结算申请（其已经收到工程款1.806,644,23亿元，加上本次起诉要求支付的0.541,448,18亿元，合计为2.348,092,41亿元）。请问本案原告，你们的工程造价结算的标准到底是什么？法律和事实依据何在？为什么不再坚持3.068,386,18亿元的工程造价了呢？

二、本案的工程造价应依照备案的中标合同进行决算

前文已充分论述了备案的中标合同合法有效。按备案的中标合同（“备案合同011”和“备案合同035”）约定的结算方式，原告诉称的少算工程款47,647,439元缺乏事实和法律依据，应当全部予以驳回：

1.“人工费应调增26,780,864元”之应予驳回的理由：

其一，本案工程采用的是固定价格合同（俗称“包死价”），无须对人工费进行调整；

其二，原告调增人工费的依据是2010年5月26日的《施工协议书》，而该协议连原告的名称和章都没有，与本案无关，根本对本案没有法律上的效力和约束力；

其三，原告所计算的应调增人工费是其单方依据对人工进行分析计算而来，既不具有真实准确性，也与其在竣工时提交给答辩人的申请结算文件不一致。

因此该项诉请法院不应支持。

2.“规费不应下浮，少算工程造价2,662,010元”之应予驳回的理由：

原告在投标时，其投标文件中已明确声明放弃了该项费用，因此，在尊重其意思自治的情况下，不存在少算规费的问题。即使其反悔，从其出具的该项证据（证据第421页）中载明：“对人工进行分析计算而来，在审核文件中规费也下浮了15%，施工方认为规费不应该下浮而计算出来的规费差额造价”中也不难看出，所谓的规费2,662,010元，完全是原告反悔后，依照“分析计算推算而来”，且是其单方面要求造价咨询公司按其单方意愿计算出来的，既与其提交的给同一家造价咨询公司的结算文件的计算方法相矛盾，也与本案备案的中标合同的约定不符。

3.“漏算电气电缆工程和下水管工程，少算工程造价4,428,431元”之应予驳回的理由：

原告主张的该部分工程造价，与我方（被告）扣除项目中的内容并不一致。且，原告提交的证据是材料进场验收记录，不是施工记录，没有我方（被告）的签字确认，缺乏合法性、真实性和关联性，因此，原告据此计算的工程造价，当然应予否定。

4."支付配合费36万元"应予驳回之理由:

其一,本案是固定价格合同,不可能有额外的配合费;

其二,实际施工中弱电是由原告安装的,而《施工协议书》中却约定的是"另行组织施工队施工",这恰恰再次证明双方没有履行《施工协议书》;

其三,电梯和弱电是原告的估价,并不准确,与实际不符;

其四,原告自己施工的项目,按照建筑行业惯例和常识,当然不应再计算配合费。

根据以上几点,不难看出原告诉请47,647,439元工程款的计算存在依据无效、依据冲突、重复计算、虚构计算等四个方面的严重问题,不能自圆其说,不应采信:(1)依据完全无效。例如,只有黄某个人签字与本案无关的5月26日《施工协议书》是其计算造价的重要依据之一。(2)依据冲突。例如,5月26日《施工协议书》对其有利(如人工费调差),就说依据的是5月26日协议,8月18日《施工协议书》对其有利(如安装材料的采购),又改为依据的是8月18日协议,而当备案的中标合同对其有利时(如工程图纸),原告却称依据的是工程联系单,不敢称依据了备案的中标合同。(3)存在大量重复计算、自行计算、单方面提供证据的情形(见前面的具体反驳和论述)。(4)算法矛盾。此次结算的计算方法与其自己在工程竣工时提交的申请结算文件相矛盾,出现了两种不同的结算方法。

必须着重强调:本案中备案的中标合同合法有效,且只有经法定招投标程序双方签订的备案合同,才能作为工程款结算的依据,本案工程款结算的方法唯一、确定,理所应当依据备案的中标合同。本案原告的核心诉讼请求"备案的中标合同无效"超过了2年的诉讼时效,且原告既存在恶意诉讼行为(通过诉自己违法以谋求诉讼利益)又违背了禁反言原则(自己提出的工程造价计算方法前后矛盾),因此,本案原告诉称的"备案的中标合同无效"以及由此而产生的"应付工程款47,647,439元"的诉讼请求,完全应当予以驳回。

综上,为维护我方(被告)的合法权益不受侵害,恳请法院驳回原告的全部诉讼请求,并由原告承担全部诉讼费用及相关费用。

【裁判结果】

原告A公司的诉讼请求事实和法律依据不足,法院不予支持。依照《中华人民共和国合同法》第四十四条、第六十条,《中华人民共和国民事诉讼法》第六十四条,《最高人民法院关于审理建设工程施工合同纠纷案件适用法律问题的解释》第二十一条,《最高人民法院关于民事诉讼证据的若干规定》第二条、第五条之规定,判决如下:

驳回原告A公司的诉讼请求。

案件受理费312,524元,由原告A公司负担。

一审后,原告A公司未上诉,判决结果已生效。

三、商事代理

34. 广东某体育发展公司与广东省足球协会、广州某体育经营管理公司垄断纠纷案

闫成栋　叶卫国*

【案例要旨】

广东省足协系非营利性社团法人，但其仍可以从事一定的市场经营活动，虽然其具有管理公共事务的职能，但不具有行政许可性质的行政审批权，其发出的《举办广东省室内五人制足球联赛批准书》本质是商业授权行为，并非行使公共事务管理职能，难以构成滥用行政权力。广东省足协在五人制足球联赛组织（商业化运营）市场具有支配地位，但无证据证明其滥用该支配地位且产生了排除或限制竞争的效果，亦不存在其他垄断情形。

【案情简介】

广州某体育经营管理公司（以下简称经管公司）成立于2009年5月11日，广东某体育发展公司（以下简称发展公司）成立于2011年3月17日，经营范围均包括对体育竞赛的组织经营活动。广东省足协实行会员制，经管公司、发展公司均不是广东省足协的会员。2005年，国家体育总局将室内五人制足球列为我国正式开展的竞技体育项目。2009年7月8日，广东省足协（甲方）与经管公司（乙方）签订《新广东省室内五人制足球联赛协议书》（以下简称《协议书》），约定三个方面的主要内容：一是根据《中华人民共和国体育法》（以下简称《体育法》）第三十一条的规定和《中国足球协会章程》（以下简称《中国足协章程》）第五十条的规定，广东省足协批准经管公司独家在广东省境内投资、组织、管理、运营和举办广东省室内五人制足球联赛，制定有关的规章、规则、标准和制度，决定参赛球队的数量和加盟球队的资格。经管公司从2009年开始在协议有效期内（自生效之日起至2018年12月31日止共10年）必须每年举办广东省室内五人制足球联赛，且不少于6支俱乐部共10

---

* 代理律师：闫成栋，天津赢彧律师事务所律师；叶卫国，广东同益律师事务所律师。案例来源：最高人民法院裁判文书。供稿单位：体育产业法律专业委员会。

轮30场比赛。经管公司并需支付按期举办联赛的保证金10万元。二是广东省足协批准经管公司独家拥有广东省室内五人制足球联赛相关的知识产权和一切商业的经营开发权利,且由此产生的一切经济收益归经管公司所有,经管公司承担联赛运营的相关开支和费用。三是广东省足协向经管公司提供诸如争取有关政府机构和主管部门对联赛的支持和批准等与举办联赛相关的协助服务,经管公司支付相应劳务费用每年10万元。同年8月17日,广东省足协向经管公司发出《举办广东省室内五人制足球联赛批准书》(以下简称《批准书》),批准经管公司举办广东省室内五人制足球联赛,并独家享有《协议书》约定的赛事权利。2010年3月25日,广东省足协和经管公司签订《补充协议》(以下《协议书》《批准书》《补充协议》共同简称案涉协议书),约定经管公司于每一届联赛赛季结束后向广东省足协提交包括该赛季联赛的违规违纪事件和纪律处罚情况等内容的《经管联赛组织工作总结报告》。发展公司成立后,在没有广东省足协批准,也未与广东省足协签订授权协议的情况下,举办了广东省室内五人制足球联赛,亦与广东省足协合作举办了五人制省港杯、五人制足球超霸杯比赛。2012年6月,发展公司向广州市中级人民法院提起诉讼称,《协议书》《批准书》具有排除、限制竞争的效果,是限制同行业之间竞争的排他性协议,违反了《反垄断法》的规定,以及中国足协章程、《广东省足球协会章程》(以下简称《广东省足协章程》)的宗旨性规定,不利于团结、动员广东省足球工作者提高本省足球运动水平。请求判令《协议书》《批准书》无效,本案诉讼费由广东省足协、经管公司承担。广州市中级人民法院以(2012)穗中法民三初字第400号民事判决驳回发展公司的全部诉讼请求,并判令一审案件受理费1000元由发展公司负担。

【代理意见】

一、主张广东省足球协会在足球相关市场有市场支配地位,《协议书》《批准书》滥用了市场支配地位,因此属于垄断行为。

广东省足协作为市场经营者,独家与经管公司签订协议,违反了《反垄断法》第十三条第二项、第三项、第五项的规定。广东省足协和经管公司均具有生产比赛产品的资格,两者具有竞争关系。广东省足协与经管公司签订案涉协议书,通过限制球队数量来达到限制足球比赛产品数量的效果,构成《反垄断法》第十三条规定的“限制商品的生产数量或者销售数量”的横向垄断协议。广东省足协拒绝与发展公司签订批准发展公司举办五人制足球竞赛的协议,并且通过与经管公司的独家批准协议将包括争取赛事审批在内的其他政府部门(例如消防、公安等)对足球联赛的支持作为一种劳务提供给经管公司,意味着发展公司在竞争中遭到不当的抵制,构成《反垄断法》第十三条规定的“联合抵制交易”的横向垄断协议。此外,还构成

《反垄断法》第十三条规定的“分割市场”的横向垄断协议。

二、广东省足协与广东省足管中心一个机构两套牌子，管办不分，具有公共事物管理职能，《协议书》《批准书》不当使用这种管理职能，为《反垄断法》所禁止，原合同无效。

广东省足协作为市场经营者，违反了《反垄断法》第十七条第三项、第四项、第六项规定，构成滥用市场支配地位。案涉协议书内容是关于举办五人制足球赛事，依据《国务院反垄断委员会关于相关市场界定的指南》第三条的规定，从五人制赛事特点和需求替代商品的角度考虑，本案的相关商品市场应是指五人制足球比赛市场。由于广东省足协只能在本行政区域内从事足球事务，故本案相关地域市场是广东省。广东省足协与广东省足管中心“一套人马、两块牌子”，广东省体育局对广东省内的足球竞赛具有管理权、组织权和批准权，也就意味着广东省足协对足球竞赛具有管理权、组织权和批准权。经过其批准的赛事是合法的，没有经过其批准的赛事是非法的，故赛事组织公司对广东省足协在交易上存在依赖；广东省足协是赛事所有权的最初拥有者，且控制比赛裁判员、运动员等体育竞赛的基本生产要素，广东省足协对裁判员的等级评定、注册备案具有支配地位；由于广东省足协是在广东省内唯一有权代表国家与国际足球运动进行交流的组织，其对引进国外优秀的运动员具有支配地位。因此，可以认为广东省足协在广东省五人制足球比赛市场中构成支配地位，且广东省足协滥用了市场支配地位。广东省足协作为赛事权利的所有人，其交易相对人是指想获得赛事相关权利的自然人、公司、其他组织，其中包括运营公司、赞助商，以及相关参赛的球员、球队。广东省足协拒绝与发展公司签订批准其举办五人制足球联赛的协议，属于《反垄断法》第十七条第三项规定的拒绝交易的滥用市场支配地位行为。对赛事的赞助商和参赛球队来说，广东省足协作出的独家批准协议，属于《反垄断法》第十七条第四项规定的限定交易的滥用市场支配地位行为。广东省足协的独家批准行为，使得发展公司在赛事宣传、媒体报道及赛事赞助方面遭到差别待遇，属于《反垄断法》第十七条第六项规定的差别待遇的滥用市场支配地位行为。

涉案协议书存在的其他无效事由：广东省足协在广州市、深圳市内，不具有签订案涉协议书的民事行为能力。依据《民法通则》第五十八条第一款之规定，案涉协议书应属无效。广东省足协通过案涉协议书将五人制足球比赛的处罚权、管理权转给营利性企业经管公司，该合同标的是法律禁止转让的，故该案涉协议书违反了效力性强制性规范，而非管理性强制性规范。

原判决认定案涉协议书没有违反《体育法》第四十九条、《合同法》第五十二条第五项、《最高人民法院关于适用〈中华人民共和国合同法〉若干问题的解(二)》第十四条的规定，属于适用法律确有错误。

【裁判结果】

驳回广东某体育发展公司的再审申请。

法院认为：

一、关于广东省足协的主体身份问题

根据《广东省足协章程》第三条之规定，广东省足协是广东省境内从事足球运动的单位和个人自愿结成的全省性非营利性社团法人。对于广东省足协系非营利性社团法人，各方均无异议，法院予以确认。但是，非营利性社团法人虽然不以营利为目的，并不意味着其不能从事一定的市场经营活动。按照《社会团体登记管理条例》的规定，广东省足协作为社团法人，可以在章程范围内作为民事主体对外开展民事活动，独立承担民事责任。《广东省足协章程》规定，广东省足协可以通过必要的活动为足球运动项目发展筹集资金，积极开展与足球运动有关的活动和咨询服务，广开经费来源渠道；协会的主要经费来源除会费外，还有比赛收入、门票分成收入、出售广播电视转播权收入、广告赞助费收入等；广东省足协是本会所辖的各项赛事所产生的所有权利的最初所有者，根据需要可独自行使赛事权，也可以与第三方合作方式或授权第三方方式行使赛事权。由此可见，广东省足协依章程可以从事与广东省足协职能有关的市场经营活动。事实上，广东省足协长期以来也实际参与或从事了各种与足球赛事有关的经营活动，并获得相应的收益。广东省足协依与经管公司签订的《协议书》已经为经管公司提供了四年的服务就是一个例证。《反垄断法》第十二条第一款规定："本法所称经营者，是指从事商品生产、经营或者提供服务的自然人、法人和其他组织。"因此，发展公司关于广东省足协是市场经营者的主张成立。广东省足协关于其作为非营利性社团法人，不能作为法律上和经济上独立的商品生产者从事或参与经营活动并获得相关权益的主张，与有关规定和事实不符。

广东省足协是否如发展公司所称，系具有管理公共事务职能的组织，这需要从有关法律法规规定及《广东省足协章程》规定进行考量。《体育法》第三十一条规定，全国单项体育竞赛由该项运动的全国性协会负责管理，地方单项体育竞赛的管理办法由地方人民政府制定。该规定将制定地方单项体育竞赛管理办法的立法权授予地方人民政府，在没有证据证明广东省人民政府制定了相应管理办法的情况下，不能仅依据《体育法》第三十一条的规定就得出法律授权广东省足协具有足球赛事公共事务管理职能的结论。但是，《体育法》第四十九条、第五十条规定，在竞技体育中从事弄虚作假等违反纪律和体育规则的行为，由体育社团按照章程规定给予处罚；在体育运动中使用禁用的药物和方法的，由体育社团按照章程规定给予处罚。此外，《全国体育竞赛管理办法(试行)》第六条规定，对体育行政部门审批、制订的体育竞赛计划，由各级单项体育协会管理和组织实施。广东省足协在运行中实际履行的职能通过《广东省足协章程》有明确体现，主要可以归纳为：制定足球项目的方针、政策、规划和管理制度；组织教练员、裁判员、运动员、协会会员、俱乐部有关人员的培训、考核；指导运动训练和后备人才培养；制定竞赛规则和裁判规则；组织运动项目的科研、培训的宣传；组织、管理和指导全省足球运动普及和提高；开展对外交流等。上述广东省足协依据章程对足球赛事中的违规违纪行为行使处罚权，以及其他对足球运动的组织、管理职能，不仅仅限于协会与单个成员之间的关系，还涉及广东省范围内其他社会主体参与足球运动及整个足球运动竞技秩序、发展水平、共同利益的维护与管理，是政府行政部门对足球公共事务管理职能部分转移到足球协会等社会团体的体现。因此，广东省足协具有与足球运动、足球竞赛有关的特定范围和事项的公共事务管理性质的职能，可以认定其系《反垄断法》第三十二条所称的具有管理公共事务职能的组织，发展公司此节主张成立。但是，从有关法律法规规章以及《广东省足协章程》的规定看，广东省足协不具有行政许可性质的行政审批权，而且一些更能体现行政机关行政权力的职能也被排除在外，如运动员评级，裁判员和教练员的定级、评级以及对运动员、教练员的奖励等管理职权，由广东省体育局及其下属职能部门行使，而不是由广东省足协行使。没有证据证明，广东省足协代表广东省体育局行使足球管理权、组织权、批准权，发展公司关于广东省体育局对足球赛事有组织权、管理权、批准权意味着广东省足协同样具有该等权力的主张缺乏事实与法律依据。

在国家推行新一轮足球改革之前，全国性单项体育协会均依托于运动项目管理中心来运作，形成了“运动项目管理中心 + 全国单项体育协会”的独特模式，即“一套人马，两块牌子”。2015 年国务院发布的《中国足球改革发展总体方案》亦明确提出要“改变中国足球协会与体育总局足球运动管理中心‘一套人马，两块牌子’的组织构架”，从反向证明了二者系“一套人马，两块牌子”的现实。广东省足协与广东省足管中心也不例外，机构人员重叠，大部分职能重叠，亦系“一套人马，两块牌子”的组织架构。这种混同式的组织架构极易给社会造成政社不分、广东省体育局的职能由广东省足协行使的印象或错觉。正因为如此，国家正在推进的足球改革明确要革除这一弊端。然而，毕竟广东省体育局与广东省足协的职能存在实质性的差别，如上所述，一些具有行政管理性质的职能只能由广东省体育局及其下属部门行使。即便是广东省足管中心被授权代表广东省体育局行使一定的行政管理职能也仅限于特定事项、特定范围。例如，举办一定级别的足球赛事的审批权就只能由广东省体育局行使，而不能由广东省足管中心行使。因此，不能因“一套人马，两块牌子”的组织架构而得出广东省体育局在足球赛事方面的行政管理职权均由广东省足管中心行使的结论，更不能进而得出广东省体育局这方面的行政管理职权由广东省足协行使的结论。因此,发展公司此节理由不能成立。

二、关于广东省足协是否滥用行政权力排除、限制竞争的问题

根据《反垄断法》第三十二条规定,构成滥用行政权力排除、限制竞争的主体是行政机关或法律法规授权的具有管理公共事务职能的组织。基于前述分析,广东省足协系法律法规授权的具有管理公共事务职能的组织,满足了实施行政垄断行为的主体要求。但由于广东省足协的多重性质,其向经管公司出具《批准书》是否系履行公共事务管理职能,需结合本案事实进一步认定。

首先,广东省足协与广东省足管中心均未被法律法规授予对足球赛事有行政许可性质的行政审批权。对足球赛事的行政审批权依法只能由广东省体育局行使,即便广东省足管中心与广东省足协具体承担足球赛事审批的具体事务或工作,也只能以广东省体育局的名义,加盖广东省体育局的公章。然而,本案《批准书》是以广东省足协的名义签署,并加盖广东省足协的公章,既不应据此认为广东省足协行使行政审批权,也不应认为广东省足协代表广东省体育局行使行政审批权。其次,广东省人民政府早在2000年7月13日就以通知的形式取消了体育行政主管部门对省级足球赛事的行政审批权,而《批准书》是2009年签署的,此时,包括室内五人制足球赛事在内的足球赛事均不再需要行政审批。与《批准书》相关的《协议书》约定,广东省足协"争取有关政府机构和主管部门对联赛的支持和批准",此处所谓的"批准"不应是指体育行政主管部门对足球赛事本身的行政审批。虽然广东省人民政府取消了体育行政部门对足球赛事的行政审批,但举办一定规模的足球赛事还需公安、消防、交通、安保等相应的行政主管部门审批,该约定只是表明广东省足协协助经管公司办理相关审批手续而已。在广东省人民政府取消对足球赛事的行政审批达9年之后,广东省足协所签署的《批准书》显然不具有行政审批的法律意义。再次,事实上,经管公司举办的五人制足球联赛从未经体育行政部门审批,尤其是发展公司举办的五人制足球联赛既未经体育行政部门审批,又未取得广东省足协所谓的《批准书》,但并没有导致联赛受阻或受到体育行政主管部门、广东省足协的干预。由此也说明,五人制足球联赛不需要体育行政主管部门或广东省足协审批。最后,《批准书》的内容有两项:一是独家批准经管公司投资、组织、运营和举办五人制足球联赛,执行相关规则标准、规章制度,确定参赛球队数量和资格;二是将广东省足协拥有的一切商业经营开发权利批准由经管公司独家享有。这两项内容无论是竞赛经营管理的权利还是对于竞赛经营开发的权利,均是对竞赛经营权利的让渡。依据《广东省足协章程》第四十六条的规定,广东省足协享有管理其所辖范围内足球赛事的权利并且是相关赛事权利的最初拥有者,其作为市场经营者将竞赛经营的权利批准由经管公司行使,是对自有民事权利的商业授权。此外,广东省足协在《批准书》中并未指定俱乐部(运动队)、裁判、媒体、赞助商等其他交易方只能与经管公司合作。事实上,这些主体也都与发展公司进行了合作。

基于上述分析可以认为,在广东省足协 2009 年向经管公司出具《批准书》时,广东省人民政府已取消所有省内足球赛事的行政审批,广东省足协无足球赛事的行政审批权,亦无须行使行政审批权。广东省足协虽具有一定范围的足球赛事公共事务管理职能,但《批准书》与行使其公共事务管理职能无关,其是作为赛事权利所有者和竞赛经营管理者授权经管公司行使其相应赛事权利的商业授权。《批准书》中使用带有行政色彩的"批准"用语,虽有不妥或不确切之处,但并不因此改变"批准"系商业授权的本质属性。也正因为《批准书》非行使公共事务管理职能,当然也难以构成滥用行政权力,排除、限制竞争。发展公司关于广东省足协滥用行政权力,违反《反垄断法》第三十二条规定的申请再审理由不能成立,法院不予支持。

另需指出的是,本案系民事诉讼,而对于"滥用行政权力排除、限制竞争"的行政行为本应提起行政诉讼。发展公司在再审申请中将此作为支持其诉讼主张的一个重要理由,且司法实践中对具有公共事务管理职能的组织提起行政诉讼存在较大争议,法院结合本案整体情况,仅对该涉案诉讼理由进行判断,而并非将民事诉讼、行政诉讼一并审理。

三、关于广东省足协是否滥用市场支配地位问题

广东省足协作为市场经营者是否滥用市场支配地位,需在界定本案相关市场的基础上,对其是否具有市场支配地位以及是否存在滥用行为等三个方面进行分析。

(一)关于本案相关市场的界定

根据《反垄断法》第十二条的规定,相关市场是指经营者在一定时期内就特定商品或者服务(以下统称商品)进行竞争的商品范围和地域范围。根据《国务院反垄断委员会关于相关市场界定的指南》第三条,主要需界定相关商品市场和相关地域市场。相关商品市场的界定一般首先从反垄断审查关注的经营者提供的商品(目标商品)开始考虑,逐步考察最有可能具有紧密替代性关系的其他商品。如果具有较高的替代性,则将后者与前者纳入同一个相关商品市场,并继续同理扩大分析范围,直至被考察对象之间不存在这种具有较高替代性关系为止,以此作为案件的最终相关商品市场。本案中,当事人所争议的内容所涉商品均为五人制足球联赛的组织(商业化运营),而与之最为接近的便是七人制足球联赛的组织(商业化运营)。作为足球赛事的两个不同项目,五人制足球联赛与七人制足球联赛在参赛球队(俱乐部)、裁判、观众、赞助商、媒体等要素上不存在排他性的此消彼长关系。一个球队(俱乐部)可以选择参加五人制足球联赛项目,也可以选择参加七人制足球联赛项目,还可以选择两个足球联赛项目都参加,并不是只能选择参加五人制足球联赛项目或者只能选择参加七人制足球联赛项目,且选择只参加二者当中的一个项目并不会必然导致另一个项目消失;对于裁判、观众、赞助商、媒体等相关单个主体的参与或者关注,亦是如此。此外,一个经营者可以组织五人制足球联赛,可以组织七人制足球联赛,也可以既组织五人制足球联赛又组织七人制足球联赛,并非只能选择性地组织五人制足球联赛或者七人制足球联赛,且选择只组织两者当中的一个项目并不会导致另一个项目消失。另外,五人制足球联赛的发展往往可以有效地带动七人制足球联赛的发展,七人制足球联赛的发展在一定程度上可以促进五人制足球联赛的发展。因此,五人制足球联赛的组织(商业化运营)与七人制足球联赛的组织(商业化运营)不存在替代性关系,本案的相关商品市场为五人制足球联赛的组织(商业化运营)市场。

根据《中国足协章程》第十一条第一款第七项、第八项之规定,《广东省足协章程》第七条第四款之规定,广东省足协在本行政区划内从事足球事务,本案诉争垄断行为亦发生在广东省,本案相关地域市场就是广东省。

(二)关于广东省足协是否具有本案相关市场支配地位

广东省足协在广东省区域内的五人制足球联赛组织(商业化运营)市场中是否具有支配地位,应根据《反垄断法》第十八条的规定,结合经营者的市场份额、相关市场竞争状况、经营者控制市场上下游的能力、其他经营者的依赖程度及其他经营者参与相关市场的难易程度等因素进行综合考虑。就市场份额而言,本案涉及的广东省五人制足球联赛是一个新兴的足球比赛项目,正在积极地培育和迅速地发展过程中,联赛组织(商业化运营)市场的各经营者所占的市场份额变化较快。各方当事人均未能提供证据证明广东省足协组织或授权他人组织的五人制足球赛事在整个五人制足球联赛组织(商业化运营)市场中所占份额,法院亦无法调取相关信息资料,故本案需要更多地分析《反垄断法》第十八条所规定的其他考虑因素。同时,鉴于广东省足协不仅系市场经营者,还具有一定的足球公共事务管理职能,且与担负着一定行政管理职能的广东省足管中心系"一套人马,两块牌子",形成了在整个足球赛事市场的强大影响力。因此,在分析广东省足协控制市场的能力、其他经营者对其依赖程度、其他经营者进入市场的难易程度等因素时,需要特别考虑我国历史形成的足球管理体制以及广东省足协的多重身份对上述因素产生的实际影响。首先,由于广东省足协对足球运动员的注册管理职能,参加五人制足球联赛的球员只有参加广东省足协举办的比赛,才有可能使比赛中的上场时间和表现名次等资历得到广东省足协的认可,进而为转为职业球员创造条件,而对于非广东省足协举办的足球比赛,球员参加比赛的经历和成绩则难以得到广东省足协的认可,可见广东省足协相较于其他经营主体对球员有较大的影响力和控制力。其次,足球队或足球俱乐部的发展前景之一是成为职业足球队或俱乐部。但根据《中国2012—2013赛季室内五人制足球甲级联赛竞赛规程》第三条规定,各参赛俱乐部

(运动队)必须隶属中国足球协会的各足球协会才能参加国家比赛,也就是说,广东省的足球俱乐部或足球队必须是广东省足协会员,并通过广东省足协才能参加国家比赛,这使广东省足协在吸引足球俱乐部或足球队参加自己所举办或授权举办的足球比赛方面,具有一般经营者无法比拟的优势。最后,依据《广东省足协章程》第五十八条规定,足球裁判员应每年参加由广东省足协组织的年度培训,并通过考核、注册才能获得当年从事裁判工作的资格。虽然广东省足协对足球裁判员技术级别晋升、注册等不具有管理职能,但其担负着培训、考核裁判员并使其获得年度执裁资格的职能,还掌握着影响裁判员考核内容的比赛资源,这使广东省足协比其他市场经营者更容易争取较高水平的裁判员参加其举办或其授权举办的足球赛事。综上,考虑到广东省足协在历史上形成的在足球业的特殊地位、一定的足球公共事务管理职能,以及其与广东省足管中心"一套人马,两块牌子"的组织架构,使其对组织五人制足球联赛的基本要素具有较强的控制力、行业资源整合能力和社会影响力,其他经营者在市场基本要素方面对其有较高程度的依赖性等因素,应当认定广东省足协在五人制足球联赛的组织(商业化运营)市场中具有支配地位。发展公司关于广东省足协在五人制足球联赛的组织(商业化运营)市场具有支配地位的主张成立,法院予以支持。

(三)关于广东省足协是否滥用市场支配地位

《反垄断法》并不禁止经营者具有市场支配地位,而是禁止经营者滥用市场支配地位,从事排除、限制竞争的行为。市场经营者有自主选择其交易方的权利,对具有市场支配地位的经营者,只有在同等条件下拒绝和部分经营者交易,且具有排除或限制竞争效果的情况下,才构成对《反垄断法》第十七条第一款第三项的违反。首先,在本案中,虽然广东省足协2009年与经管公司签署了独家授权协议,但此时只有经管公司一家公司举办五人制足球联赛,还未出现其他经营者,五人制足球联赛市场刚刚起步,市场的培育和形成需要一个较长的过程和较大的投入,故签署独家授权协议有其合理性。随着市场的逐步形成及经营者的增加,该独家协议因缺乏竞标机制,确会影响五人制足球联赛组织(商业化运营)市场竞争机制的形成。但是,该独家协议并无任何拒绝与其他经营者合作的内容,而且事实上发展公司成立后,广东省足协也与发展公司合作举办了省港杯、超霸杯等五人制足球联赛,这说明广东省足协并未拒绝与发展公司交易,发展公司亦未能证明广东省足协对其及其他经营者有拒绝交易行为,更不能证明因拒绝与其或其他五人制足球联赛组织者交易而影响了五人制足球联赛组织(商业化运营)市场的竞争。其次,广东省足协与经管公司的独家授权协议,并未限制其他经营者只能与广东省足协或经管公司进行交易,也未限定球队只能参加经管公司组织的比赛。广东省足协在足球竞赛中的特殊地位确实会影响到竞赛球队、俱乐部和球员的选择,但并非案涉协议书约定的内容限制了交易相对人的选择,故不构成《反垄断法》第十七条第一款第四项规定的限制交易的滥用行为。最后,发展公司主张在赛事宣传、媒体报道及赛事赞助上受到了差别待遇,但其实施主体并非是广东省足协,而是媒体、赞助单位。媒体、赞助单位对不同赛事的支持力度不同,是其在对赛事的影响力、商业价值进行判断后作出的自由选择。

综上,虽然可以认定广东省足协在五人制足球联赛组织(商业化运营)市场具有支配地位,但无证据证明其滥用该支配地位且产生了排除或限制竞争的效果。发展公司关于广东省足协滥用市场支配地位的再审申请理由不成立。

四、关于案涉协议书是否构成《反垄断法》第十三条规定的垄断协议的问题

根据《反垄断法》第十三条第一款、第二款的规定,横向垄断协议是生产或者销售过程中处于同一阶段的经营者之间达成的协议。该垄断行为有三个构成要件:行为主体是具有竞争关系的经营者;达成了固定商品价格、限制商品数量、分割市场、限制新技术、联合抵制交易等属于垄断协议内容的协议、决定或其他协同行为;行为具有排除或限制竞争的效果。

本案中,一方面,广东省足协与经管公司的性质不同。广东省足协是非营利性社会团体法人,即使作为经营者从事经营行为也是以推广和发展五人制足球运动为目的,具有非营利性,而经管公司则是体育赛事的运营公司,是典型的营利性商事组织。另一方面,两者在举办五人制足球联赛中承担的角色不同。广东省足协承担的是发起、组织并提供支持性服务的工作,而经管公司主要负责的是经营、商业推广等工作。因此,广东省足协与经管公司之间不具有横向的竞争关系。

退一步说,即使广东省足协与经管公司之间构成横向的竞争关系,案涉协议书也不具有明显排除或限制竞争的效果,其内容也不构成《反垄断法》第十三条所规定的横向垄断协议类型。首先,案涉协议书本身不以排除或限制竞争为目的,且也不具有明显排除或限制竞争的效果。案涉协议书签署时,在广东省境内的五人制足球运动并未得到很好的推广,没有成形的五人制足球比赛,更没有与之相关的产业,广东省足协选择与经管公司合作开展五人制足球联赛,其目的在于推广该运动项目,并不以排除或限制竞争为目的。虽然案涉协议书约定了独家授权 10 年的期限,但不能仅据此得出案涉协议书具有明显排除、限制竞争的效果之结论。从现实情况来看,发展公司在 2011 年成立后,连续举办了多个系列的五人制足球联赛,取得了很大的成功,同时,广东省足协也协助发展公司举办了省港杯、超霸杯等比赛,并未受案涉协议书约定的独家授权的影响,故案涉协议书并不具有明显排除或限制竞争的效果。其次,发展公司主张案涉协议书关于"批准经管公司决定参赛球队数量和加盟球队的资格"的约定系限制商品数量的约定,但是,决定参赛球队数量和资格,系举办相应足球联赛所必须执行的规则要求,系管理、运营比赛的应有之义。而且,从《协议书》第四条“经管公司必须每年举办广东省室内五人制足球联赛,且参赛的俱乐部不少于6支共10轮30场比赛”的约定可见,案涉协议书不仅没有限制参赛球队数量、抑制参赛球队之间的竞争,而且为了培养五人制足球比赛的新兴市场,促进充分竞争,还通过约定给经管公司设定了最低比赛球队数量的限制,故发展公司的该项理由不能成立。发展公司还主张案涉协议书具有分割市场的横向垄断协议内容,但却未明确案涉协议书中存在哪些分割市场的约定,也未提供证据证明广东省足协和经管公司在实施案涉协议书的过程中如何分割市场。发展公司的该项理由不能成立。发展公司另主张广东省足协与经管公司签订独家协议,拒绝与发展公司签订类似协议,属于联合抵制发展公司,并且案涉协议书约定将包括争取赛事审批在内的其他政府部门对足球联赛的支持作为一种劳务提供给经管公司,也是对发展公司在竞争中的不当抵制。但《反垄断法》意义上的“联合抵制交易”垄断协议,系指具有竞争关系的经营者签订协议共同拒绝与上下游的经营者或者其他竞争者从事交易或其他商业往来的行为。案涉协议书并没有广东省足协和经管公司共同要求交易相对方(如赞助商等市场主体)拒绝与发展公司交易从而达到抵制发展公司效果的内容,也没有直接共同拒绝与发展公司交易或开展其他商业行为的内容,案涉协议书不构成联合抵制。此外,案涉协议书中关于广东省足协提供赛事相关协助服务的约定,是广东省足协作为市场主体提供相关服务的经营行为,不存在达成联合抵制交易的共谋,也没有影响竞争的内容,故案涉协议书也不构成对发展公司在竞争中的不当抵制。因此,发展公司该项再审申请理由亦不能成立。

五、关于发展公司的其他再审申请理由问题

发展公司认为,广东省足协通过案涉协议书将五人制足球比赛的处罚权、管理权转让给经管公司,违反了《体育法》第四十九条的强制性规定。但是,依据《体育法》第四十九条之规定,广东省足协具有对足球比赛中的违纪违规行为依章程给予处罚的权力,该处罚权来源于法律授权,但处罚依据则是章程的规定,不同于依据法律、行政法规的行政处罚权。《广东省足协章程》第四十六条规定,广东省足协行使赛事管理权,可以通过第三方来行使,故广东省足协依据章程的规定授权他人行使包括违纪违规处罚在内的赛事管理权,并没有违反自身章程的规定,进而也不存在违反《体育法》第四十九条规定的问题。原判决对此适用法律并无错误,发展公司该项再审申请理由不成立。

《广东省足协章程》规定,广东省足协是广东省境内唯一代表广东省的中国足球协会会员,其有权依据章程的规定组织、管理和指导广东省足球运动发展。显然,广东省足协的管辖范围是广东省,发展公司仅以广州市足球协会、深圳市足球协会与广东省足协均同为中国足球协会的会员协会为由,主张广东省足协在广州市和深圳市不具有进行体育竞赛经营的民事行为能力,缺乏相应的事实和法律依据,该项再审申请理由不能成立。

【案例评析】

广东省足球协会存在哪些垄断行为?

广东省足协签订案涉协议书具有三重身份,既是法律法规授权的具有管理公共事务职能的组织,又是市场经营者,还是社会团体。依据其身份的不同,违反的垄断行为也不同。首先,广东省足协具有管理公共事务职能,虽然广东省足协不是行政机关,但是广东省足协对外签订的文件都是有广东省体育局的授权,因此广东省足协是法律法规授权的具有管理公共事务职能的组织,根据《反垄断法》第三十二条规定:行政机关和法律、法规授权的具有管理公共事务职能的组织不得滥用行政权力,限定或者变相限定单位或者个人经营、购买、使用其指定的经营者提供的商品。广东省足协签订协议独家授权举办室内五人制足球联赛的行为,滥用行政管理权限定交易相对人交易,构成了垄断行为。

其次,广东足协作为市场经营者,违反了《反垄断法》第十七条规定,即没有正当理由,拒绝与交易相对人进行交易;没有正当理由,限定交易相对人只能与其进行交易或者只能与其指定的经营者进行交易;没有正当理由,对条件相同的交易相对人在交易价格等交易条件上实行差别待遇。广东省足协具有市场支配地位,但广东省足协通过与经管公司签订《协议书》,给予经管公司独家的投资、组织、管理、运营和举办广东省室内五人制足球联赛,制定有关的规章、规则、标准和制度,决定参赛球队的数量和加盟球队的资格;经管公司独家拥有广东省室内五人制足球联赛相关的知识产权和一切商业的经营开发权利。而发展公司等公司将无法享受这些待遇,公司在赛事宣传、媒体报道及赛事赞助方面遭到差别待遇,广东省足协显然构成了滥用市场支配地位的行为。

最后,广东省足协作为市场经营者,独家与经管公司签订协议,违反了《反垄断法》第十三条第二项、第三项、第五项的规定。广东省足协和经管公司均具有生产比赛产品的资格,两者具有竞争关系。广东省足协与经管公司签订案涉协议书,通过限制球队数量来达到限制足球比赛产品数量的效果,构成《反垄断法》第十三条规定的"限制商品的生产数量或者销售数量"的横向垄断协议。

35. 某经贸公司与某船务公司海上货物运输合同纠纷案

阎 萍*

【案例要旨】

海上货物运输是为配合贸易的顺利完成而进行的,承运人负有按照托运人要求签发提单的义务,及时签发提单也是维护国际贸易正常运转的需要。本案中,长天公司委托代理签发承运人为某船务公司的提单,表明了某船务公司作为承运人的真实意思表示。并且事实上已经将提单样本交某经贸公司确认。此外,提单上记载的承运人是某船务公司,与长天的委托代理指示及船长的授权签单的意思一致,故某船务公司是本案承运人,对其因违反法定义务而导致的后果和损失,应负赔偿责任。

【案情简介】

原告某经贸公司作为卖方与韩国一家公司作为买方签订了出口玉米蛋白饲料的销售合同二份,价格条款为 CNF,支付方式为信用证。为履行销售合同,某经贸公司在国内订购了饲料;韩国买方申请开具了以某经贸公司为受益人的不可撤销的即期付款信用证。

为履行交货义务,某经贸公司通过租船经纪人洽谈租船事宜,并委托自己的代理南通国际船务公司,与作为船东的租船代理(案件中的第二被告长天船务有限公司,以下称长天公司)进行商谈,并于 2006 年 12 月 27 日签订了《恰租确认书》,约定:由“FU LIN(富林)”轮在天津新港装运 1500 吨玉米蛋白饲料到韩国仁川;装运期为 2007 年 1 月 5 日至 1 月 8 日,海运包干费 39,000 美元。

“FU LIN”轮于 1 月 13 日装货完毕并开航,大副收据未有不良批注;同时,某经

* 代理律师:阎萍,天津源海律师事务所。案例来源:一审:(2007)津海法初字第 151 号民事判决书;二审:(2009)津高民四终字第 370 号民事判决书。供稿单位:中华全国律师协会海事海商专业委员会。

贸公司按信用证要求将CIQ出具的正本“植物检疫证书”交船长随船带目的港。随后,某经贸公司到船方在天津新港的船舶代理人—TJ国际船舶代理有限公司(以下简称船代公司)处领取正本提单,以办理信用证结汇手续。船代公司将根据“FU LIN”轮船长的授权制作的提单交原告确认。该提单载明:承运人为某船务公司(第一被告)。但随后,船代公司通知某经贸公司,长天公司指示其不能将提单放给某经贸公司。天津港到仁川港距离很近,“FU LIN”于15日到仁川,此时,虽经多次交涉,并在某经贸公司已按船方要求提供保函的情况下,长天公司仍指示船代公司拒放提单给某经贸公司。因此,某经贸公司无法完成信用证结算及对买方的交货。

经考虑,某经贸公司决定回运货物。经协商,某经贸作为承租人、南通公司作为某经贸公司的代理人,与作为船东代理人的长天公司于2007年1月18日签订了《恰租确认书》约定,仍由“FU LIN”轮将1402吨的玉米蛋白饲料回运到天津新港,海运费30,000美元。

货物回运后,按海关的规定,某经贸公司需提供去程与回程提单方能办理货物通关。为此,某经贸公司再次要求船方出具提单,但终未出具。最终,经交涉,船方同意无单放货,由此,某经贸公司得以通关并办理了提货。

随后,某经贸公司降价处理了回运货物。但为此,产生了货值的减损、回程运费、通关滞纳金、陆运等其他额外处理货物的多项费用。就这些额外费用,在要求某船务公司承担无果后,逐成诉。

某经贸公司主张:

某经贸公司与某船务公司之间是海上货物运输合同关系,某船务公司是运输合同下的承运人,作为承运人,其拒绝签发提单的行为,违反了承运人应尽的法定义务。对因此给某经贸公司造成的货物收益损失及各项额外费用损失应当给予赔偿。长天公司作为“FU LIN”轮船东的代理人,指令船代公司不得发放提单的行为,属于过错行为,是造成原告遭受上述的损失的直接原因,依据《民法通则》第六十七条的规定,二者应对某经贸公司所受损失承担连带与共同的赔偿责任。

某船务公司答辩:

(1)其不是承运人,与某经贸公司之间不存在运输合同关系;(2)某船务公司不负有向某经贸公司签发提单的义务;(3)虽然某船务公司曾经授权长天公司指定的代理人可以签发提单,但最后未实际签发,所以不受未签发提单的约束;(4)即使签发了提单,与某经贸公司之间不具有提单上的法律关系。

长天公司未应诉答辩。

争议焦点:对本案争议,无论是托运人还是涉诉法院,在确定赔偿之前,需首要解决的一个前提问题就是,确定赔偿主体,即确定谁是本案运输的承运人?

【代理意见】

我们认为,依据事实和法律,可以认定被告某船务公司是本次海上货物运输的承运人。而具体识别其承运人身份的事实、理由为:

一、根据法定的提单性质识别

《海商法》第七十一条规定,提单,是指用以证明海上货物运输合同和货物已经由承运人接收或者装船,以及承运人保证据以交付货物的单证。提单中载明的向记名人交付货物,或者按照指示人的指示交付货物,或者向提单持有人交付货物的条款,构成承运人据以交付货物的保证。

即提单是承运人收到货物的收据,是交付货物的保证,是运输合同的证明。提单性质决定了货物装船后,如果承运人拒签提单,则无法依法凭证正本提单交付货物。同时,因货物结算方式是信用证,则信用证下通常要求的支付单据中包括正本提单,所以,如无正本提单,则无法满足办理信用证结汇的条件,即拒签提单的行为将影响国际贸易的正常履行。

二、根据我国的提单制度进行识别

根据我国《国际海运条例》第七条第二款的规定,能够作为承运人的前提是具备可以签发自己的提单或其他运输单证的资格与能力。即我国实行"承运人提单制度",即签发提单被认为是承运人的专属义务。而且,根据《海商法》第七十二条第二款的规定,提单由载货船长签发的,视为代表承运人签发。因此,提单签发人和承运人可视为同一人。而在本案中,当货装船之后,"FU LIN"轮船长便授权船代公司向某经贸公司签发了提单,某经贸公司因此也就提单记载内容进行了确认。此后,长天公司才指示船代公司不要放正本提单给某经贸公司。故在客观上,存在签发提单的事实。

三、根据所签提单记载的相关内容识别谁是承运人

通常情况下,提单中关于承运人的记载有三处:一是提单正面抬头印刷的承运人名称或标志;二是提单正面右下角的签章;三是提单背面"承运人识别条款"或"光租船条款",对第三种识别方式,包括我国在内,多数国家是不承认其效力的。

本案中先后出具了两份提单(样本):一份是船长授权船代公司签发并提交某经贸公司确认的 FL0701 提单(无批注),另一份是船代公司于上作批注的 FL0701 提单,二份提单记载内容一致为:

(1)提单的抬头均是:"承运人:某船务公司"。(2)承运人签字栏记载为:"代理人代表承运人:某船务公司签字"。(3)托运人是某经贸公司。

虽然本案中,承运人未曾出具正本提单,但船长授权签发提单以及实际出具了提单并某经贸公司确认提单内容的过程,均表明了某船务公司作为承运人履行签发提单行为的真实意思。由此可见,本案船舶所有人某船务公司作为承运人的身份应是明确的。

四、据本案实际履行运输事实识别谁是承运人

证据表明"FU LIN"轮的船舶所有人为某船务公司,因此,某船务公司亦是实际履行运输货物的人。

综上,某船务公司不仅实际上签发了提单而且履行了运输货物的义务。因此,其作为本案货物运输承运人的地位,是有充分事实与法律依据的。

五、排除船东与其代理之间的内部委托代理关系对于外部托运人确定谁是承运人的影响

某船务公司拒绝索赔的主要理由就是,其与长天之间存在租船合同,与索赔方之间无合同关系,因此,不对某经贸公司承担赔偿责任。因此,对于某经贸公司而言,若使自己的索赔主张成立,则其应当就某船务公司该主张是否有事实、法律依据,给予充分的论述。

事实上,长天船务有限公司(以下简称大连长天)是某船务公司的代理人还是承租人或是经营人,其身份于本质上对本案承运人的确定没有影响,因为:

如果是代理关系,则长天与某经贸公司的租船代理南通公司签署的恰租协议(FIXTURE NOTE),在长天接受某船务公司指令,指示船东代理人拒放提单时,某经贸公司可依据此恰租协议,选择长天或者某船务公司作为相对人主张其权利(《合同法》第四百零三条)。此时,某船务公司签发的提单是航次租船合同下的提单,其在某船务公司与某经贸公司之间只起到货物收据和提货凭证的作用,不具合同证明的功能。

如果长天与某船务公司是租船合同关系,或者是某船务公司的船舶经营人,此恰租协议则是约束某经贸公司与长天之间的航次租船合同,某船务公司签发的提单,使某经贸公司与某船务公司间又建立起提单运输合同关系。此时的提单具备提单的全部功能,即不仅是货物的收据和提货凭证,同时也是某船务公司与某经贸之间的货物运输合同的证明。

另从合同角度分析,如果长天是租船人,则其是运输合同的契约承运人,某船务公司是实际承运人;在此情况下,长天应当具备签发自己提单的能力。但实际上,无证据证明长天公司已经报备提单或者有签发提单的能力。

综上,长天的地位不影响某船务公司是本案货物运输的承运人的识别与确定。

【裁判结果】

一、二审判决[(2007)津海法初字第151号、(2009)津高民四终字第370号]均支持了上述代理意见的观点,判决某船务公司赔偿某经贸公司的各项损失。

法院认为,实践中判决承运人的主要依据是提单。本案中,长天公司委托代理签发承运人为某船务公司的提单，表明了某船务公司作为承运人的真实意思表示。并且事实上已经将提单样本交某经贸公司确认。此外，提单上记载的承运人是某船务公司，与长天的委托代理指示及船长的授权签单的意思一致。故，某船务公司是本案承运人的身份明确。因此，某船务公司与某经贸公司之间是海上货物运输合同关系。按照《海商法》第七十二条的规定，承运人负有按照托运人要求签发提单的义务。并且，海上货物运输是为配合贸易的顺利完成而进行的，因此，及时签发提单，亦是维护国际贸易正常运转的需要。

至于长天公司与某船务公司之间的关系，对于确定本案承运人无影响。因为，如果长天公司是租船人，其应当是本次货物运输的契约承运人，某船务公司是实际承运人。长天公司作为契约承运人便有义务签发自己报备的提单。实际上，据长天公司的书面委托指示，其明确自己是经营人而非承运人，并指示代理签发"承运人为某船务公司"的提单，无意承担作为承运人的义务。作为经营人，其指示船代公司不放提单给某经贸公司造成的后果，亦属于其与某船务公司之间的问题，可另案解决。故判决支持了某经贸公司的赔偿主张。

某船务公司不服一审判决提出上诉，但其上诉请求被依法驳回。

【案例评析】

一、承运人依法负有签发提单的义务

托运人依约安排货物出运并签订海上货物运输合同，目的在于履行对买家的交付货物的义务，同时，实现贸易货款的回收。而提单是实现这一目的的主要单证之一。故，托运人要求承运人签发提单，是合理要求。此外，依据我国《海商法》第七十二条的规定，承运人依法负有签发提单的法定义务。

二、承运人对因违反法定义务而导致的后果、损失，应负赔偿责任

承运人违反法定义务的行为，构成违约。因此，对给托运人造成的直接损失，给予赔偿，有法律依据。

三、对于承运人的识别，不仅仅只依据提单，还应当依据当事人各方的行为、意思表示、航运习惯，以及全部的事实信息，综合依法判断

在海上货物运输中，涉及的业务主体多、操作环节多，牵扯的关系也混杂，因此，识别承运人的问题一直以来是海事法司法实践中的一个难点。而如果不能识别正确的承运人，则对本案争议而言，即使损失是明确的，那么也会因缺失承担损失的主体，而无法实现损失的补偿。虽然提单是识别承运人的主要依据，但这是在提单正常签发的情况下，本案中提单并未真正签发、出具，因此，尚需结合各方当事人的行为、意思表示、航行习惯等全部综合情况，依法《海商法》及其他相关的法规判定谁是承运人。

36.某银行天津分行保理合同纠纷案

王殿禄 张 达*

【案例要旨】

本案属于涉及刑事、民事并存的案件。虽然某银行天津分行曾以相同诉讼标的、相同当事人、相同诉讼请求向一审法院提起过诉讼,一审法院经审查认为有经济犯罪嫌疑,已将案件全案移送公安机关进行侦查,但是一审法院在另案中,并未对当事人之间发生的争议进行民事案件的审理和判决,不构成重复诉讼。某油品公司涉嫌骗取贷款并不影响某物资公司承担民事责任。本案是因平等主体之间的财产关系发生纠纷而引起的民事案件,且未经人民法院实体审理和判决,依法应属于人民法院受理民事诉讼的范围。

【案情简介】

保理商某银行天津分行与债权人某油品公司签订了《国内保理业务合同》(有追索权的保理),合同约定债权人某油品公司将其对债务人某物资公司享有的未到期应收账款,转让给保理商某银行天津分行(保理商、债权人、债务人签订了《应收账款债权转让三方确认书》),并向保理商某银行天津分行申请保理融资,保理商某银行天津分行向某油品公司提供了融资款。

应收账款到期后,债务人某物资公司未向保理商某银行天津分行偿还应收账款,并且债权人某油品公司在融资款到期后亦未对该应收账款进行回购。故保理商某银行天津分行将债权人某油品公司、债务人某物资公司诉至人民法院,以《国内保理业务合同》为依据,要求二被告偿还上述款项。人民法院受理后,债务人某物资公司虽然认可《应收账款债权转让三方确认书》中盖章的真实性,但以该印章是债权人某油品公司骗印为由提出抗辩,并且在诉讼过程中,经债务人某物资公司举报,公安局经侦支队将债权人某油品公司作为犯罪嫌疑人涉嫌骗取银行贷款罪进行立案侦查。至此,人民法院裁定将该案移送,该案暂不审理并将诉讼费退还保

---

* 代理律师:王殿禄、张达,天津融汇律师事务所。案例来源:天津市高级人民法院裁判文书。

理商某银行天津分行。

而后，保理商某银行天津分行将债务人某物资公司诉至人民法院，以《应收账款债权转让三方确认书》为依据，要求债务人某物资公司偿还应收账款。受理法院以本案案外人某油品公司（债权人）涉嫌刑事案件已被移送，属于重复起诉为由，裁定驳回保理商某银行天津分行的起诉并将诉讼费再次退还保理商某银行天津分行。随即，保理商某银行天津分行向上一级人民法院提起上诉，经开庭审理，本案二审法院裁定撤销一审裁定，并由一审法院进行审理。

【代理意见】

一、本案不属于重复诉讼，人民法院应当依法对本案进行审理。

1. 根据《民事诉讼法》第一百一十九条规定，某银行天津分行与某物资公司是平等主体之间因财产关系发生纠纷而引起的民事案件，且未经人民法院实体审理和判决，属于人民法院受理和审理的民事诉讼的范围。

2. 公安机关对案外人某油品公司的刑事侦查结果不影响本案所涉合同纠纷案件的处理结果，本案不存在移送刑事侦查、中止审理、驳回起诉、重复起诉等相关情形，人民法院应当依法对本案进行实体审理。

（1）是案外人某油品公司一方实施的骗贷行为，还是由案外人某油品公司与某物资公司共同实施的骗贷行为，应当由公安机关进行侦查、甄别，不属于本案民事审理的范畴。

（2）本案是某银行天津分行基于债权转让要求某物资公司履行还款义务，与另案（裁定移送公安机关进行侦查）属于不同的法律关系、不同的案件当事人、不同的诉讼标的、不同的诉讼请求，不属于重复起诉。

（3）根据保理合同的约定，某银行天津分行有权选择由某物资公司偿还到期的应收账款。至于案外人某油品公司是否存在诈骗行为，不属于对某油品公司减免责任的情形，也不属于本案的审理范围。

二、案外人某油品公司将对某物资公司享有的债权已依法全部转让给某银行天津分行，并履行了通知义务，某银行天津分行对某物资公司依法享有到期债权，某物资公司应当依约向某银行天津分行支付到期的应收账款。

综上所述，请二审法院依法撤销一审法院作出的驳回起诉裁定，并指令一审法院对本案依法进行审理。

【裁判结果】

天津市高级人民法院裁判文书：二审法院裁定撤销一审法院民事裁定，指令本案由一审法院进行审理。

法院认为,虽然某银行天津分行曾以相同诉讼标的、相同当事人、相同诉讼请求在原审法院提起过诉讼,原审法院经审查认为有经济犯罪嫌疑,已将案件全案移送公安机关进行侦查,但是原审法院在另案中,并未对当事人之间发生的争议进行民事案件的审理和判决。本案是因平等主体之间的财产关系发生纠纷而引起的民事案件,且未经人民法院实体审理和判决,依法应属于人民法院受理民事诉讼的范围。某银行天津分行的起诉符合《民事诉讼法》第一百一十九条规定的受理条件,原审法院应予受理。

某油品公司涉嫌骗取贷款并不影响某物资公司承担民事责任。本案所涉确认书是否有效,某银行天津分行、某物资公司是否应承担相应民事责任以及承担民事责任的份额等,应通过实体审理依法认定和处理。原审法院以某银行天津分行的起诉属于重复诉讼为由裁定驳回起诉属适用法律错误,应予纠正。如果在审理过程中存在本案的处理结果须以刑事案件的处理结果为依据的情形,亦可中止诉讼。

综上,某银行天津分行关于本案属于人民法院受理民事诉讼的范围,应由原审法院进行审理的上诉主张,予以支持。

【案例评析】

一、如何确定保理合同纠纷的当事人诉讼地位的问题

1.仅以债权人为被告提起诉讼的

如果案件审理需要查明债权人与债务人之间是否存在基础合同关系、基础合同履行情况,以及债权转让是否通知债务人等事实的,则应当根据当事人的举证情况进行审查,必要时可以追加债务人作为第三人参加诉讼。如果保理商与债权人仅就保理合同的权利义务产生纠纷,与基础合同的签订和履行情况无关的,则可不追加债务人参加诉讼。

2.保理商仅以债务人为被告提起诉讼的

如果债务人就基础合同的签订、履行以及享有抗辩权、抵销权等提出抗辩的,则应当追加债权人作为第三人参加诉讼。如果债务人仅就是否收到债权转让通知提出异议的,则可以不追加债权人参加诉讼,仅需通知债权人以证人身份就相关事实予以说明。

结合本案,在第一次诉讼中,将债权人某油品公司、债务人某物资公司列为共同被告进行诉讼,要求债务人某物资公司偿还应收账款,对其不能偿还的部分要求债权人某油品公司进行回购。在第二次诉讼中,针对债务人某物资公司认可《应收账款债权转让三方确认书》中盖章真实性,并且鉴于债权人某油品公司可能无能力偿还融资款的事实,仅将债务人某物资公司列为被告,明确要求其承担偿还应收账款的责任。

二、债务人以应收账款转让协议效力提出抗辩的问题

本案中，债务人某物资公司虽然认可《应收账款债权转让三方确认书》中盖章真实性，但以其盖章是债权人某油品公司骗印、该协议所记载的内容不是真实存在为由而提出抗辩。

首先，《应收账款债权转让三方确认书》中明确记载了应收账款债权数额、还款期限以及基础合同、交付凭证、发票等内容。经保理商、债权人、债务人三方共同盖章确认后，《应收账款债权转让三方确认书》依法生效，根据《合同法》第八条的规定，债务人某物资公司应当对其盖章承担法律责任。

其次，根据《天津市高级人民法院关于审理保理合同纠纷案件若干问题的审判委员会纪要》的规定，债务人某物资公司已对转让应收账款内容盖章确认的，依据诚实信用原则，债务人某物资公司不应再对基础合同项下的应收账款持有异议。如果债务人某物资公司仅以应收账款不存在或者基础合同未履行为由提出抗辩的，法院不予支持。

最后，对于保理合同纠纷中，《应收账款债权转让三方确认书》中无论是债权人还是债务人的盖章，保理商都应当注意其真实性和合法性，确认《应收账款债权转让三方确认书》的合法性才是确保各方能够按照《国内保理业务合同》履行义务的前提。

三、关于“刑民交叉”是否必然导致先刑事后民事

本案中，人民法院以债权人某油品公司涉嫌刑事案件，第一次诉讼已被移送，第二次起诉属于重复起诉为由，裁定驳回保理商某银行的起诉。

1. 本案不属于重复起诉，属于人民法院应当受理和审理的案件

虽然在第一次诉讼中，人民法院已将案件全案移送公安机关进行侦查，但根据《民事诉讼法》第一百一十九条规定，保理商某银行天津分行与债务人某物资公司是平等主体之间因财产关系发生纠纷而引起的民事案件，且未经人民法院实体审理和判决，属于人民法院受理和审理的民事诉讼的范围，故人民法院应当予以受理。

2. 债权人某油品公司涉嫌刑事犯罪，并不当然影响民事案件的审理，不属于先刑后民的范畴，本案属于刑民交叉的刑民并行范畴

结合本案，公安局经侦支队对债权人某油品公司以涉嫌骗取银行贷款罪为由进行了刑事立案侦查，报案的主体是债务人某物资公司而非保理商某银行天津分行，按照骗取贷款罪的犯罪构成要件来看，被害主体应是保理商某银行天津分行，而保理商某银行天津分行在未穷尽司法救济手段以前，不能说保理商某银行天津分行的融资款已经被骗。并且，在债务人某物资公司向保理商某银行天津分行承担偿还应收账款责任以前，亦不能说债权人某油品公司损害了债务人某物资公司

的利益。

债权人某油品公司涉嫌骗取贷款罪的刑事犯罪与本案债权转让的民事诉讼是两个不同的法律关系,债权人某油品公司到底是涉嫌骗贷还是骗保(保理)是本案件的一个核心的关键问题。究其原因,是债权人某油品公司一方实施的骗贷行为,还是由债权人某油品公司与债务人某物资公司共同实施的骗贷行为,应当由公安机关进行侦查、甄别,不属于本案民事审理的范畴,也不属于应当"先刑后民"的范畴。

3.涉及刑事、民事并存的案件,法院不应当对案件盖然的适用"先刑后民"的原则,应当区分民事、刑事交叉部分的内在联系

保理商某银行天津分行基于《应收账款债权转让三方确认书》发放融资款,取得对被债务人某物资公司的到期债权,从其法律关系的整体来看,保理商某银行天津分行取得到期债权的方式不存在瑕疵;从其证据链的整体来看,保理商某银行天津分行取得债权的依据确实充分。截至目前,保理商某银行天津分行并不认为债权人某油品公司对其实施了诈骗行为,更谈不上涉嫌骗取贷款罪。债务人某物资公司偿还欠款的民事法律关系与债权人某油品公司涉嫌骗取银行贷款的刑事法律关系是两个平行的法律关系。只有在债务人某物资公司向保理商某银行天津分行履行了还款责任后,才有可能引起两个法律关系发生实质性的刑、民交叉,因而现阶段,人民法院对本案的民事审理并不依附于刑事案件结果。

37. 天津A公司变更公司登记纠纷案

刘革新　张　旭*

【案例要旨】

社会实际生活中,存在很多公司及其股东、实际控制人以挂名法定代表人的形式恶意逃避债务、规避法律责任的情形。对此,审判结果并不统一,有的驳回当事人诉请,有的直接不予受理,而本案无疑是公司自治在司法实践中的重要突破,具有典型意义。

同时,也建议立法部门、司法部门尽快研究并颁布具有针对性的法律及司法解释,以运用到司法审判实践,这样才能更好地维护社会经济秩序,完善立法体系,改善司法环境。

【案情简介】

天津A公司成立于2009年11月25日,股东为D公司,案外人尚某担任A公司法定代表人,龙某担任A公司监事。该公司章程第二十一条规定,公司董事长(执行董事或经理)为公司的法定代表人。2009年12月28日,原股东D公司将股权全部转让给案外人E公司。2010年6月7日,A公司召开董事会议、股东会议,会议表决通过由龙某担任公司董事长(法定代表人),任期为3年,任期届满,连选可以连任。同日,A公司就法定代表人变更为龙某向公司登记机关申请进行变更登记。2012年12月1日,E公司将其在A公司的股权全部转让给B公司。同日,A公司作出股东会决议,选举龙某为执行董事,任期3年,并聘任其为公司经理,同时决定由其作为公司法定代表人。

2014年2月13日,A公司与龙某签订劳动合同。合同期限约定为2014年1月26日至2016年1月25日,具体工作内容为财务经理。2015年5月18日,双方签订《解除劳动合同协议书》,决定解除于2014年2月13日签订的劳动合同。就劳动关

---

* 代理律师:刘革新、张旭,天津江岸律师事务所。案例来源:天津滨海新区人民法院裁判文书。供稿单位:天津江岸律师事务所,张旭。

系双方之间不存在任何法律诉求。同日,龙某与B公司的股东C公司签订劳动合同,合同期限约定为2015年5月18日至2016年5月17日,工作岗位约定为财务经理。2015年12月31日,C公司与龙某签订《解除劳动合同协议书》,由龙某提出,经双方协商一致同意解除劳动合同关系。龙某在该公司的最后工作日为2015年12月31日。后双方办理工作交接手续。

尽管D公司并非A、B、C三家公司的股东,却始终实际支配三家公司的经营决策行为,控制公司各种证照、印鉴。遂自2015年12月14日起,龙某多次通过电子邮件、电话、短信等方式与A、B、C、D四家公司的相关人员进行联系,请求变更A公司法定代表人。2016年9月27日,龙某作出法定代表人辞职报告,再次表示不愿担任A公司法定代表人,请公司尽快安排变更事宜,并于同日将该报告向D公司法定代表人郭某寄出。期间,因A公司多次涉诉,龙某作为法定代表人被相关法院多次通知到庭应诉及配合执行工作等。

龙某委托我所律师代理其向法院提起诉讼,请求A公司办理公司法定代表人工商变更登记,返还人名章,并由B、C、D三家公司予以配合。受诉法院以A公司作为一人有限公司,在明知龙某多次要求变更法定代表人,在执行董事任期3年届满的情况下,违反公司章程规定,怠于办理相关手续,且龙某对此问题已无其他救济途径为由,判决A公司限期办理法定代表人变更登记,如未按期变更,视为龙某不再担任该公司法定代表人。

【代理意见】

本案系请求变更公司登记纠纷,焦点问题为挂名法定代表人多次要求变更公司登记,而一人有限公司及其股东违反公司章程规定,怠于进行执行董事换届选举,规避法律责任、恶意侵权的情况下,能否进行司法干预判令限期变更公司登记。具体而言,包括:(1)挂名法定代表人是否符合公司法定代表人制度的法律内涵;(2)一人有限公司及其股东违反公司章程规定,怠于进行执行董事换届选举,以挂名法定代表人的形式规避法律责任、恶意侵权的行为是否应当受到法律制裁;(3)挂名法定代表人是否穷尽了全部自力救济途径。

一、龙某继续担任A公司的法定代表人已不符合公司法定代表人制度的法律内涵,同时其作为A公司执行董事的任期业已届满,应当依法予以变更。

依据《公司法》第十三条、《民法通则》第三十八条及《民法总则》第六十一条,公司法定代表人是依照法律或者公司章程的规定,经依法登记、对外代表公司行使职权、从事民事活动的负责人,应由董事长、执行董事或者经理担任。

结合本案证据,龙某于2012年2月24日由B公司指派为A公司的执行董事并担任法定代表人。但经龙某当庭确认,上述变更文件并非其本人亲笔签署。依据A

公司章程，执行董事的任期为3年，应于2015年2月23日届满。同时，龙某与A公司的劳动关系于2015年5月18日解除，与C公司的劳动关系于2015年12月31日解除。龙某办理离职交接后，与A公司及其股东再无任何劳动及管理关系，已无法对外代表公司行使职权、从事民事活动。

因此，龙某继续担任A公司的法定代表人已不符合公司法定代表人制度的法律内涵，同时，其执行董事的任期届满，应当按照A公司章程的规定进行换届选举并变更工商登记，而A公司及其股东无故拖延实属违法。

二、A公司及其股东怠于履行法定义务，无故拖延办理法定代表人变更登记的违法行为，已严重侵犯龙某合法权益。

如前所述，龙某既非A公司的股东，又未在A公司及其关联公司处任职、接受管理，也不实际控制、保管A公司的各种证照及印鉴，其法定代表人身份已虚有其表。A公司及其股东应当按照《公司法》及A公司章程的规定，进行执行董事的换届选举并办理法定代表人工商变更登记。

同时，依据查明的事实及相关证据，D公司符合《公司法》第二百一十六条关于公司实际控制人的规定，应认定为A公司的实际控制人，配合A公司及其股东办理变更登记。

但龙某穷尽全部自力救济途径后，A公司及其股东仍怠于履行法定义务，无故拖延办理变更登记，且A公司因拒不履行生效判决已被列为失信被执行人。根据相关法律规定，龙某的姓名权、名誉权已遭受侵害，其重新择业就职公司高管的职业发展也会受到影响。龙某若继续担任A公司的挂名法定代表人，执行法院可对其个人采取罚款、拘留、限制高消费等执行措施，工商、税务部门亦会联合开展惩治行动，追究其本不应当承担的法律责任，严重影响龙某的正常生活。

三、D公司规避法律责任、恶意侵权的违法行为，应受到法律制裁。

D公司作为A公司的实际控制人，在A公司多次涉诉甚至被法院强制执行时规避法律责任，放任A公司处于空有挂名法定代表人却无人应诉、无钱执行的违法状态，滥用公司法人独立地位，恶意侵害龙某合法权益、其他债权人合法权益乃至社会公共利益。其行为已违反《公司法》第五条规定的遵守社会公德、商业道德、诚实信用的基本原则，亦与《公司法》规范公司行为、保护公司债权人合法权益、维护社会经济秩序的立法目的相背。

因此，应当给予D公司以挂名法定代表人的形式逃避债务且恶意侵权的违法行为以法律制裁，使其承担起实际控制人的法律责任，同时也利于司法机关开展执行工作。

【裁判结果】

法院认为,依照法律或者法人组织章程规定,代表法人行使职权的负责人,是法人的法定代表人。公司法定代表人依照公司章程的规定,由董事长、执行董事或者经理担任,并依法登记。公司法定代表人变更,应当办理变更登记。本案中,龙某担任法定代表人的A公司章程规定,法定代表人由董事长、执行董事或经理担任。经A公司股东会决议,龙某作为公司执行董事,担任法定代表人,并在登记机关进行了相关的登记,对外代表公司行使职权。但A公司股东为B公司,龙某并未持有A公司任何股权。且,A公司2012年12月1日的公司章程修订后明确规定执行董事任期3年。至2015年12月1日,龙某作为A公司执行董事的任期已经届满,并未连选连任。另,2015年5月18日起,龙某与A公司之间的劳动关系解除。2015年12月31日,龙某与C公司的劳动关系解除。至此,龙某与A公司及A公司的关联公司之间均不存在劳动关系。后龙某明确提出不再担任A公司的法定代表人。故,龙某既非A公司股东,亦与之不再存在劳动关系,且执行董事任期届满未获连选连任,同时明确表示不再担任法定代表人的情况下,其已无法代表公司行使法定代表人的职权,亦不能对外代表A公司。同时,龙某因为担任法定代表人,在A公司涉诉案件中均被告知需要配合法院出庭应诉或配合执行工作,在实际上已经因为法定代表人身份的存在影响到其个人信誉、生活及工作。A公司作为一人有限公司,在明知龙某多次要求变更法定代表人,在执行董事任期3年届满的情况下,违反公司章程规定,怠于办理变更法定代表人的相关手续。在此情况下,法院考虑到龙某对此问题已无其他救济途径,故法院应当判令A公司限期办理法定代表人的变更登记手续。因公司变更登记本系A公司内部自治范围,龙某要求其他公司予以配合的主张,并无法律依据,法院不予支持。至于龙某要求返还人名章的主张,因无证据证实其人名章在何处由何人保管,故法院亦不予支持。

综上,受诉法院认为,龙某提出变更公司登记请求成立,予以支持。判决A公司限期办理法定代表人变更登记,如未按期变更,视为龙某不再担任该公司法定代表人。

【案例评析】

依据《公司法》第十三条的规定,法定代表人的任免系公司内部管理事务,应由公司根据法律及公司章程的规定来自主决定。同时,现代企业管理中,公司主要通过内部自治和自我调节机制来保持顺畅运作,而公司自治就要求尽量减少司法对公司治理的干预。

但在特殊情况下，当一人有限公司及其股东违反公司章程，怠于履行执行董事换届选举职责，规避法律责任、恶意侵权时，若挂名法定代表人已穷尽所有自力救济途径，则应当考虑进行必要的司法干预，以维护法律的公平公正。

38. 天津某物流公司与上海某进出口公司、上海某服饰公司货运代理合同纠纷案

韩 明*

【案例要旨】

货物电放与凭正本提单提货是承运人放货给提货人的两种方式。“电放”意味着货物控制权的交付,卖方电放提单后,相当于手里已经没有提单所代表的货物控制权,放货后收不到货款是该种贸易条件的固有风险。卖方电放了提单之后即便其买方真的没有付款,也是买方对贸易合同的违约,与货物运输无关。

【案情简介】

2014年12月24日,上海某进出口公司、上海某服饰公司签订协议,协议约定上海某服饰公司委托上海某进出口公司向其指定的国外客商代理出口其生产的纺织商品。代理工作包括对外签约、出口报关、制单结汇。

2015年2~4月,香港G公司以美国K公司代理的名义与上海某进出口公司签订五份贸易合同,美国K公司作为买方在合同上签章。货物为某型号服装,贸易方式FOB。

韩国T公司委托天津某物流公司办理自中国至美国LAX/LGB的订舱,并告知关于订舱具体事项联系香港G公司。同时,香港G公司联系天津某物流公司,下达订舱委托,委托内容为“托运人为上海某进出口公司、收货人为美国K公司、货物为某型号服装、装运港为新港、目的港为LAX”。随后,上海某服饰公司向天津某物流公司提交了装船委托书,内容同香港G公司的委托内容。天津某物流公司遂向船公司订舱,船公司向天津某物流公司出具了船公司主提单,载明“托运人为天津某物流公司、收货人为美国C物流公司(天津某物流公司的美国代理)、货运代理人为天津某物流公司”。在该主单基础上,套发了两层分提单,第一层分提单为美国C物流公司提单,载明“托运人为天津某物流公司、收货人为美国S物流公司”;第

* 代理律师:韩明,天津佑航律师事务所。案例来源:天津海事法院裁判文书。

二层分提单为美国 S 物流公司提单，载明"托运人为上海某进出口公司、收货人为美国 K 公司"。天津某物流公司将第二层分提单提供给上海某服饰公司进行确认，经确认后，按照上海某服饰公司的指令进行电放。按照上述模式，共进行了五票运输。

2016 年 6 月，上海两公司以美国 K 公司未收到过上述货物拒绝向其付款，中国进出口信用保险公司经调查确认货物被美国 E 公司提走，遂以美国 K 公司未提取货物，不负有付款义务为由拒绝赔付。上海两公司遂向天津海事法院提起诉讼，请求判令天津某物流公司赔偿其损失 443,565.37 美元(折合人民币 2,883,100 元)并由天津某物流公司承担诉讼费。

被告天津某物流公司委托我所律师代理此案。天津海事法院认为，原告上海某进出口公司与被告天津某物流公司不具有货运代理合同关系；原告上海某服饰公司与被告天津某物流公司具有货运代理合同关系，但货运代理范围仅是装运港的装船、报关等作业，提单承运人放货与被告无关，被告不应对两原告货款损失承担赔偿责任。判决驳回两原告的全部诉讼请求并由其承担本案的受理费。

【代理意见】

本案系货运代理合同纠纷，我们围绕本案的诉讼程序与实体权利义务两方面发表以下代理意见。

一、从诉讼程序上讲

本案两个原告基于同一的法律事实向被告提出同一的诉讼请求的前提是两个原告之间存在共同关系或连带关系，否则被告不可能因为同一个法律事实而与两个原告形成一个法律关系，必有一个原告与被告之间不存在法律上的权利义务关系，与本案不具有直接的利害关系，不符合我国民事诉讼法所规定的原告主体适格条件。

我们认为，原告上海某进出口公司系原告上海某服饰公司的出口代理人，其处理代理事项的权利义务后果均由原告上海某服饰公司承担，故原告上海某进出口公司与本案并无直接利害关系，不具备原告主体资格。

二、从实体权利义务上讲

被告完成了原告所委托的全部货运代理作业并且在履行过程中不存在任何过错和违约行为，原告的诉讼请求系基于对原被告之间法律关系的故意歪曲或误读，依法应予全部驳回，理由如下：

1. 原告在以 FOB 贸易条件出口货物的情况下，原被告之间及原被告与相关案外人之间形成如下的法律关系：

(1)原告与美国 K 公司之间存在买卖合同关系，依据该买卖合同关系，美国 K

公司应自行或通过其货运代理公司租船订舱并将承运人信息通知原告，原告应自行或通过货运代理公司将货物装上承运船舶，即货物越过船舷之前的装船作业，包括报关报检、提空、装箱、还重、集港、装船、报文等一系列作业。

(2)美国K公司作为契约托运人、原告作为实际托运人均与美国G公司存在国际货物运输合同关系。美国K公司、原告均可以作为托运人向承运人美国G公司主张托运人的权利。承运人系买卖双方的选择，而非被告的选择，被告也未对买卖双方选择承运人施加过任何影响。

(3)美国K公司系通过美国S公司作为货运代理人安排国际货物运输。美国S公司通过韩国T公司委托被告代理订船订舱，即被告与美国S公司存在间接的订舱代理法律关系，该代理法律关系与原告无关，不因该代理法律关系的存在而向原告负有任何法律责任和义务。

(4)原告依据与美国K公司买卖合同的约定，负有将货物装上船舶的义务，原告没有自行装船，而是委托被告将货物在装运港装上承运船舶，即原被告之间存在装货港的货运代理关系，被告系货运代理人。被告向原告提供的是装货港货运代理服务，而不是应由承运人向原告提供的全部航程以及在目的港的管货义务，目的港的放货与被告无关。

2. 被告完成了在上述法律关系中所应履行的全部义务并且没有任何过错和违约行为。即便发生了货物损失，也是承运人违反运输合同所造成的损失，而非被告违反货运代理合同所造成的损失。

(1)被告不参与买卖合同关系，不承担指定或选择承运人的任何义务，对买卖合同当事人选择承运人或货运代理人也没有任何影响力。

(2)被告既不是承运人，也不是实际承运人，不承担任何承运人的责任。

(3)被告在向原告提供装货港货运代理服务过程中，也不存在任何过错，完成了装货港的系列货代作业，向原告交付了从事货运代理事务所取得的单证，原告均给予认可，从未提出过任何异议。

故，即便原告诉称的货物在目的港被他人提取的事宜属实，也与被告无关，美国K公司应依据提单所能证明的运输合同向承运人主张违约责任或向提取货物的人主张侵权责任。

3. 美国K公司拒向原告付款与货物被他人提取没有必然关系，在FOB买卖中，原告将货物装上承运船舶并将记名提单电放后相当于交付了正本提单，完成了交付货物的义务，美国K公司就应支付相应的货款，原告收取货款的权利并不因此而减损。

4. 即便按照原告对法律关系的错误理解，原告的诉求与其陈述的事实也存在逻辑的矛盾，不应该得到支持。

原告在诉状中称，被告为美国K公司指定的货运代理公司，货物出运后，美国K公司以未收到过上述货物为由拒绝向原告付款。如果诚如原告所述，其将货物交付给被告，而被告又系美国K公司指定的货运代理人，那么将货物交付给被告就意味着将货物交付给了美国K公司。在该种情形下，如果美国K公司拒绝向原告付款，原告应以美国K公司为被告起诉。至于美国K公司指定的货运代理人收货后没有将货物交付给美国K公司，则应由美国K公司另行起诉其指定的货运代理人。

故，原告的诉讼请求缺乏事实根据与法律依据，应予全部驳回。

【裁判结果】

判决驳回原告全部诉讼请求，并由原告承担本案受理费。

法院认为，本案的争议焦点有二：一是两原告与被告之间的法律关系；二是被告是否应当承担赔偿责任。

就第一个争议焦点问题，法院认为：两原告上海某进出口公司、上海某服饰公司签订协议，约定上海某服饰公司委托上海某进出口公司代理出口其生产的纺织商品。上海某服饰公司职员向被告出具出口货物委托书，委托被告进行报关及货物集港，并支付相关费用。提单上记载的托运人虽为上海某进出口公司，但不能作为货运代理合同的证明。因此上海某服饰公司与被告之间具有货运代理合同关系，上海某服饰公司作为委托人，被告为货运代理人。上海某进出口公司与被告不具有货运代理合同关系。

就第二个争议焦点问题，法院认为：首先，上海某服饰公司与被告之间具有货运代理合同关系，但被告仅负责报关及货物装船，货物已运至目的港，被告职责已履行完毕。因此被告不应承担赔偿责任。两原告主张被告对货物交付错误承担赔偿责任，被告是基于韩国T公司代表的香港G公司委托进行订舱，被告交付的提单虽为未在我国交通部备案的无船承运人提单，但其既不是提单上提单签发人也不是其代理人，被告谨慎选择承运人的义务是对其委托人，而二原告并不是订舱的委托人，与被告不具有委托关系，因此被告不应承担承运人选任不当的责任。

其次，两原告具有诉权的基础为由于收货人美国K公司未收到货物从而造成其货款损失。而结合两原告供述及邮件证据均表明美国K公司从未对未收取货物进行主张，原告上海某进出口公司也一直与美国K公司代表的香港G公司进行洽谈货物经检验出现的质量问题，并收取了案外人T公司支付的部分货款。上述情况表明两原告未收取货款属于贸易环节原因。原告采用FOB贸易方式，同时电放记名提单，其已丧失货物控制权，未收取货款的损失属于国际贸易风险，和承运人的交付不存在因果关系，而被告作为货运代理人事实上也无法对承运人交付货物具有控制权。因此被告不应承担赔偿责任。

综上所述,法院认为,原告上海某服饰公司与被告具有货运代理合同关系,原告上海某进出口公司与被告不具有货运代理合同关系。被告不应对两原告货款损失承担赔偿责任。故驳回原告全部诉讼请求。

【案例评析】

一、对国际贸易术语 FOB 的理解

《国际贸易术语解释通则》FOB 条款是指"卖方在指定的装运港,将货物交至买方指定的船只上,或者指(中间销售商)设法获取这样交付的货物。一旦装船,买方将承担货物灭失或损坏造成的所有风险"。FOB 规则 A3 规定"卖方没有义务为买方订立运输合同"、FOB 规则 B3 规定"买方自己付费,必须签订从指定装运港运输货物的合同"。因此,在本案中,原告作为卖方,根本没有办理货物运输的义务,也就不可能委托被告办理国际货物运输。所以,原告委托被告作业的范围只不过在装运港将货物装上买方指定的运载船舶。

FOB 规则 B7 规定"买方必须给与卖方有关船名、装船点、以及需要时在约定期限内所选择的交货时间的充分通知"。因此,原告理应对其买方所选择的承运人或货运代理人有所了解并据此对提单予以确认。在本案中,被告在将货物装上运载船舶后,均及时将在作业过程中取得的提单交付给原告并根据原告的要求与运输委托人沟通修改,最终获得原告的确认。原告对该提单的确认即可以证明提单上的承运人、货运代理人系其国外买方所指定,也就是说被告已经将货物交付给原告买方所制定的承运人或货运代理人并将相关货运文件交付给了原告,完成了委托作业。

通过对国际贸易术语 FOB 的上述理解,本案中被告将货物装上了原告买方指定的船舶,并将办理受托作业过程中取得的货运文件交付给原告并获得原告的最终确认,完成了全部受托作业并交付了作业成果,没有任何违约情形。

二、对电放提单的理解

依据《最高人民法院关于审理海上货运代理纠纷案件若干问题的规定》第十二条的规定,货运代理企业接受未在我国交通主管部门办理提单登记的无船承运业务经营者的委托签发提单,当事人主张由货运代理企业和无船承运业务经营者对提单项下的损失承担连带责任的,人民法院应予支持。但这里的"提单"是指我国海商法意义上的提单,即《海商法》第七十一条所规定的提单"是指用以证明海上货物运输合同和货物已经由承运人接收或者装船,以及承运人保证据以交付货物的单证。提单中载明的向记名人交付货物,或者按照指示人的指示交付货物,或者向提单持有人交付货物的条款,构成承运人据以交付货物的保证"。

"电放提单"尤其是标注"SURRENDERED"的电放提单并非提单,不是承运人

保证据以交付货物的单证。“电放提单”仅具有货物收据和运输合同证明的作用,除此之外不产生其他的提单法律关系。电放是取代“正本”的交付方式,完全是买卖双方的相互信任。“电放”意味着货物控制权的交付,原告电放提单后,相当于手里已经没有提单所代表的货物控制权,仅能通过运输合同本身去主张合同上的权利,而不能通过“提单”去主张提单上的权利。

案涉货物的出口采用 FOB 方式,付款采用 90 天信用付款,放货方式采用电放而非凭正本提单提货,放货后收不到货款是该种贸易条件的固有风险。

货物电放与凭正本提单提货是承运人放货给提货人的两种方式。电放提单与交付正本提单是一样的法律后果,即转移提单项下的物权。本案的提单均经原告确认,原告电放提单并将电放通知提供给其买方意味着原告已经将提单项下的货物交付给了买方,买方即便提取不到货物,买方也只能向提单上的承运人主张权利,更何况在 FOB 条件下,承运人还是买方选定的。

本案中,原告已经电放了提单,也即向买方交付了货物,即便其买方真的没有付款,也是对贸易合同的违约,与货物运输无关。

随着国际贸易的发展和改革开放政策的不断深化,国际货运代理行业在中国蓬勃发展,在经济发展尤其是对外贸易运输领域起着十分重要的作用。但对货运代理合同并没有统一、专门的法律规定,致使实务界与海事司法中对很多问题存在不同的认知。

不同的贸易术语表明买卖双方各自承担不同的责任、费用和风险。在货代合同纠纷案件的处理过程中,加深对常用国际贸易术语的理解,可以更加清晰地进行责任划分。同时也提示,在对外贸易 FOB 条件下国内外贸公司贸然接受不熟悉的货代提单特别是国外货运代理公司签发的货代提单存在相当大的法律风险。因此,建议国内外贸公司谨慎考虑选择 FOB 价格条件,在接受不熟悉的货代提单特别是国外货运代理公司签发的货代提单之前最好先行对货运代理公司是否在交通部办理了无船承运业务许可手续进行核实。

39. 任某等三人与蒋某股权转让合同纠纷案

赵 宇*

【案例要旨】

本案因投资项目而产生了股权转让。在合作后期,为了项目实施的顺利,双方由最初工程项目合作关系转化为收购公司股权关系,不再是普通商业合作关系。先前的项目合作合同和之后的股权转让合同之间并无承接关系,合同的订立均系双方真实意思表示,亦不存在显失公平的情况,被告未按时支付股权价款,应当承担违约责任(支付本金和相应的利息)。

【案情简介】

原告任某、周某、张某系重庆某房地产开发有限公司(以下简称某公司,注册公司,注册资金2000万元)的股东,持股比例为:任某80%、张某10%、周某10%。

2014年12月22日,被告蒋某与原告任某、周某分别签订《股权转让协议》,约定原告任某将自己在某公司75%的股权以人民币1500万元的价格转让给被告蒋某,原告周某将自己在某公司5%的股权以100万元的价格转让给被告蒋某。

同日,被告蒋某向原告三人亲笔书写《欠条》一张,该欠条载明:"今欠到重庆某房地产开发有限公司股东任某、张某、周某股权转让金1600万元"。

2014年12月24日,原告任某、张某、周某协助被告蒋某在重庆市南川区工商局办理了股权变更登记手续,某公司股东股权比例变更为任某5%、张某10%、周某5%、蒋某80%。

但上述股权转让款被告蒋某至今未付。

2015年11月初,原告任某、周某、张某委托天津瀛略律师事务所代理本案,由赵宇律师具体承办。

---

* 代理律师:赵宇,天津瀛略律师事务所,天津律师协会知识产权专业委员会委员。案例来源:重庆南川区人民法院(2015)南川法民初字第05703号民事判决书。供稿单位:天津律师协会中小企业法律服务专业委员会,赵宇。

原告任某、周某、张某三人于2015年12月2日在重庆市南川区人民法院提起诉讼,请求法院依法判令:

一、被告蒋某向原告支付股权转让金1600万元;

二、被告蒋某承担拖欠上述股权转让金的利息,从2014年12月22日起按银行同期贷款利率计付利息至付清该款时止;

三、诉讼费由被告承担。

被告蒋某辩称,2014年10月29日,被告蒋某与三原告就重庆市南川区滨河游园(粮食局片区)旧城改造项目的股权转让事宜达成协商,由某公司与被告蒋某签订了《重庆市南川区滨河游园(粮食局片区)旧城改造股权转让协议》(以下简称《旧城改造合同》)。按照协议约定,双方是以某公司所有的重庆市南川区滨河游园(粮食局片区)旧城改造项目的股权进行转让。2014年12月22日,原、被告在重庆市南川区工商局办理股权变更登记时,按照工商局的格式要求,被告与原告任某、周某签订了《股权转让协议》,并按工商局完善资料的要求临时书写了《欠条》。后因原告方至今未能完成重庆市南川区滨河游园(粮食局片区)旧城改造项目中标事宜,一直未能与重庆市南川区城市建设投资有限公司签订该项目的合同。某公司是为了重庆市南川区滨河游园(粮食局片区)旧城改造项目而成立,被告当初有意收购其股份也是因为该项目,而今该项目未中标,某公司的股权根本毫无价值,原告要求被告支付转让金显失公平。原、被告之间是投资项目而产生的股权转让,是普通商业合作关系,请求驳回原告的诉讼请求。

原告代理律师接到委托后,经过研究案情,发现本案的背后确实有项目合作的影子,但是后期为了项目实施的顺利,由最初工程项目合作关系转化为收购公司股权关系,所以原告律师认为案由为股权转让合同的欠款纠纷,这样对原告的举证较为适宜。

【代理意见】

经过前面案情分析,原告律师觉得本案的关键点,在于厘清纠纷的主线,到底是工程项目合作纠纷?还是拖欠股权转让款的纠纷?在工程项目合作之间曲折复杂、证据杂乱,公司股权转让合同违约却清晰明了,对原告方有利。在这样的思路下,原告律师完成主要代理意见如下:

本应对方案是针对蒋某2016年2月21日提交的情况说明及答辩状(含证据)作出的,具体如下:

一、关于本案是否存在欠款关系及欠款的法律事实,以及被告新提交的《旧城改造合同》证据的采信问题。

(一)是否存在欠款关系及欠款的法律事实

原告依据己方的证据来论述是否存在合法法律关系及法律事实。

1. 份股权转让合同清楚明白地记载了1600万元对价购买80%公司股权的法律事实(任某转让75%股权,蒋某支付1500万元对价;周某转让5%股权,蒋某支付100万元对价)。合同双方签字盖章,合同已经依法生效。

2. 同时原告方按照合同约定,转让80%股权已经在南川工商局核准且备案,被告已经取得80%股权,成为名副其实的公司大股东。

3. 被告未在股权合同的签订当日履行付款义务,所以,亲自手书"欠款1600万元"欠条一张,证明其拖欠股权转让价的事实,并表明了愿意。

4. 此外,公司股东会已经选举被告蒋某为公司经理(见公司股东会决议)。

从上述四点来说,本案的拖欠股权转让金1600万元,不是只有一份"欠条"的孤证,而是从股权合同、工商局核准变更通知书、欠条、股东会决议等证据形成证据链,证明了本案争议事项具有事实基础和合法的法律关系,蒋某应当依据法律规定支付拖欠的股权金。

(二)关于被告新提交的《旧城改造合同》证据的采信

1. 从程序上,原告2015年12月4日提起诉讼,相关诉讼材料依法送达到被告方,截至2016年11月8日(第一次开庭时间),被告均未提交任何证据,我们要求法院对被告在举证期限内不依法举证进行核实,如无法定理由,《旧城改造合同》因为不是新证据而在举证期限内未提交,我们不予质证,且法院应当对被告故意拖延举证、影响诉讼的正常进行给予处理。

2. 退一步讲,即使法院接受《旧城改造合同》,我们认为,该合同和本案没有关联性,且对本案没有证明力,故要求法院不予采信。原因如下:

(1)合同主体不同。

本案是任某等三人诉蒋某的股权转让合同纠纷案,争议主体是:任某等三人和蒋某,一共四人,《旧城改造合同》的主体是蒋某和重庆某地产公司,虽然在《旧城改造合同》后面有任某等三人的签字,但是该三人不是作为合同主体出现的,该三人为某公司的股东,是作为见证人和知悉人身份出现。

(2)合同标的和待证事实不同。

本案是股权转让合同,标的涉及的是80%公司股份和对价1600万元;而《旧城改造合同》约定某公司的一个具体项目。即粮食局地块项目,蒋某原意分2期向项目投资6000万元,并取得旧城改造项目的80%份额。很明显,合同标的和待证事实不同。

(3)合同签订时间不同,没有承接关系。

《旧城改造合同》是某公司与蒋某签订于2014年10月29日,本案的《股权转让合同》是任某等三人和蒋某签订于2014年12月22日,一个在前,一个在后。两个合同完全没有法律上的承接关系。

法条依据:《最高人民法院关于适用〈中华人民共和国民事诉讼法〉的解释》(法释〔2015〕5号)

第一百零四条　人民法院应当组织当事人围绕证据的真实性、合法性以及与待证事实的关联性进行质证,并针对证据有无证明力和证明力大小进行说明和辩论。

能够反映案件真实情况、与待证事实相关联、来源和形式符合法律规定的证据,应当作为认定案件事实的根据。

第一百零五条　人民法院应当按照法定程序,全面、客观地审核证据,依照法律规定,运用逻辑推理和日常生活经验法则,对证据有无证明力和证明力大小进行判断,并公开判断的理由和结果。

二、关于被告辩称本案《股权转让协议》是工商局要求的版本,临时书写,不是被告的真实意愿,因此无效。

我方认为,本案的《股权转让协议》是合同双方协商一致且自愿签订的,至于版本等形式问题并不存在法定无效条件,所以该协议合法有效。

1. 按照相关法律规定,合同可以书面或口头形式,因为股权转让行为为重大、双务法律行为,工商局提出建议版本,这也是形式问题,里面的实质条款问题,合同双方也可以详细约定,甚至以附件形式加以补充,现在被告以合同为工商局版本提出抗辩,没有法律依据。

2. 退一步说,即使被告认定工商局版本有瑕疵,为什么被告不主张再订立备忘录等附属文件给予完善,而且,被告在后期也自愿书写“欠条”且在公司股东会决议上认可被选为公司经理。所以说被告以其后续一连串实际行动表明,其是同意和认可股权转让协议的,现在提出因为是工商局版本而推翻协议,违反诚信的民法帝王原则,不应当得到支持。

三、关于被告提交的《旧城改造合同》及30万元履约诚意金和本案没有关联性。

1.《旧城改造合同》是某公司与蒋某签订于2014年10月29日,30万元诚意金是某公司10月30日出具收据,蒋某于10月31日银行支付到账的,从时间点上看,这30万元是担保《旧城改造合同》的。

2. 本案的《股权转让合同》是任某等三人和蒋某签订于2014年12月22日,试问一下,被告提前50天为一个不知未来能否发生的合同,就支付履约诚意金30万元,这太违背常理,也不合商业交往的惯例。

3. 30万元诚意金的收据加盖了某公司的财务专用章,证明收款主体是某公司,这也验证了蒋某和某公司的项目合作关系,这30万元是因为《旧城改造合同》产生的,和本案的《股权转让合同》没有关联性。

4. 综上这30万元只与《旧城改造合同》有关系,本案解决的是股权转让事宜,所以关于30万元的争议,被告可以另案起诉。

四、关于被告认为"旧城改造项目失败,造成公司资产价值贬低,以1600万元购买80%某公司股权"属于显失公平的问题。

我方认为:公司资产和公司股权价值是不同的概念,而且从合同签订时看,本协议不存在显失公平条款,具体理由如下:

1. 公司资产(价值)和公司股权(价值)是不同的概念。公司资产包括实物资产、项目前景、品牌价值和团队价值,这是一个特定时间点的综合因素的评价指标,正如一个特定时间点的股票价格,不好确定真正的实际价值,真正确定的方式就是"该时间点的市场价值",也就是说,买方愿意在合同签订时支付的价格就是"市场价值"。

2. 公司股权(价值),是基于双方当事人的合意,以股权转让合同为载体,合同当事人自愿以市场对价购买一定数量的公司股份而形成的股份转让款,这是市场价值的体现,是合同双方的合意的结果。简单一句,公司股份转让款是市场定价、并被双方认可的结果。

3. 蒋某以1600万元购买公司80%股份(该合同签订于2014年12月22日),本来就是蒋某看重某公司的综合运行情况和发展前景,只有认可某公司的商业价值和实际资产,蒋某才愿意支付市价购买。一个拥有南川热门地段项目的房地产公司,它的价值如何评估和计算,蒋某作为资深房产界人士(从业20余年),应该是很清楚的。这是他自己意愿表达的结果,也是合同契约自由的体现。

试问一句,股票的最初发行价格、市场最高价值和市场最低价值三者肯定不同,股民怎么来确定,买到的价格大家喜欢?买高了是否都可以以不公平来主张不履行?

所以,蒋某依据答辩时(2016年2月)的公司资产对股权价值的判断,来评判合同签订时(2014年12月22日)的公司资产对股权价值的差异,认为显失公平,没有合同法律依据,也违背民法基本原理,不应当得到支持。

法条依据:《合同法》

第五十四条　下列合同,当事人一方有权请求人民法院或者仲裁机构变更或者撤销:

(一)因重大误解订立的;

(二)在订立合同时显失公平的。

一方以欺诈、胁迫的手段或者乘人之危,使对方在违背真实意思的情况下订立的合同,受损害方有权请求人民法院或者仲裁机构变更或者撤销。

当事人请求变更的,人民法院或者仲裁机构不得撤销。

五、关于被告辩称本案的起因是《项目改造合同》涉及的项目合作失败造成的，不属于股权转让款纠纷。

我方认为：股权转让合同关系确实存在，与本案涉及的法律关系不同，《旧城改造合同》和本案无关，不能并案处理。

1. 从前面的第三点回复，本案的《股权转让协议》和与《旧城改造合同》根本就不同，不管是合同主体还是合同时间都不同，合同内容上也无承接关系。完全是另外一个民事诉讼的案由。

2. 如果被告以《旧城改造合同》提起诉讼，我们认为和本案不是同一法律关系，不能构成本案的反诉，只能另案起诉。

（1）反诉的三个要素为：相同的法律关系、诉讼请求之间具有因果关系或者反诉与本诉的诉讼请求基于相同事实。

本案的法律关系是：原告三人出卖80%股份给蒋某，蒋某同意以1600万元购买，后原告三人履行完毕，但是蒋某一直未支付股份转让金。

而《旧城改造合同》的法律关系是，某公司有一个粮食局地块项目，蒋某愿意投资该项目，在约定项目的一些前提条件后，蒋某愿意分2期向项目投资6000万元，取得项目的80%份额。

所以经过上述分析，一个是股权转让款未支付纠纷，另一个是项目合作纠纷，两个根本不是相同法律关系。

（2）反诉的主体要求为：反诉的当事人应当限于本诉的当事人的范围。

本案是任某等三人诉蒋某股权转让合同纠纷，当事人是四个自然人；《旧城改造合同》的主体是蒋某和重庆某地产公司，一个自然人和一个法人。所以说当事人根本不同。

综上，蒋某以《旧城改造合同》在本案中提出反诉，按照法律规定，不构成反诉，蒋某可以另案起诉之。

【裁判结果】

重庆南川区人民法院（2015）南川法民初字第05703号民事判决书：

一、由被告蒋某在本判决生效后立即给付原告任某、张某、周某股权转让款共计1600万元，并从2014年12月22日起按中国人民银行同期贷款利率计付利息至付清该款时止。

二、驳回原告的其他诉讼请求。

如果未按本判决指定的期间履行给付金钱义务，应当按照《中华人民共和国民事诉讼法》第二百五十三条之规定，加倍支付迟延履行期间的债务利息。

法院认为，被告蒋某与某公司虽就重庆市南川区滨河游园（粮食局片区）旧城改造项目签订了股权转让协议,但该协议在履行过程中被告蒋某明知双方约定的项目并未中标,被告也未按照该协议约定的出资时间和金额进行履行,而之后被告另行与原告任某、周某签订股权转让协议,办理了相关股权变更登记,并基于原告任某向其转让股权中有20%属于原告张某而向原告任某、周某、张某三人出具了欠条。被告称与原告任某、周某签订股权转让协议及出具欠条是工商局要求的,被告作为从事房地产建筑行业20余年的专业人士,应当知道签订股权转让协议、办理股权变更登记、出具欠条的法律后果,对于被告的该辩解,法院不予采信。某公司注册资金为2000万元,现被告蒋某已实际拥有其80%的股权即1600万元,不存在显失公平的问题,对被告提出的某公司的股权根本毫无价值,原告要求被告支付转让金显失公平的辩解,法院不予采纳。三原告主张要求被告支付股权转让金1600万元,符合双方约定和法律规定,法院依法予以支持。被告向原告出具欠条之日就是应当向原告付款之日,因此,对于原告要求被告从2014年12月22日起按中国人民银行同期贷款利率计付利息至付清该款时止的主张,符合法律规定,予以支持;对原告要求按照中国人民银行同期贷款利率上浮30%计付利息的主张,于法无据,不予支持。

【案例评析】

作为原告方代理律师,在本案处理中,首先是根据案情,梳理几大关键疑惑点:第一,如何将《旧城改造合同》和《股权转让协议》分两个不同阶段?并彻底断开;第二,再将《股权转让协议》的履行情况全面梳理,找出有力证据;第三,论述《股权转让协议》价款公平合理,并无显失公平的情况。本案以"厘清矛盾主线、主张付款逾期"思路取得成功,其间以下几点启示。

一、案情分析需要细致详尽,尽量理出有利主线

本案的产生,其实曲折多变,原告三人发起成立某公司,但是开发中感觉资金不足,于是找被告合作,某公司和被告签订有《旧城改造合同》,约定由被告分3期投入约1亿元的人民币到该项目。但是被告仅仅投入30万元后无动静,后项目处于中止阶段。此时原告三人和被告约定,被告付款购买股份,直接成为大股东,直接操盘。但此协议被告也未履行,故起纠纷。

原告律师接到此案时,发现确实资料繁多,过程曲折。按说前面的《旧城改造合同》协议中,被告违约,违约金加赔偿金大约3000余万元,但是合同约定的履行条件存在很多盲点,最后造成《旧城改造合同》的履行不畅,分析原因太多了,有被告的,也有原告的,还有发包方(政府城投公司)的,所以如果走《旧城改造合同》的违约之诉,原告的证据力度有限,存在较大的败诉风险。

所以代理律师将目光转向了后面的《股权转让协议》上,并且框定相关证据。

具体的有:(1)蒋某和任某的《股权转让协议》;(2)蒋某和周某的《股权转让协议》;(3)某公司股东会决议(有关蒋某被选举为公司经理);(4)蒋某出具的关于1600万元的欠条复印件;(5)某公司最新的股权结构信息表。经过前面的证据分析,原告律师将本案设定为一个股权转让合同纠纷,诉被告未按时支付的股权价款,要求承担违约责任(支付本金和相应的利息),同时准备上述证明股权转让的事实,及原告方已经依约履行完成的相关证据。

二、灵活运用证据和法理,成功隔离《旧城改造合同》

在本案中,其实沿时间轴先后发生了《旧城改造合同》和《股权转让协议》两个合同,这两个合同有一些藕断丝连的联系,被告认为,《旧城改造合同》是事实的本质,而《股权转让协议》是为完成的工商局的要求,不是真实的。按照被告的思路,只要把《旧城改造合同》这样拉进来,不但案情变得异常复杂,而且对原告的履行合同的举证能力提出很高的要求,不但有可能查不清,而且原告会因为举证不利而失败。

所以,针对这一问题,原告的主要工作就是建立防火墙——通过证据的相关性的法律依据来论述《旧城改造合同》和本案无关,不应当得到采信。其中论述要点在于:(1)合同主体不同;(2)合同标的和待证事实不同;(3)合同签订时间不同,没有承接关系。

通过上面的阐述,法院认可《旧城改造合同》的真实性,但是又认为确实当事人合意发生变化,即决意以收购股权的形式又重新达成《股权转让协议》。最后成功实现将《旧城改造合同》和本案相隔离的目标,法院完全采纳《股权转让协议》的相关事实作为本案的法律事实,最终以《股权转让协议》逾期付款的违约之诉案由判决原告方胜诉。

40. 甲金融租赁公司与乙公司等融资租赁合同纠纷案

张泽军　李颖娟*

【案例要旨】

甲金融租赁公司与乙公司签订《融资租赁合同》,丙公司、关某提供连带保证。经多次催收乙公司仍到期未支付第8期租金,也未按照约定补足租赁保证金,甲金融租赁公司向人民法院起诉,因甲乙双方成立融资租赁合同真实、合法、有效,而非被告乙公司所主张该合同系抵押借款合同是以合法形式掩盖非法目的。故,法院判决甲金融租赁公司胜诉,乙公司应当按照合同约定支付未补足租赁保证金违约金及未付租金违约金。丙公司及关某承担连带保证责任,并就乙公司的抵押物拍卖变卖价款优先受偿。

【案情简介】

2010年9月13日,甲金融租赁公司与乙公司在天津签订了《融资租赁合同》,约定由甲金融租赁公司购买乙公司原有的资产设备作为租赁物出租给乙公司,租赁物转让价格为人民币5亿元整。甲金融租赁公司支付租赁物转让款后取得租赁物所有权,乙公司占有和保管租赁物。起租日为甲金融租赁公司向乙公司支付租赁物转让价款之日,租赁期限为自起租日起算5年。租金共分20期,每3个月支付一次。合同还约定甲金融租赁公司向乙公司支付租赁物转让价款之时租赁物的所有权转归甲金融租赁公司。若乙公司未按合同约定支付到期应付租金、租赁保证金等款项,乙方应就逾期未付款项按日万分之五向甲方支付违约金,直至全部付清之日止;如乙公司连续二期或累计三期未按合同约定向甲金融租赁公司支付到期租金、乙公司未按合同约定及时补足租赁保证金视为乙公司根本违约,若乙公司发生预期违约和根本违约,甲金融租赁公司除有权按照合同约定要求乙方承担违约

---

* 代理律师:张泽军、李颖娟,天津华盛理律师事务所。案例来源:天津市高级人民法院裁判文书。供稿单位:天津市律师协会融资租赁专业委员会。

责任、赔偿损失外，还有权采取多项措施，包括提前终止合同，向乙公司追索合同项下乙公司应付的所有到期未付租金、违约金、损害赔偿金、全部未到期租金和其他应付款项。《融资租赁合同》同时约定：租赁期限届满，在乙公司清偿完毕全部租金及其他应付款项的前提下，乙公司向甲金融租赁公司支付留购价款人民币1万元后，按“现实现状”留购租赁物，取得租赁物的所有权。

《融资租赁合同》签订后，甲金融租赁公司于2010年9月16日通过网上银行转账的方式向乙公司支付了约定价款，租赁物购买时处于乙公司实际占有、使用中，起租日为2010年9月16日。

2010年9月13日，甲金融租赁公司分别与丙公司、关某签订《保证合同》（编号为保证－1、保证－2），由丙公司、关某为《融资租赁合同》项下承租人的全部债务提供不可撤销的连带保证责任，保证责任范围为主合同项下甲金融租赁公司对承租人享有的全部债权，保证期间为《保证合同》生效之日至主合同项下最后一笔债务履行期限届满之日后2年止。

同日，甲金融租赁公司与乙公司签订《抵押合同》（编号为抵押－1），乙公司以其A生产线设备设定抵押，抵押担保的范围为主合同项下抵押权人对抵押人享有的全部债权，2010年9月13日，双方对抵押财产进行了动产抵押登记。

2011年11月21日，甲金融租赁公司与乙公司签订《抵押合同》（编号抵押－2），乙公司以其名下土地使用权设定抵押，抵押担保的范围为主合同项下抵押权人对抵押人享有的全部债权，约定争议解决方式为仲裁，而后双方对抵押财产进行了他项权登记。

融资租赁合同签订后乙公司仅依约支付了7期的租金，对第8期租金乙公司申请用租赁保证金垫付，后租金均未支付，也未按照约定补足租赁保证金。甲金融租赁公司多次向乙公司发出催收通知书，乙公司在签收后均未能支付相应款项，故甲金融租赁公司按照合同约定将乙丙公司及关某起诉至法院，请求判决乙公司支付到期未付租金、违约金及全部未到期租金，丙公司、关某承担连带保证责任，就乙公司的抵押财产优先受偿，在不能支付上述款项时，乙公司协助甲金融租赁公司对租赁物进行处理。

一审法院审理期间，乙公司提出《抵押合同》（编号为抵押－2）中明确约定仲裁条款，因此抵押物应当按仲裁条款的约定由仲裁委员会仲裁。一审法院裁定管辖权异议提出应在答辩期间提出，故驳回异议。经乙公司上诉至二审法院，二审法院裁定应为主管异议，仍由一审法院审理。最终法院经审理后判决支持甲金融租赁公司的诉讼请求，乙公司等未上诉。

【代理意见】

本案系融资租赁合同纠纷,主要争议焦点为:(1)本案《抵押合同》(编号为抵押－2)是否应由一审法院管辖;(2)《融资租赁合同》是否有效;(3)诉讼请求是否存在重复主张;(4)违约金是否过高。

一、本案《抵押合同》(编号抵押－2)应由一审法院管辖

乙公司提出主管异议的时间已超过法定期间,应予驳回。根据《仲裁法》第二十六条的规定:"当事人达成仲裁协议,一方向人民法院起诉未声明有仲裁协议,人民法院受理后,另一方在首次开庭前提交仲裁协议的,人民法院应当驳回起诉,但仲裁协议无效的除外;另一方在首次开庭前未对人民法院受理该案提出异议的,视为放弃仲裁协议,人民法院应当继续审理。"因此,乙公司对受理法院对案件的管辖有异议,最迟提出异议的期限应当在首次开庭前,但乙公司并未在该期间内提出异议,应视为其已放弃了仲裁协议,乙公司认为甲金融租赁公司在立案时已将相关证据提交原审法院并提交了仲裁条款,不属于《仲裁法》的未声明有仲裁协议的情形,该主张不能成立。声明是指公开表示态度或说明真相,是一种主动说明的情形,仅提交证据不能视为声明,并且人民法院在立案过程中仅负责审查立案材料,对于形式上符合《民事诉讼法》起诉条件的给予受理,并不对立案材料进行实质性的审查,法院确定其有管辖权对其他证据进行形式审查立案受理了案件,符合相关法律规定。因此,受理法院对本案《抵押合同》(抵押－2)具有管辖权。

二、本案《融资租赁合同》合法有效

本案审理中,乙公司辩称甲乙双方签订的《融资租赁合同》,实为抵押借款合同,以合法形式掩盖非法目的,应属无效,该辩称无事实与法律依据。甲、乙公司就租赁物签订《融资租赁合同》,以售后回租的模式:甲金融租赁公司购买乙公司的设备后租赁给乙方,乙公司按期支付租金,该合同系真实意思表示,不违反法律法规的强制性规定,融资租赁模式符合法律规定,该《融资租赁合同》真实、合法、有效,对双方均具有约束力,乙公司应当按照合同约定严格履行。乙公司提出双方签订的《融资租赁合同》以合法形式掩盖非法目的,并未提出任何证据予以证明,故该《融资租赁合同》是合法有效的合同,乙公司在违反合同约定时应当依约承担违约责任。

三、诉讼请求不存在重复主张

乙公司认为甲金融租赁公司要求其支付全部未到期租金的诉讼请求与在乙公司不履行义务时,要求乙公司协助处理租赁物的诉讼请求系重复主张,应予驳回。原告的上述两项诉讼请求并非重复主张,符合相关法律规定及双方合同约定。根据《合同法》第二百四十八条的规定,承租人经催告后仍不支付租金的,出租人可以要求支付全部租金,故原告要求被告支付全部未到期租金,符合法律规定;又根据双方合同约定,自交付租赁物时起至乙公司履行完毕合同项下全部义务的期限内,甲金融租赁公司为租赁物的唯一所有权人,但租赁物一直由乙公司占有和使用,故甲金融租赁公司为维护合法权益,请求判在乙公司不履行相关给付义务时,乙公司应协助甲金融租赁公司处理租赁物,所得价款甲金融租赁公司优先受偿,并不违反法律规定及双方的合同约定,两项诉讼请求并不存在重复主张的问题。

四、违约金不存在过高的情形,不应予以调整

乙公司认为甲金融租赁公司主张的违约金过高,应予调整。根据双方合同约定,若乙公司未按合同约定支付到期应付租金、租赁保证金等款项,乙公司应就逾期未付款项按日万分之五向甲金融租赁公司支付违约金,直至全部付清之日止。甲金融租赁公司依据该约定主张违约金并不违反合同内容,考虑甲金融租赁公司资金成本,参照比较借贷关系的中国人民银行同期贷款利率的四倍并不过高,甲金融租赁公司依据双方约定主张违约金既不违反合同约定也未违反法律规定,应予支持。

【裁判结果】

法院认为本案系融资租赁合同纠纷,具体交易类型为融资租赁售后回租方式,本案的争议焦点是人民法院对因履行本案中《抵押合同》(编号抵押－2)发生的争议是否有管辖权,双方所签订的《融资租赁合同》是否有效,原告诉讼请求是否存在重复主张的问题,违约金是否过高,是否应予调整。

一、就第一个争议焦点:关于《抵押合同》(编号抵押－2)是否应由受理法院管辖的问题

一审法院认为:根据《中华人民共和国民事诉讼法》第一百二十七条规定,人民法院受理案件后,当事人对管辖权有异议的,应当在提交答辩状期间提出。人民法院对当事人提出的异议应当审查。异议成立的,裁定将案件移送有管辖权的人民法院;异议不成立的,裁定驳回。法院于2013年7月15日向乙公司送达了起诉状副本,其在2013年8月20日开庭时才提出管辖权的问题显然超过了上述提出管辖权异议的法定期间。综上,以公司的管辖权异议不能成立法院对本案具有管辖权,依照《中华人民共和国民事诉讼法》第一百二十七条第一款、第一百五十四条第一款第二项之规定,裁定驳回乙公司对本案管辖权提出的异议。

二审法院认为:本案中的抵押合同约定,抵押合同引起的或与本合同有关的任何争议,应向天津市仲裁委员会申请仲裁,因此,乙公司主张实现抵押权的诉讼请求本应当由当事人按照约定申请仲裁委员会仲裁,但是《中华人民共和国仲裁法》第二十六条规定,当事人达成仲裁协议,一方向人民法院起诉未声明有仲裁协议,人民法院受理后,另一方在首次开庭前提交仲裁协议的,人民法院应当驳回起诉,但仲裁协议无效的除外;另一方在首次开庭前未对人民法院受理该案提出异议的,视为放弃仲裁协议,人民法院应当继续审理。《最高人民法院关于适用〈中华人民共和国仲裁法〉若干问题的解释》第十四条进一步明确把首次开庭限定为答辩期满后人民法院组织的第一次开庭审理,不包括审前程序中的各项活动。

根据《仲裁法》的规定视为放弃仲裁协议应当符合两个条件:(1)虽有仲裁协议或者仲裁条款,但一方当事人向人民法院起诉时没有作出声明。(2)另一方当事人没有在人民法院首次开庭前提出异议。法院认为,人民法院审查受理当事人的起诉只是进行程序性审查,被上诉人起诉时,虽然将包含有仲裁条款的抵押合同作为证据材料的一部分提交了,但不能视为向受理人民法院作出了声明,人民法院受理起诉后,赋予另一方当事人在开庭前提出异议的权利,并通过人民法院对另一方当事人的异议进行审查来决定是否应当由人民法院受理,可见并非所有约定了仲裁管辖的争议一率无条件地排除法院管辖,还要看是否存在放弃仲裁协议的情形。《仲裁法》及其司法解释关于首次开庭前提出异议的规定给了另一方当事人充分的时间提出异议,如果当事人不提出异议或者没有在规定的期限内提出异议就相当于承认了争议由人民法院管辖。

就本案而言,甲金融租赁公司起诉时并未声明双方当事人有仲裁管辖的约定,原审法院受理案件后,甲金融租赁公司在一审开庭前没有以任何方式向人民法院提出抵押合同约定了仲裁条款,本案应通过仲裁解决,虽然乙公司在开庭期间提出了,但没有在法定期限内提出,可以视为双方当事人放弃了仲裁管辖的约定,接受了人民法院管辖本案,一审法院应当继续审理,因此上述有关实现抵押权的诉讼请求人民法院不应受理的理由不能成立。由于乙公司在一审开庭期间只是主张原审法院受理本案涉及抵押合同的诉讼请求不属于人民法院主管始终未对本案的管辖权提出异议,因此本案不属于管辖权异议案件,但是原审法院在乙公司主张主管异议的情况下裁定驳回乙公司的管辖权异议属于适用法律错误应予纠正。依据《中华人民共和国仲裁法》第二十六条,最高人民法院《关于适用〈中华人民共和国仲裁法〉若干问题的解释》第十四条,《中华人民共和国民事诉讼法》第一百七十条第一款第二项、第一百七十一条之规定裁定撤销一审法院的民事裁定,本案由一审法院继续审理。

二、就第二个争议焦点:关于《融资租赁合同》是否有效的问题

《融资租赁合同》是出租人根据承租人对出卖人、租赁物的选择,向出卖人购买租赁物,提供给承租人使用,承租人支付租金的合同。本案系甲金融租赁公司购买乙公司租赁物并支付租赁物购买价款,再将租赁物出租给乙公司,收取租金,不违反《融资租赁合同》的相关法律规定,该《融资租赁合同》符合双方当事人的真实意思表示且已实际履行,应当认定为合法有效。

三、就第三个争议焦点:关于甲公司诉讼请求,是否存在重复主张的问题

甲金融租赁公司诉讼请求要求乙公司支付全部未到期租金,根据《中华人民共和国合同法》第二百四十八条的规定,承租人经催告后仍不支付租金的,出租人可以要求支付全部租金。故,原告的该项诉讼请求符合法律规定,法院予以支持。甲金融租赁公司第六项诉讼请求要求判令在乙公司不支付1~3项款项时,原告处理租赁物,价款优先受偿。法院认为,鉴于双方在《融资租赁合同》中,对此并未约定,该诉讼请求事实及法律依据不足,法院不予支持。

关于甲金融租赁公司要求乙公司承担抵押责任的问题。根据《中华人民共和国物权法》第一百九十五条的规定,债务人不履行到期债务或者发生当事人约定的实现抵押权的情形,抵押权人可以与抵押人协议,以抵押财产折价或者以拍卖、变卖该抵押财产所得的价款优先受偿。抵押权人与抵押人未就抵押权实现方式达成协议的,抵押权人可以请求人民法院拍卖、变卖抵押财产。甲金融租赁公司与乙公司签订的《抵押合同》(编号抵押-1)约定以乙公司有使用权的A生产线设定抵押,以及《抵押合同》(编号抵押-2)约定乙公司以其名下土地使用权设定抵押,该两份《抵押合同》系双方真实意思表示,不违反法律行政法规效力性规定,应认定合法有效。且双方按约定办理了抵押登记手续,原告依约定要求判令乙公司就上述抵押物享有优先受偿,符合双方约定及相关法律规定,法院予以支持。

关于关某、丙公司保证责任的问题。法院认为,甲金融租赁公司与关某、丙公司分别签订的《保证合同》符合缔约双方真实意思表示,内容不违反相关法律行政法规的效力性规定应认定为合法有效,《保证合同》约定关某、丙公司的保证范围为承租人在《融资租赁合同》项下的全部债务,保证方式为连带保证责任。故关某、丙公司应当对乙公司履行《融资租赁合同》所负债务承担连带保证责任。根据《中华人民共和国担保法》第三十一条规定,保证人承担保证责任后有权向债务人追偿,及《最高人民法院适用〈中华人民共和国担保法〉若干问题的解释》第四十二条之规定,人民法院判决保证人承担保证责任或者赔偿责任的,应当在判决主文中明确保证人享有《担保法》第三十一条规定的权利。关某、丙公司承担保证责任后有权向乙公司追偿。

四、就本案第四个争议焦点:关于违约金是否过高,应否调整问题

根据双方合同约定,若乙公司未按合同约定支付其应付租金、租赁保证金等款项,被告应就逾期未付款项,按日万分之五向甲金融租赁公司支付违约金,直至全部付清之日止。违约金的约定是缔约方作为对违约方违约行为的惩罚,不违反法律行政法规的强制性规定均应得到支持。本案中,甲乙双方对于违约金的约定,不违反法律行政法规的强制性规定,是缔约双方的真实意思表示,对缔约双方均有约束力,应得到支持,该约定并不过高应予认定。

综上,法院作出判决如下:一、一审法院对本案《抵押合同》(编号抵押-2)具有管辖权。二、本案《融资租赁合同合法》有效。三、乙公司应当依约支付到期未支付租金、未到期全部租金。丙公司及关某承担连带保证责任,并就乙公司的抵押物拍卖变卖价款优先受偿。四、乙公司应当按照合同约定支付未补足租赁保证金、违约金及未付租金违约金。

【案例评析】

一、关于主合同与担保合同约定争议解决方式不同的处理

本案的程序性争议焦点主要在于甲乙公司签订的《融资租赁合同》约定争议解决方式为甲金融租赁公司所在地人民法院管辖,而从合同《抵押合同》约定的是仲裁条款,遇到主合同与从合同不一致的情况。根据《最高人民法院关于适用〈中华人民共和国担保法〉若干问题的解释》第一百二十九条规定:"主合同和担保合同发生纠纷提起诉讼的,应当根据主合同确定案件管辖。担保人承担连带责任的担保合同发生纠纷,债权人向担保人主张权利的,应当由担保人住所地的法院管辖。主合同和担保合同选择管辖的法院不一致时,应当根据主合同确定案件管辖。"因此,在主合同和担保合同仅是约定的管辖法院不一致时,按照主合同的约定起诉。但是本案中,主合同约定的是法院管辖,从合同约定的是仲裁条款,则此为民事案件的主管争议。《民事诉讼法》第一百一十九条起诉的条件第四项"属于人民法院受理民事诉讼的范围和受诉人民法院管辖",明显将受理范围和管辖相区分,对于主管异议我国现有法律并未明确规定,但最高人民法院通过案例已经确认主管异议区别于管辖权异议。管辖权异议根据《民事诉讼法》第一百二十七条规定,应当在提交答辩状期间提出;主管异议根据《仲裁法》第二十六条规定应在法院受理后,首次开庭前提交仲裁协议。《最高人民法院关于适用〈中华人民共和国仲裁法〉若干问题的解释》第十四条明确《仲裁法》第二十六条规定的"首次开庭"是指答辩期满后人民法院组织的第一次开庭审理,不包括审前程序中的各项活动。因此,本案中乙公司向受理法院提出主管异议,要求按照仲裁条款由仲裁解决《抵押合同》(编号抵押-2)相关争议,应当在法院受理后、首次开庭前提出,逾期视为放弃仲裁协议,乙公司在本案庭审期间提出,已经超过法定期限,因此受理法院应当继续审理。

另外,如乙公司在首次开庭前提出主管异议,由于仲裁条款具有自愿性和独立性,应当遵循合同相对性原则,在合同双方当事人之间产生拘束力,除非担保人明确表示接受主合同仲裁条款管辖,主合同项下的仲裁条款不能约束担保人;除非债务人明确表示接受担保合同仲裁条款管辖,担保合同项下的仲裁条款不能约束债

务人。但是也有观点认为，应当本着提高效率、节省司法资源的考虑，认为应尽量是主从合同一致，依主合同确定主管及管辖。笔者认为，仲裁与诉讼的区别突出显示于提交争议的自愿性，仲裁条款充分体现了当事人的意思自治，除非有法律明确规定，否则不宜轻易突破民事法律关系的基本原则。因此，本案中，如乙公司在首次开庭前提出主管异议，受理法院也不应就全案驳回起诉，应当仅就《抵押合同》（编号抵押－2）的争议诉请驳回起诉。

二、售后回租与“名为融资租赁实为借贷”的区别和判定

融资租赁交易具有融资和融物的双重属性，缺一不可。《合同法》第二百三十七条规定，融资租赁合同是出租人根据承租人对出卖人、租赁物的选择，向出卖人购买租赁物，提供给承租人使用，承租人支付租金的合同。《最高人民法院关于审理融资租赁合同纠纷案件适用法律问题的解释》第二条规定，承租人将其自有物出卖给出租人，再通过融资租赁合同将租赁物从出租人处租回的，人民法院不应仅以承租人和出卖人系同一人为由认定不构成融资租赁法律关系。因此，售后回租是融资租赁的一种交易方式。

但实务中，由于融资租赁公司与企业之间的融资租赁合同约定的租金等费用往往依照中国人民银行同期贷款利率的标准确定或者变化，且融资租赁合同兼具融资的功能，因此，极易与借贷法律纠纷相互混淆，且普遍存在以融资租赁为名，行借贷之实的现象。而根据《最高人民法院关于审理融资租赁合同纠纷案件适用法律问题的解释》第一条规定，人民法院应当根据《合同法》第二百三十七条的规定，结合标的物的性质、价值、租金的构成以及当事人的合同权利和义务，对是否构成融资租赁法律关系作出认定。对名为融资租赁合同，但实际不构成融资租赁法律关系的，人民法院应按照其实际构成的法律关系处理。

本案中，乙公司以名为融资租赁实为借贷主张抗辩，系混淆了售后回租和上述情形的界限。融资租赁交易本质上为融资与融物的结合体，如仅有融资属性，则很可能实为借贷，但往往企业与融资租赁公司签订融资租赁合同的目的更着重于融资，售后回租尤其突出。因此，区分界限的关键在于其融物属性，标的物的性质、价值、所有权的转移均是考量融物属性的关键法律要素。对于标的物的性质，本案租赁物为设备，系动产，具有占有、使用进而创造价值、获得收益的功能，契合融资租赁之融物属性，符合法律规定。从考量租赁物所有权转移方面考虑，本案中，乙公司将自有的设备出卖给甲金融租赁公司，再将该设备从甲金融租赁公司处租回，动产的物权转移为债权行为“买卖”和物权行为“交付”的结合，售后回租的交易模式决定了融资租赁合同往往会以简易交付的方式来节约费用，出让人与受让人达成物权变动的合意时，则视为交付。并且，在本案中甲金融租赁公司要求乙公司将租赁物相关动产所有权的手续及票据等均进行了转移，不存在不能转移的情形，且甲金融租赁公司实际享有所有权。从租赁物价值和租金方面,甲金融租赁公司与乙公司对租赁物价值和租金的确定,依法根据购买租赁物的成本以及出租人的合理利润确定。因此,乙公司以本案合同名为融资租赁实为借贷为由抗辩,不能成立。

三、承租人拒付租金后的处理

根据《合同法》第二百四十八条规定,承租人应当按照约定支付租金。承租人经催告后在合理期限内仍不支付租金的,出租人可以要求支付全部租金;也可以解除合同,收回租赁物。《最高人民法院关于审理融资租赁合同纠纷案件适用法律问题的解释》第二十一条规定,出租人既请求承租人支付合同约定的全部未付租金又请求解除融资租赁合同的,人民法院应告知其依照《合同法》第二百四十八条的规定作出选择。出租人请求承租人支付合同约定的全部未付租金,人民法院判决后承租人未予履行,出租人再行起诉请求解除融资租赁合同、收回租赁物的,人民法院应予受理。因此,防止出租人双重获利,要求支付全部未付租金和收回租赁物应择一主张。由于融资租赁交易模式的特殊性,出租人区别于传统租赁更注重于提供资金获取利润,而非获取租赁物的所有权,因此,要求支付未到期租金和收回租赁物的选择权应当归属于出租人。

根据以上案件的评析,围绕融资租赁合同纠纷的管辖及主管和性质确定进行探讨,从以下方面提出建议:(1)当事人在签订合同时,应特别注意并确认主合同及从合同的争议解决条款是否一致,以避免不必要的诉累。承办律师在接受委托后,应全面系统地就争议解决条款进行梳理,以免超过法定期限,导致相关权利不能主张。(2)融资租赁合同纠纷中对于融资租赁法律关系的认定应从本质出发,兼顾融资与融物属性,考虑关键法律要素,综合判定融资租赁合同的性质。

41.杨某某诉B银行财产损害赔偿纠纷案

王　晶*

【案例要旨】

在银行代收业务中,由收单机构发起代收交易,并对代收交易与业务委托关系进行匹配性验证,然后向发卡机构发出委托扣款指令。发卡机构仅对收单机构上送的持卡人辅助认证信息进行验证,并仅对辅助认证信息与发卡机构相应信息记录的匹配性负责。辅助认证信息指收单机构向发卡机构提交的用于验证持卡人账户信息与身份信息一致性的信息,包括持卡人手机号码、姓名、身份证件号码等。对于未尽业务规则的管理责任和义务而导致的交易损失,应由收单机构承担相应损失责任。

【案情简介】

杨某某系B银行的银行卡客户,曾在B银行开立尾号为7241的账户。2015年12月23日,杨某某上述账户内分别被代扣资金100,000元、200,000元,2015年12月24日,杨某某上述账户再次被代扣资金200,000元。上述500,000元经由广州C公司、D电子公司最终转至杨某某在E基金开立的基金账户内,并于2015年12月24日、25日分三笔通过通联招行购买了E现金富利货币A基金共计500,000元。2015年1月12日,杨某某向天津市公安局河西分局大营门派出所报警称其储蓄卡被盗刷,天津市公安局河西分局于2016年2月3日将该案立为刑事案件进行侦查。2015年2月15日,杨某某自行操作将其名下E基金账户内通过通联招行购买的500,000元基金赎回,成交金额为501,827.61元,该笔款项进入杨某某在B银行处的尾号为7241账户内。后杨某某于2016年2月17日通过汇款及取现的方式转出501,827元。杨某某认为B银行行为违法,侵犯其权利,起诉到法院要求赔偿,请求法院判令:(1)B银行赔偿杨某某存款资金人民币500,000元;(2)B银行立刻关闭

* 代理律师:王晶,天津吉贤律师事务所邮箱:jxlawyer_wangjing@163。案例来源:天津市河西区人民法院(2016)津0103民初2392号民事判决书。

杨某某银行卡账户代扣功能;(3)B 银行赔偿杨某某存款资金利息 15,000 元;(4)B 银行赔偿杨某某因其欺诈而增加的赔偿 1 元;(5)B 银行向杨某某书面公开赔礼道歉。

B 银行不同意杨某某的诉讼请求,认为:(1)杨某某在 2015 年 12 月发起三笔申购 E 现金富利货币 A 基金共计 500,000 元,并用招行卡进行代扣,杨某某又于 2016 年 2 月赎回以上基金,共计 501,827.61 元,该笔资金款项自始至终都未脱离杨某某的控制,杨某某不仅没有遭受损失,而且还实现了财富增值。因此,杨某某所主张的损失于法无据,B 银行不需对此进行赔偿。(2)杨某某于 2015 年 12 月 23 日通过短信签约方式开通快捷支付的代扣功能,关闭代扣功能的权限只能由收单机构进行,B 银行并无任何权限关闭代扣功能,B 银行主体不适格,因此请求法院驳回杨某某起诉。(3)B 银行作为发卡机构,其职责是仅对收单机构提供的辅助认证信息如持卡人手机号、姓名、身份证件号码进行验证,信息验证无误后即根据指令要求将款项划转至收单机构。因此,B 银行在代扣过程中已严格按照规定,尽到相应的审慎的义务,不具有任何过错,不应对杨某某所谓的损失进行赔偿。

【代理意见】

第一,杨某某诉称 B 银行严重侵犯了杨某某的财产权益,与事实不符。(1)杨某某诉称 B 银行未获得杨某某授权便强制扣款,B 银行的行为违反了《消费者权益保护法》,杨某某诉称与客观事实严重不符。杨某某于 2015 年 12 月通过 E 基金网站申购了三笔 E 现金富利货币 A 基金,共计 500,000 元。杨某某在申请开通 E 基金管理有限公司账户的每一步操作时,均是在已阅读并同意电子服务协议的前提下进行,该行为系其自主决定的投资理财行为,杨某某在网上均予以同意并确认,杨某某作为理财经验丰富的成年人,明知这是互联网电子交易行为,全过程系其本人的真实意思表示。B 银行与第三人的代收行为,均围绕杨某某的基金申购指令进行,并没有杨某某诉称的欺诈行为。(2)杨某某诉请 B 银行赔偿招行存款资金 500,000 元、利息 15,000 元、因欺诈而增加的赔偿 1 元及书面公开道歉,缺乏事实和法律依据。杨某某在 2015 年 12 月发起三笔申购 E 现金富利货币 A 基金共计 500,000 元,并用招行卡进行代扣,杨某某又于 2016 年 2 月申请赎回以上基金,共计 501,827.61 元,该笔资金款项自始至终都未脱离杨某某的控制,杨某某不仅没有遭受损失,而且还实现了财富增值。因此,杨某某所主张的损失于法无据,B 银行不需对此进行赔偿。

第二,B 银行无任何权限关闭杨某某的代扣功能,B 银行主体不适格。杨某某于 2015 年 12 月 23 日 14:13:49 通过短信签约方式开通快捷支付的代扣功能,并非 B 银行未经杨某某确认擅自开通代扣功能。根据《银联卡代收业务规则》第 3.4.5

条及《银联卡账户服务类业务规则》第 3.5.5 条的规定，解除业务委托应由收单机构进行。在本案中，关闭代扣功能的权限只能由收单机构向杨某某提供解除代扣功能的委托，B 银行作为发卡机构并无此项权限，B 银行主体不适格，因此请求法院驳回杨某某起诉。

第三，B 银行在代收业务过程中已严格按照法律及行业规则，尽到相应的审慎的义务，不具有任何过错，不应对杨某某所谓的损失进行赔偿。根据《银联卡代收业务规则》第 1.3 条、第 2.5 条的规定，发卡机构应对收单机构上送的持卡人辅助认证信息进行验证，并仅对辅助认证信息与发卡机构相应信息记录的匹配性负责。辅助认证信息包括持卡人手机号码、姓名、身份证件号码等。在本案中，杨某某在 2015 年 12 月发起的三笔基金申购，B 银行作为发卡机构，其职责是仅对辅助认证信息如持卡人手机号、姓名、身份证件号码进行验证，信息验证无误后即根据指令要求将款项划转至收单机构。因此，B 银行在代收过程中已严格按照规定，尽到相应的审慎的义务，不具有任何过错，不应对杨某某所谓的损失进行赔偿。

第四，杨某某申购涉案基金的流程完全符合其日常交易习惯，经合理推断该笔基金申购应是杨某某自身所为。杨某某理财经验丰富，熟练掌握网上银行转账、网络支付等操作。其交易习惯为：在购买基金前的一至二天，会通过银行转账或基金赎回取得大笔资金，然后将资金全部进行基金申购或汇款汇出，杨某某账户很少留有大量的闲置资金。杨某某的 500,000 元基金申购资金流转过程完全符合其以往的交易习惯，其每次转入资金均与申购款项相吻合，若发生盗划资金，杨某某应立即知晓，而杨某某却在 2016 年 1 月 12 日才向 B 银行投诉资金被盗，其行为有悖常理，经合理推断该 500,000 元的基金申购应是杨某某自身所为。

【裁判结果】

法院认为，关于本案的损害后果，杨某某账户中 B 银行扣划的资金已被全额赎回，且取得了盈利，杨某某在本案中没有财产损失产生，杨某某要求 B 银行赔偿其存款资金并按照同期贷款利率支付利息没有依据，法院不予支持；杨某某未能提交证据证实其在 B 银行处开通代扣功能，故对杨某某要求关闭其在 B 银行处的代扣功能的诉讼请求，法院不予支持；杨某某提交的证据不能证实 B 银行在本案中存在欺诈行为，故对杨某某要求 B 银行因欺诈而增加的赔偿 1 元，法院不予支持。杨某某要求 B 银行赔礼道歉，没有事实和法律依据，法院不予支持。因此，法院判决驳回杨某某的诉讼请求。

42. A银行与B公司等侵权纠纷案

何 响*

【案例要旨】

提起侵害债权之诉,须满足以下条件:(1)依照《合同法》第一百二十二条规定,提起合同侵权的前提是对方(被告方)有违约行为存在。(2)必须有侵害合同债权的故意和行为。且这种故意和行为是恶意的、恶劣的,才需要侵权法救济,否则提起合同违约之诉即足以救济。(3)原告受害者必须是无辜的债权人且有明确的实际损失,原告范围不能包括实施合同诈骗行为的犯罪人和有明显过错的犯罪人所在单位。

【案情简介】

2012年7月25日,原告B公司法定代表人孙某委托公司副总经理陈某(在逃)与被告C公司签订《工业品购销合同》,由原告B公司向C公司出售铁精粉。此前,2012年7月20日,原告B公司法定代表人孙某已委托陈某代表原告与建行签订国内保理等信贷业务的相关文件及合同。后孙某、陈某与建行工作人员到C公司进行客户调查,C公司资产处负责人甘某负责接待并在有关"回执"上盖C公司公章。B公司向建行出具合同及向C公司发货的有关材料后(后刑事案件查明全部系伪造),C公司与建行于2012年8月17日签订《有追索权国内保理合同》。当日,建行向B公司发放保理款2000万元(第一轮),同日B公司向被告建行交纳保理费140,000.01元。此后B公司按月向建行交纳保理利息。2013年1月4日,吴某(B公司副总经理陈某联系的外单位公司董事长,声称能够提供铁精粉)通过C公司甘某以C公司名义在A银行开立的账户向B公司在建行的保理账号支付2500万元。被告建行在扣除本金2000万元及最后一笔利息52,266.64元后,将余款4,947,733.36元转入原告B公司账户。此后,原告B公司又向建行提供一系列

* 代理律师:何响,天津法政牛津律师事务所律师,邮箱:hexiang5678@163.com。案例来源:津(2017)0105民初字第3226号判决书。

证明向C公司发货的文件(后刑事案件查明全部系伪造),建行于2013年1月7日,向B公司发放保理款19,999,999.98元(第二轮),同日B公司向建行交纳保理费140,000.01元,此后B公司按月向建行交纳保理利息。2013年6月3日,吴某再次通过甘某以C公司名义在被告B公司开立的账户向B公司在建行的保理账号支付2500万元,建行扣除本金19,999,999.98元及最后一笔利息5226.79元后,将余款4,947,733.36元转入B公司账户。

2013年6月3日、6月8日,B公司再次提供向C公司发货的材料(后刑事案件查明全部系伪造),建行于2013年6月5日、6月8日分别向B公司发放保理款14,975,987.2元(第三轮第一批)和500万元(第三轮第二批)。B公司亦于2013年6月5日和6月8日分别向建行交纳保理费104,831.84元和34,999.98元,并此后按月交纳保理利息。2013年11月12日、11月18日,吴某等人又通过甘某以C公司名义从C公司在A银行的账户向B公司在建行的保理账号支付115万元和50万元,此后吴某等未再还款。建行按照保理合同规定向B公司催款,B公司遂将剩余贷款本金16,975,987.2元还给建行。

B公司因被吴某、陈某(在逃)等所骗有损失,于2014年4月29日向公安机关报案。天津市第一中级人民法院(2015)一中刑初字第0057号刑事判决认定:2012年7月,吴某伙同B公司副总经理陈某(在逃)、C公司资产处处长甘某等,伪造C公司印章,伪造与铁精粉的进货及向C公司发货的全部票据、单据,骗取B公司保理贷款。2013年6月,建行第三次向B公司发放保理贷款人民币19,975,987.2元后,B公司将该款扣除提成、银行利息、保理费用后所余的19,124,198.98元转入吴某个人账户,吴某实际诈骗所得9,668,816.68元。该刑事判决结果:一、被告人吴某合同诈骗罪判处有期徒刑12年,并处罚金人民币50万元;犯虚开增值税专用发票罪,判处无期徒刑,剥夺政治权利终身,并处没收个人全部财产,决定执行无期徒刑,剥夺政治权利终身,并处没收个人全部财产;二、责令被告人吴某向被害人B公司退赔犯罪所得赃款。

2014年4月18日,C公司得知甘某和吴某伪造公司印章遂向公安局报案,河北省某法院(C公司所在地)判决:被告人甘某犯伪造公司印章罪,判处有期徒刑2年。

因B公司使用自有资金归还第三次保理贷款,受到了损失,遂向法院提起侵权的民事诉讼,请求:三被告建行、A银行和C公司,因未尽到审查或监督的义务,造成吴某、陈某、甘某诈骗得逞,应赔偿B公司使用自有资金归还建行第三次保理贷款的损失16,975,987.2元。

【代理意见】

笔者代理了A银行,意见如下:

一、诉讼请求

1.驳回原告B公司对被告A银行的所有诉讼请求;

2.判决原告B公司承担本案所有诉讼阶段的全部诉讼费用。

二、支持诉讼请求的事实与理由

(一)本案原告无诉权,其侵害债权之诉不能成立

1.事实和证据方面的依据

B公司所谓"损失",从其自身提供的证据看(详见原告B公司提供的证据目录(二)第三组第一轮之2"转帐记录"、第二轮之2"转帐记录"),是在接受建行第三笔保理款2000万元入账并扣除80余万元后,再将1900余万元巨款分别于2013年5月8日和2013年6月5日,分为4,744,970.5元和14,379,228.48元两笔,通过其公司员工孟某(据B公司的单方面字据证明是"现下落不明")的个人账户,非法支付给某个人账户的过程中造成的。

此非法支付行为,与此前的铁精粉购销合同、保理合同两个合同行为,有明显的时间和阶段上的区分,法律关系也不一样,完全属于另一个"非法支付"的法律关系,显然应该由B公司与其非法支付的对象之间,自行承担损失,与本案的三位被告毫无关联。

所谓"损失",不是保理行为造成也不是前期的合同行为造成,而是后期的"非法支付"行为造成。而且,人民法院生效的刑事判决已经赋予了B公司向犯罪人及有关恶意取得人(包括公司)追偿的权利,B公司还有举报并向陈某、孟某等追偿的权利。因此,本案不应受理,原告的主体资格不适格、不成立,案由也不成立,人民法院应驳回B公司的起诉或诉讼请求。

2.法条及司法解释方面的依据

(1)B公司提起侵权之诉,所依据的仅仅只有1个法条:《侵权责任法》第六条第一款"行为人因过错侵害他人民事权益,应当承担侵权责任"。但本案不适用该条,因为:第一,依据《侵权责任法》第二条的规定,《侵权责任法》中所侵害的民事权益不包括侵害债权,侵害债权必须以侵害方系合同的当事人一方为基础,以有违约行为甚至是恶意的违约行为作前提,以符合《合同法》一百二十二条规定之精神为核心;第二,《侵权责任法》第六条适用的是民事主体之间而非商事主体之间,其中"侵害他人民事权益"主要指侵害"自然人的民事权益",而本案均为商事主体;第三,本案只涉及《有追索权的国内保理合同》行为和《工业品购销合同》行为,在所有合同行为中,A银行不是缔约方,完全不知晓两个合同的内容,连违约都谈不上就更谈不上侵权。作为距离所有合同最远的、最无关的一方，无须承担责任。

况且，原告所提交的所有证据均是围绕两个合同提出的，均与侵权无关，因此本案所谓的侵权责任纠纷不成立。

(2)《最高人民法院关于在审理经济纠纷案件中涉及经济犯罪嫌疑若干问题的规定》第三条明确规定："单位直接负责的主管人员和其他直接责任人员，以该单位的名义对外签订经济合同，将取得的财物部分或全部占为己有构成犯罪的，除依法追究行为人的刑事责任外，该单位对行为人因签订、履行该经济合同造成的后果，依法应当承担民事责任。"

此条中的"单位"对应的是"B公司"，"主管人员"对应的是"陈某"。"B公司"对于"陈某"造成的后果，依照司法解释的明确规定，应当依法承担民事责任。这里的"应当依法承担民事责任"，首先是应承担对外的民事责任，其次根据当然解释的原则，也完全包括"对内要自行承担民事责任和自身损失"。"应当承担民事责任"是法定义务和要求，到此，法律关系就结束了，此中的"单位"，不可能转移取得所谓"被害人"身份，更不可能取得对犯罪分子以外的其他民事主体另行提起民事诉讼的权利。

特别指出，本案件不适用《最高人民法院关于在审理经济纠纷案件中涉及经济犯罪嫌疑若干问题的规定》第八条规定："根据《中华人民共和国刑事诉讼法》第七十七条第一款的规定，被害人对本《规定》第二条因单位犯罪行为造成经济损失的，对第四条、第五条第一款、第六条应当承担刑事责任的被告人未能返还财物而遭受经济损失提起附带民事诉讼的，受理刑事案件的人民法院应当依法一并审理。被害人因其遭受经济损失也有权对单位另行提起民事诉讼。若被害人另行提起民事诉讼的，有管辖权的人民法院应当依法受理。"因为：

这里的"被害人"指的是单位犯罪和犯罪人所属单位之外的无辜的受害者(绝不包括"犯罪人所属单位"和"在犯罪中有明确过错的单位")，且另行提起民事诉讼时的起诉对象也应该是刑事案件中的"被告人"。

(3)《最高人民法院关于适用〈中华人民共和国刑事诉讼法〉的解释》第一百三十九条规定："被告人非法占有、处置被害人财产的，应当依法予以追缴或者责令退赔。被害人提起附带民事诉讼的，人民法院不予受理……"《最高人民法院关于适用刑法第六十四条有关问题的批复》进一步规定："被告人非法占有、处置被害人财产的，应该依法予以追缴或者责令退赔。据此，追缴或者责令退赔的具体内容，应当在判决书中写明；其中，判决前已经发还被害人的财产，应当注明。被害人提起附带民事诉讼，或者另行提起民事诉讼请求返还被非法占有、处置的财产的，人民法院不予受理。"

(4)《合同法》第一百二十二条明确规定："因当事人一方的违约行为，侵害对方人身、财产权益的,受损害方有权选择依照本法要求其承担违约责任或者依照其他法律要求其承担侵权责任。”法律的要求非常明确:提起侵权之诉的大前提,是必须有违约行为的存在。本案 A 银行根本没有参与两个合同、没有任何违约行为,因此,不属于应参加的诉讼参与人,不应该承担任何侵权责任。

3. 法理方面进一步的依据和理由

其一,违背了“不得利用民事诉讼非法获利原则”。如果 B 公司既可以向犯罪人吴某和在逃犯陈某等追偿,又可以向三位被告追偿,则必然出现超过损失的“盈利”。

其二,违背程序效率原则和司法效益原则。本案原一审判决判令三位被告,可在承担对原告的所谓“损失”后再向犯罪人追偿,明显在浪费司法资源、社会资源,降低追偿效力和追偿的可能性。显然是 B 公司更容易追偿、更适合去追偿。即使是在同样难以追偿的情况下,即使是所谓“损失”能够成立的情况下,让在合同诈骗犯罪中有严重过错的 B 公司承担责任并去追偿,也比把有关损失施加给不是合同的当事人、没有任何违约行为、更谈不上合同侵权的 A 银行,更为公平合理,更符合正义原则。

其三,违背提起侵害债权诉讼的基本原理。虽然 B 公司挖空心思地选择了《工业品购销合同》中可能存在侵权来进行起诉,但是,依据合同诈骗罪中的合同来提起侵权之诉,即侵害债权之诉,须满足以下条件:(1)依照《合同法》第一百二十二条规定,提起合同侵权的前提是对方(被告方)有违约行为存在。(2)必须有侵害合同债权的故意和行为。且这种故意和行为是恶意的、恶劣的,才需要侵权法救济,否则提起合同违约之诉即足以救济。(3)原告受害者必须是无辜的债权人且有实际损失,原告范围不能包括实施合同诈骗行为的犯罪人和有过错的犯罪人所在单位。很显然,本案的所谓侵权之诉,以上三个条件均不具备。

其四,违背了禁反言(禁反悔)原理。本案中,B 公司依照保理合同的约定,向建行支付了应归还的保理款,但事后反悔,又对建行等单位提起了侵权之诉,要求赔偿,显然违背了禁反悔原理,属于恶意诉讼和滥诉。

综上,B 公司没有任何事实依据、法律依据和法理依据,可以对 A 银行提起侵权之诉,亦即 A 银行完全不应承担民事赔偿责任。B 公司本来就应该履行保理合同的法定义务,即所谓“损失”,应由其和犯罪人在内部自行承担,不得对外。

(二)原告主张的损失既缺乏充分的证据证明,也与 A 银行没有关联性

1. 原告的损失明显缺乏依据,与本案所涉两份合同的关联性更无法证明,其所谓损失的证据极其单一和单薄、明显不足

理由一:单一的转账付款凭证,无法作为证据证明 B 公司曾为购买铁精粉而支付过款项。B 公司陈述有过寻找上家并购货的行为,但没有任何合同、协议,也没有

任何购货发票、货物运输单、出库单等旁证证明，且转账凭证上并没有标明是购买铁精粉。如此大额的买卖合同，购货发票、合同等是必须提供的证据，而B公司仅仅提供了2012年8月20日给柳河县富兴煤炭经销有限公司1050万元和2013年1月8日至11日给辉南县瑞通矿产品经销公司1754.461,768万元的转账凭证。这些付款凭证，很可能是其他业务的资金往来，根本无法证明是用于购买本案铁精粉。根据《最高人民法院关于民事诉讼证据的若干规定》第二条第二款规定："没有证据或者证据不足以证明当事人的事实主张的，由负有举证责任的当事人承担不利后果。"只有单一证据且该证据没有标明是购买铁精粉、又没有其他辅助证据证明的，显然不能认定原告有购买铁精粉并付款的事实，因而也就不能证明有损失。

理由二：B公司员工与吴某个人之间的转账行为，无法认定是原告的公司行为，更不能证明其是在支付上家单位铁精粉方面的货款。原告提交的支付货款的证据中，李某和孟某的个人账户分别转账给吴某个人550万元、500万元、1437余万元和474余万元，这些个人之间的款项转账凭证，首先不能证明是原告公司的付款行为，其次如理由一所述，也无法证明原告是用于购买铁精粉。即使如原告所述是其公司的款项，其行为也严重违背财经纪律、金融法规，自我造成和扩大了损失。事实上，原告也没有提供任何其他证据证明是在支付货款。任何人均可以合理怀疑：没有购买铁精粉并支付货款的事实发生；本案中B公司与个人以及个人与个人之间的巨额资金转钱，已经构成严重的违法乃至犯罪，B公司和个人不仅应对所谓损失自我买单且应接受国家的处罚和制裁，否则，国家的经济和金融秩序将受到严重冲击，正当的市场秩序将无法进行。

理由三：天津市高中两院的刑事判决和裁定均认定：B公司将前两轮购销行为、保理行为中的发票都冲红了。依照我国财会专业法规，发票冲红，相当于发票没开、业务没做，也证明B公司业务虚假系客观存在且其明知。

理由四：从B公司法定代表人孙某、会计主管刘某，同意发票冲红、同意不与上家签合同、同意违规支付巨额资金给个人、同意在没有进货和出货的情况下编造有关铁精粉的入库单、出库单并加盖公司章等情节看，B公司对合同诈骗行为是明知的，实际是纵容和参与的，因此其应当自行承担所谓"损失"，无权再提民事诉讼。

综上，B公司主张其损失的证据仅是单一的付款凭证（且是个人之间的转账付款凭证，完全与原告无关），对供货上家没有合同，没有发票；对买方没有发票，没有发货。即原告根本没有履行所谓的铁精粉合同，没有交易就谈不上有所谓的损失。既然没有损失，本案中原告的诉请就失去了前提和基础，故B公司因证据严重不足，不能向A银行等主张损失。

事实上，B公司也没有购买铁精粉，更从行为之时至今，一直明知和公开承认没有购买过铁精粉（其诉讼代理人在庭审笔录中也一直明确承认）。既然B公司明知购买铁精粉的合同自始是虚假的,仍然决意参与,并以铁精粉购销合同为基础骗取与建行签订保理合同,公然造假并获取高额保理合同的好处费和手续费,则B公司涉嫌单位犯罪无疑,任何相关的当事人均有权向公安机关举报,人民法院也应当将此案移送公安机关处理。

2. 原告B公司所谓损失的认定基础和思路是完全错误的

第一,所谓"损失",退一万步讲,即使存在,起码应该明显地小于第三次的所谓回购款付出16,975,987.2元,至少应减除其前两次保理行为中的获利和手续费700余万元。B公司所提损失16,975,987.2元,也与先前由天津高、中院作出的刑事判决中界定的犯罪人诈骗所得9,668,816.68元有非常明显的冲突。

第二,导致B公司向吴某付款的原因,不是三位被告人的所谓"过错",而是B公司自身的贪婪、严重过错和犯罪人的欺骗行为。其中,B公司的主要负责人陈某,是整个合同诈骗犯罪的核心,是所谓损失的最大罪魁祸首。B公司放任陈某在逃,不积极向其追偿索赔,颇令人费解。

B公司辩称与陈某系委托关系,仅提供1份单一证据——内容极其简单的委托协议,就试图证明陈某非其员工和高管并撇清公司与合同诈骗罪的干系,但这完全不能成立。委托关系分两种:一种是对外的委托,另一种是对内的委托。本案中B公司与陈某的委托,即属于公司对内委托,对公司内高管陈某的委托。对内委托在商事活动中十分常见,且此前的天津市高级人民法院和中级人民法院的刑事判决,多次明确认定,陈某系B公司副总经理、主要负责人。B公司要想推翻此刑事认定,必须提供足够的排除合理怀疑的证据,仅凭1份简单的委托协议,显然不能证明。

第三,A银行尤其没有过错,尤其不能成为损失的原因之一。A银行,完全按照人民银行的规定履行了审查义务。实际情况是:客户经理张某,2012年6月在开立一般账户前,亲自到河北某市的某公司总部大厦510室,由当时在职并担任处长的甘某陪同,审看了所有开立一般账户所需要的该公司证件原件。显然,到公司本部审核原件的审核效力,要明显高于公司将有关原件送到银行进行审核。原一审判决和B公司仅仅凭甘某的口供中的一句话"将盖章的公司证件复印件寄给了A银行,开立了账户",就认定A银行在开立账户中有监督过失,罔顾张某亲临考察和审查过原件的事实,过于片面和依赖孤证。甘某在当时的口供中忘记提及张某事前实地审核的事,是完全可能的。

B公司提交的证据和证据目录中,其没有提出任何其他证据证明A银行的工作人员在履行审查义务时失职,那么根据民事证据规则,就应当认定其主张不成立,因为本案不是举证责任倒置案件,完全没有举证责任倒置的问题。根据常理,在没有额外的利益或好处、没有被人买通的情况下,开立一般账户的银行工作人员完全没有必要不履行审查义务,银行方面也根本不可能允许仅仅凭邮寄的加盖公章的复印件就办理公司的一般账户。对于金融机构,人民法院应当有更高度的信任,除非有充足的证据证明,否则应该相信和推定银行能够合法合规地履行业务行为。

退一万步讲,就算A银行在开立尾号为9611的账户行为中有过失(实际上没有过失,已经尽到人民银行规定的形式审查义务),那也是承担行政法上的责任、接受银监会行政处罚的问题,与民事责任无关。因为,如果本案侵权责任能够成立,则显然是强行地施加给银行以极大风险;此先例一开,所有银行将可能陷入巨额赔偿而无法生存。

3. B公司的所谓损失是不确定的,因而是不能提起诉讼的

B公司没有穷尽追偿和向犯罪人及相关的恶意取得人索赔的手段,没有依照法定程序履行申请刑事执行和刑事追偿的行为。虽然原一审法院法官曾找吴某了解是否有执行能力,但B公司自身没有申请刑事执行,也没有任何证据证明已经积极申请了刑事执行。且,本案的核心犯罪嫌疑人陈某尚未归案,陈某完全可能具有赔偿能力,B公司完全应向而且有权向陈某追偿;也没有任何证据显示了B公司对与吴某有关财产的恶意取得人进行了追偿,故应认定B公司并没有穷尽追偿和索赔之手段,其所谓损失,即使存在,也是不确定的。对于不确定之损失,无权提起民事诉讼。

4. B公司在其与建行的保理合同中没有损失

因为如果最后一笔还款16,975,987.2元是"损失",其完全可以在还款后的1年内行使撤销权,要求建行归还;但B公司在自2013年归还该款后至2016年10月27日的3年时间里,从未主张。这直接可以认定:保理合同中,其对外无损失;至少保理合同中三位被告没有给B公司造成损失。

5. B公司在其一手编造、策划的,但实际从未履行的《工业品购销合同》中也不可能对外有损失

因为,该合同从未实际履行,建行给付的保理款,一直在B公司及其实际控制和联系的有关个人和单位中循环,从未真正用于向上家购买货物或向下家发送货物;钱既然没有出所谓"自己人"的圈子,怎么可能有损失呢,更怎么谈得上"损失"由案外人造成呢?

所以,即使有所谓"损失",也只能是内部的"黑吃黑"形成的所谓"内部损失",与三位被告无关。

(三)A银行没有侵权行为和侵权故意、也没有过错,不应承担侵权责任

第一,认真履行了《人民币银行结算账户管理办法》第十七条第一项的规定,依法尽到了银行应尽的审查义务,没有过错。银行的审查义务,只能是形式上的审查义务,银行不可能承担实质上的保证真实义务。银行不可能像公安机关和鉴定机

关一样,保证外来文本和外来印章的绝对真实。

第二,没有侵权行为和侵权事实。A银行与B公司之间既然没有任何债权债务关系,何以谈得上侵害B公司债权?且,转过三次款给建行,均一分不差,何以谈得上有损失?

第三,不可能有侵权故意和过错。本案中,A银行开立尾号9611一般账户的时间是2012年6月,而签订铁精粉供销合同的时间是2012年7月,签订保理合同的时间是2012年8月、2013年1月,B公司主张的所谓“损失”之发生时间为2013年6月。A银行不可能在开立账户时即预想到一年之后的事情,并对此实施侵权行为。

退一万步讲,就算A银行有过失,也绝不是侵权方面的过失和过错。因为侵害债权必须是相对性的、特定的、具有债权债务关系,是民商法层面的法律关系和责任;而尽到审查义务之后难以避免而出现的个别假账户是不特定的、广泛性的、技术性的,是行政法层面的责任。最多也只是行政法上的过失,要承担的也最多只能是银监会行政处罚方面的责任,与民事责任无关。否则,如银行普遍性地承担民事巨额赔偿责任,则将全部破产倒闭、无法生存。

因此,A银行没有侵权行为和侵权故意、没有过错,不可能侵害债权,完全不应该承担民事侵权责任。

综上,B公司所提案由和诉讼请求及理由根本不能成立,所提证据严重不足且与侵权无关。无论是从案由、证据还是侵权法构成要件方面,均足以驳回,请法院依法驳回B公司对A银行的全部诉讼请求并由其承担所有程序的一切诉讼费用。

【裁判结果】

法院认为:三被告行为不构成侵权,不应当承担损失赔偿侵权责任。原告要求三被告赔偿经济损失的诉讼请求,不符合法律规定,本院不予支持。依照《中华人民共和国民法通则》第五条,《中华人民共和国侵权责任法》第六条的规定,判决如下:驳回原告的诉讼请求。案例受理费123,656元由原告负担。

原告B公司没有上诉或申请再审,该判决已生效。

四、非诉代理

43. 天津某实业股份有限公司新三板挂牌案

刘疆梅*

【案例要旨】

对赌协议的对赌条款不能将挂牌主体作为承担义务主体,对于可能损害挂牌主体的其他条款诸如一票否决权也需要进行清理。对于控股股东和投资方签署的只约束控股股东的协议是可以被认可的,已存在的挂牌前即将触发或已触发的对于控股股东的对赌义务的条款,能在挂牌的同时解除责任和义务最好,不能解除的,需要分析说明触发对赌条款时,协议方履行义务不会对挂牌主体的控制权、持续经营能力等挂牌必要条件产生影响,以确保不损害公司及其他股东的权利和利益。

【案情简介】

天津某实业股份有限公司,成立于2000年1月26日,注册资本5000万元,位于天津市某区某镇某路2号,占地面积140亩,主要从事汽车热交换系统、冷却模块产品的研发、设计、生产和销售。公司软件和硬件实力雄厚,拥有国内领先的研发团队,拥有华北地区最大的汽车空调综合性能实验室,具有年新增百余个开发涉及汽车热交换系统产品项目的能力。公司暖风产品连续七年全国销量第一。公司依靠多年在生产汽车空调系统总成及暖风总成和汽车制造整车行业积攒的人脉、口碑,已与吉利汽车、一汽大众、众泰汽车、北汽银翔、北汽股份、比亚迪等多家客户建立了良好的合作关系。

2011年6月30日,投资方某滨海、某戈壁成长创业投资中心(有限合伙)、某源深、某资本、某置业、滨海某创业、某鼎鑫与融资方天津某实业股份有限以及其原股东穆某、郭某共同签署了《投资协议书》。上述投资方向天津某实业股份有限投资人民币8280万元,占天津某实业股份有限25.68%股份,其中人民币360万元增加

* 代理律师:刘疆梅、臧雪君,北京盈科(天津)律师事务所。案例来源:天津市高级人民法院裁判文书。供稿单位:北京盈科(天津)律师事务所,刘疆梅。

注册资本,剩余款项计入天津某实业股份有限资本公积。该《投资协议书》约定了:投资方"优先购买权、跟售权""清算优先权""董事一票否决权""反稀释"等条款;约定了天津某实业股份有限2011年、2012年的业绩目标及股东对其"业绩保障"条款;约定了如果2013年6月30日前,天津某实业股份有限未能实现中国境内A股市场上市,投资方有权要求天津某实业股份有限或股东郭某、穆某的"股份回购"条款等。

【代理意见】

经核查,公司于2011年7月20日召开股东会,同意通过增资方式引进新的机构投资者某资本、某戈壁、某置业、某源深(天津)、某滨海、某创业、某鼎鑫。

一、2011年6月签署的《投资协议书》

2011年6月30日,上述投资机构与融资方天津某实业股份有限公司以及其原股东穆某、郭某共同签署了《投资协议书》,涉及对赌及股权回购主要内容如下:

(一)第十四条"业绩保障"条款

天津某实业股份有限公司承诺应实现以下经营目标:2011年天津某实业股份有限公司完成净利润3500万元,2012年天津某实业股份有限公司完成净利润5200万元。本款所述的净利润是指归属于母公司所有者的扣除非经常性损益后的税后净利润。

若天津某实业股份有限公司没有实现上述目标则补偿计算方法为:天津某实业股份有限公司实际实现经营目标比承诺的经营目标下降幅度在15%以内时,属于合理的变动区间,原股东不需要作出任何补偿。

天津某实业股份有限公司实际实现经营目标比承诺的经营目标下降幅度超过15%,原股东承诺以现金方式按照下列公式对投资方进行补偿:

现金补偿金额=(本年度应实现经营目标-本年度已实现的经营目标)×投资方在天津某实业股份有限公司的持股比例。

(二)第十五条"回购安排"条款

如果天津某实业股份有限公司在2013年6月30日前未实现在中国境内A股市场的公开发行和上市,投资方有权要求天津某实业股份有限公司原有股东或天津某实业股份有限公司通过适当的安排赎回其持有的部分或全部股权。天津某实业股份有限公司原有股东及天津某实业股份有限公司应积极配合回购工作,并在投资方提出回购要求后90日内,与该投资方签署回购协议。

若2011年、2012年公司净利润下降幅度均在15%以内,回购金额为投资方的投资额×(1+12%×t),其中"t"是指"投资方向天津某实业股份有限公司投入资金之时至签署回购合同时为止的年份数,不满一年的,按实际月份数折算",扣除投资方从天津某实业股份有限公司获得股息、红利。

若2011年、2012年两年中有任何一年净利润下降幅度超过15%，回购金额为投资方的投资额×(1+15%×t)，"t"是指"投资方向天津某实业股份有限公司投入资金之时至签署回购合同时为止的年份数，不满一年的，按实际月份数折算"，扣除投资方从天津某实业股份有限公司获得股息、红利。

二、2014年9月签署的《业绩保障实施协议》，并履行完毕

因天津某实业股份有限公司未能实现原《投资协议书》约定的经营目标，且未能在约定时间实现中国境内A股市场上市。2014年9月，除某资本外，其余投资方与天津某实业股份有限公司及股东穆某、郭某协商了业绩补偿事宜，并签署了《业绩保障实施协议》。该协议约定股东穆某、郭某依据原《投资协议书》的业绩补偿计算方法，按各投资方持股比例，以现金的方式对投资方进行业绩补偿，并于2014年12月30日之前完成。股东郭某、穆某依据上述协议相关约定分别于2014年9月30日、12月31日以现金的方式履行了相关业绩补偿义务。

2016年4月20日，某资本与某华沣签署《股权转让协议》，并通过天津产权交易中心公开挂牌转让方式依法转让了某资本持有天津某实业股份有限公司的全部股权。2016年5月20日，某资本依法退出天津某实业股份有限公司，并完成本次股权转让的工商变更登记手续。

三、2015年7月6日签署《投资协议书补充协议》

2015年7月6日，天津某实业股份有限公司与剩余的投资方某滨海、某戈壁、某源深、某置业重新签署了《投资协议书补充协议》，该补充协议再次约定了"业绩保障"和"股份回购安排"条款，明确了天津某实业股份有限公司2015年、2016年的经营业绩目标及如果未能实现上述业绩指标，天津某实业股份有限公司股东郭某、穆某的业绩补偿计算方法和股份回购具体方案。该补充协议取消了天津某实业股份有限公司回购投资方股份之义务，将该业绩补偿及股份回购义务主体限定为公司大股东郭某、穆某。其具体条款如下：

(一)第二条"业绩补偿"条款

天津某实业股份有限公司承诺应实现以下经营目标：2015年天津某实业股份有限公司完成净利润3200万元，2016年天津某实业股份有限公司完成净利润3700万元。本款所述的净利润是指归属于母公司所有者的扣除非经常性损益后的税后净利润。

若天津某实业股份有限公司没有实现上述目标则补偿计算方法为：

天津某实业股份有限公司实际实现经营目标比承诺的经营目标下降幅度在10%以内(含10%)时，属于合理的变动区间，原股东不需要作出任何补偿。

天津某实业股份有限公司实际实现经营目标比承诺的经营目标下降幅度超过

10%,原股东郭某和穆某承诺以现金方式按照下列公式对投资方进行补偿:

现金补偿金额=(本年度应实现经营目标-本年度已实现的经营目标)×投资方届时在天津某实业股份有限公司的持股比例。本补充协议签订后,如果天津某实业股份有限公司在2017年12月31日前完成在中国境内A股市场的公开发行和上市,第二条作废。

如果天津某实业股份有限公司在2016年3月31日前实现在"新三板"挂牌,在2017年12月31日前未完成在中国境内A股市场的公开发行和上市,经天津某实业股份有限公司、郭某、穆某、某滨海、某戈壁(上海)、某源深(天津)、某置业协商,可以选择证券公司作为市商,给上述投资人任何一方有需求退出的股东提供退出路径。

(二)第三条关于"股份回购安排"条款

经各方友好协商,同意修订原《投资协议书》第十五条"回购安排"条款。

(1)本补充协议签订后,原《投资协议书》第十五条第一款相应修改为:

如果天津某实业股份有限公司在2017年12月31日前未完成在中国境内A股市场的公开发行和上市,某滨海、某戈壁(上海)、某源深(天津)、某置业(以上四家合并简称投资方)有权要求融资方原股东(郭某、穆某)通过适当的安排赎回所持有的部分或全部股权。融资方原股东应在投资方提出回购要求后90日内,与投资方签署回购协议。

(2)关于回购金额计算方法。

本补充协议签订后,原《投资协议书》第十五条第二款取消;第三款相应修改为:

融资方原股东(郭某、穆某)回购投资方金额为:投资方的投资额×(1+12%×t),其中"t"是指"投资方向天津某实业股份有限公司初始投入资金之时至签署回购合同时为止的年份数,不满一年的,按实际月份数折算",扣除投资方从A股市场获得股息、红利、利息。

上述计算结果如果低于回购时点的每股账面净资产,按照每股账面资产计算回购金额。

四、2016年9月15日签署的《投资协议书补充协议二》

各投资人为支持公司持续稳定发展,同时有效保护投资者的利益,满足股转系统相关政策要求,经上述各方协商,在原有《投资协议书》《投资协议书补充协议》的基础上签署《投资协议书补充协议二》。该补充协议二保留了《投资协议书补充协议》有关"业绩保障"及"股份回购安排"条款。约定了自挂牌之日起,豁免公司在《投资协议书》与《投资协议书补充协议》项下的除《公司法》及相关法律、法规规定的所有的责任和义务。取消原《投资协议书》与《投资协议书补充协议》中关于董事一票否决条款;取消对于投资人所有保护性条款。即上述投资人均不再享有原《投资协议书》及《投资协议书补充协议》项下之“特殊权利”,各方均按照《公司法》及某《公司章程》《股东大会议事规则》《董事会议事规则》的规定,履行相关权利及义务。

该补充协议二同时也约定若未能实现在新三板挂牌交易,原《投资协议书》及《投资协议书补充协议》中上述条款内容继续有效,双方自动恢复执行,有关投资方“特殊权利”等内容继续履行。

五、“对赌”“股权回购安排”条款的存在,不会损害公司利益

根据公司、原股东与机构投资者签署的《投资协议书》、《业绩保障实施协议》、《投资协议书补充协议》及《投资协议书补充协议二》,目前涉及“对赌”条款系原股东(郭某、穆某)与投资方(某滨海、某戈壁、某源深、某置业)之间的业绩对赌,天津某实业股份有限公司不存在对投资者进行补偿的情形,不会直接损害公司利益;“股权回购安排”条款亦为原股东(郭某、穆某)回购投资方(某滨海、某戈壁、某源深、某置业)持有的天津某实业股份有限部分或全部股份,天津某实业股份有限公司不存在对投资者进行股权回购的情形,亦不会直接损害公司利益。

综上,上述协议均是双方在平等自愿,意思自治基础上签署的,其内容合法有效。现《投资协议书补充协议二》虽然保留了业绩补偿和股份回购条款,但将该补偿和回购主体限定为投资方与原股东(郭某、穆某),即使触发该等条款,公司的实际控制权也不会发生变更,且取消了对投资方“优先购买权、跟售权”“清算优先权”等的保护性条款,不会对公司和债权人造成重大不利影响。

【裁判结果】

2017 年 1 月 24 日,取得全国中小企业股份转让系统挂牌函,并于 2017 年 3 月 31 日起在全国股转系统公开转让;2017 年 5 月 11 日,参加全国中小企业股份转让系统第 × 期挂牌敲钟仪式。

【案例评析】

公司、大股东与机构投资者签署的协议中涉及对赌、股权回购等条款的内容,是否存在损害公司利益情形。

该案例中,虽然原《投资协议书》及《投资协议书补充协议》约定了天津某实业股份有限公司“优先购买权、跟售权”“清算优先权”等“特殊条款”,但双方在挂牌梳理过程中重新签署的《投资协议书补充协议二》将上述对投资方的保护性条款均已取消,保护了天津某实业股份有限公司及其他股东利益。《投资协议书补充协议二》虽然保留了业绩补偿和股份回购条款,但将该补偿和回购主体限定为投资方与大股东,即使触发该等条款,公司的实际控制权不会发生变更,《投资协议书补充协议二》内容不会影响公司的持续经营能力,符合股转系统有关《挂牌公司股票发行常见问题解答(三)——募集资金管理、认购协议中特殊条款、特殊类型挂牌公司融资》的规定。

44. 天津市某房地产项目并购案

邓露茸　李东光　李项喆*

【案例要旨】

房地产项目并购应符合《城市房地产管理法》等相关法律法规的规定。有意向并购某房地产项目的意向收购方可以在符合相关法律法规规定的前提下，根据实际情况针对引入并购所需资金的方式作出交易设计。针对具体交易项目所设立的平台企业，可根据实际情况及交易各方诉求，选择不同的企业形式及企业架构。

【案情简介】

2005 年，天津市某房地产开发企业（以下简称被收购方）与天津市规划和国土资源局签署《天津市国有土地使用权出让合同》，约定被收购方受让某国有建设用地的国有土地使用权的相关事宜，土地用途为办公、居住（公寓）用地。此后，被收购方针对前述地块取得《国有土地使用证》《建设用地规划许可证》等文件，并针对该地块地上项目（以下简称标的房地产项目）建设陆续取得《建设工程规划许可证》《建筑工程施工许可证》等文件。截至标的房地产项目并购工作启动之时，标的房地产项目已竣工并通过验收，且被收购方已针对标的房地产项目取得《天津市房地产权证》。

2016 年 5 月，被收购方提出转让标的房地产项目的意向。意向合作方获知该意向后，针对标的房地产项目并购事宜与被收购方进行洽商，并委托代理人对标的房地产项目并购提供全过程法律服务，对标的房地产项目开展尽职调查工作。

2016 年 8 月，经尽职调查及充分洽商，意向合作方与被收购方正式达成《合作协议》，约定被收购方将标的房地产项目（包括地上及地下建筑物、构筑物及附属设施设备等）转让予意向合作方，并约定标的房地产项目的具体情况、装饰装修责任、款项支付节点、税费承担、权属转移登记等相关转让、合作事宜。《合作协议》约定，在标的房地产项目完成权属转移登记前，意向合作方将指定其他第三方承继《合作

---

* 代理律师：邓露茸、李东光、李项喆，天津观典律师事务所。供稿单位：天津观典律师事务所。

协议》项下意向合作方的全部权利、义务和责任。

《合作协议》签订后,意向合作方积极寻找资金方,并与某企业针对合作投资标的房地产项目并购事宜达成一致。2016年9月,意向合作方与该资金方(以下简称资金方)通过设立有限合伙企业的方式成立投资合作主体,并通过该主体(以下简称收购方)开展标的房地产项目并购工作。

2016年11月,意向合作方、收购方与被收购方针对《合作协议》达成《〈合作协议〉之补充协议》,约定将《合作协议》主体中的意向合作方变更为收购方,并进一步约定各方在标的房地产项目并购中的权利、义务和责任。

同月,收购方与被收购方正式签订天津市国土资源和房屋管理局制式《天津市房产买卖协议》。

2016年12月,被收购方将标的房地产项目权属转移登记至收购方名下。

【代理意见】

本并购案例的争议焦点在于:(1)被收购方曾以标的房地产项目设定抵押权登记,且截至标的房地产项目并购工作启动之时,该抵押权登记尚未注销。针对抵押权登记的注销时间与标的房地产项目转让价款的付款时间孰先孰后及具体付款节点安排问题,在《合作协议》签订阶段,收购方与被收购方曾存在争议。(2)意向合作方与资金方就合作并购标的房地产项目事宜初步达成一致意见后,针对投资方式以及意向合作方与资金方在合作中的权利、义务、责任、合作地位、利益实现方式等存在争议。

针对此案例争议焦点,律师有如下代理思路:

1.《城市房地产管理法》第三十九条规定:"以出让方式取得土地使用权的,转让房地产时,应当符合下列条件:(一)按照出让合同约定已经支付全部土地使用权出让金,并取得土地使用权证书;(二)按照出让合同约定进行投资开发,属于房屋建设工程的,完成开发投资总额的百分之二十五以上,属于成片开发土地的,形成工业用地或者其他建设用地条件。转让房地产时房屋已经建成的,还应当持有房屋所有权证书。"

根据前述法律规定,本案例项下的被收购方系以出让方式取得土地使用权,其转让房地产时,应符合《城市房地产管理法》等相关法律法规规定。

根据房地产项目转让的相关法律法规,代理人接受意向合作方的委托,对标的房地产项目开展尽职调查专项法律服务。由于被收购方工作原因,被收购方未按照代理人提供的尽职调查清单完整提供尽职调查所需材料,在此限制条件下,代理人在向委托人(意向合作方)说明前述情况并得到委托人"根据现有材料进行分析"的肯定答复后,根据已有材料对标的房地产项目进行调查,并对有关文件进行梳理。代理人在尽职调查中发现被收购方曾以标的房地产项目设定抵押权登记,且截至标的房地产项目并购工作启动之时,该抵押权登记尚未注销。

《物权法》第一百九十一条规定:"抵押期间,抵押人经抵押权人同意转让抵押财产的,应当将转让所得的价款向抵押权人提前清偿债务或者提存。转让的价款超过债权数额的部分归抵押人所有,不足部分由债务人清偿。抵押期间,抵押人未经抵押权人同意,不得转让抵押财产,但受让人代为清偿债务消灭抵押权的除外。"

根据前述规定,未经抵押权人同意,被收购方不得转让标的房地产项目。因此,在《合作协议》签订阶段,意向合作方向被收购方提出由被收购方在启动标的房地产项目并购工作前,清偿主债务,注销标的房地产项目抵押登记的要求。被收购方顾及标的房地产项目抵押登记注销后,一旦发生因意向合作方原因(如意向合作方失去并购意向等)导致标的房地产项目并购交易失败的情形,则被收购方将因提前偿还主债务而额外承担资金成本,因而拒绝在启动标的房地产项目并购工作前,清偿主债务,注销标的房地产项目抵押登记。

经代理人提出参考建议,意向合作方与被收购方秉承合作互信的原则充分协商并在《合作协议》中确定如下付款方式:(1)在意向合作方完成尽职调查且未发现存在可能影响房产转让的重大瑕疵或法律障碍的前提下,意向合作方向被收购方支付标的房地产项目转让首期价款;(2)被收购方于收到前述款项后的指定时间内注销标的房地产项目上设定的全部他项权;(3)《合作协议》签订后,由被收购方以其名义在银行开立资金共管专项账户,意向合作方对前述资金共管专用账户预留印鉴,未经意向合作方预留印鉴签章,被收购方不得支取前述资金共管专用账户资金;(4)意向合作方于被收购方注销标的房地产项目上设定的全部他项权后的指定时间内,向前述资金共管专用账户支付标的房地产项目转让第二期价款;(5)被收购方于意向合作方向前述资金共管专用账户支付标的房地产项目转让第二期价款后的指定时间内,为意向合作方办理标的房地产项目权属转移登记手续;(6)意向合作方于标的房地产项目权属转移登记后的指定时间内,签章认可被收购方自资金共管专用账户中划转标的房地产项目转让第二期价款的行为。

2. 经代理人提出参考建议,意向合作方与资金方秉承互惠、互利、互信的原则充分协商并决定通过设立有限合伙企业的方式成立收购方主体。

《合伙企业法》第十四条规定:"设立合伙企业,应当具备下列条件:(一)有二个以上合伙人。合伙人为自然人的,应当具有完全民事行为能力;(二)有书面合伙协议;(三)有合伙人认缴或者实际缴付的出资;(四)有合伙企业的名称和生产经营场所;(五)法律、行政法规规定的其他条件。"

根据前述法律规定,通过设立有限合伙企业的方式成立收购方主体的,应满足相关法律规定。鉴于意向合作方与资金方通过投资设立有限合伙企业(收购方)完成对标的房地产项目的投资，意向合作方及资金方的权利、义务和责任(包括但不限于普通合伙人及有限合伙人的身份分配、持有合伙份额、执行合伙事务、执行事务合伙人管理费及业绩报酬、重大合伙事务表决权、合伙企业分红权等)主要需通过收购方的《合伙协议》体现。因此，代理人接受意向合作方的委托，根据意向合作方及资金方的具体意思表示，为意向合作方及资金方拟定有限合伙企业设立的相关文件(包括但不限于《合伙协议》等)，对各方权利、义务和责任等作出相关约定。

【裁判结果】

2016 年 12 月，被收购方将标的房地产项目权属转移登记至收购方名下。并购交易已完成。

【案例评析】

代理人在本案例项下接受意向合作方的委托提供两个方面的法律服务，其一，为意向合作方针对标的房地产项目并购事宜提供全过程的专项法律服务；其二，为意向合作方针对标的房地产项目并购设立有限合伙企业事宜提供专项法律服务。

代理人专业律师团队针对标的房地产项目并购提供了全程的法律服务，包括但不限于参与项目谈判、拟定相关协议、就标的房地产项目开展尽职调查、针对设立有限合伙企业(收购方)提供法律支持等。

在意向合作方与代理人专业律师团队、相关合作方的共同努力下，委托范围内的全部项目顺利完成。意向合作方顺利与被收购方签订《合作协议》，且顺利与资金方开展合作，设立收购方。收购方顺利承继意向合作方在《合作协议》项下的权利、义务、责任，并最终取得标的房地产项目的所有权。委托人在此次合作中的全部商业诉求均已实现。

45. 天津市某酒店国企职工安置案

高　原　袁　芳　闫宏峰*

【案例要旨】

职工安置工作,特别是老企业的职工安置,法律适用不是难点,难点在于配套和衔接。配套是指劳动、社保、工会、公安、信访等多个政府或事业部门能统一按照法律规则处理问题,期待整体配套环境的不断完善、向好。企业职工安置的关注点不应止于劳动关系终止协议的签署,要重视离职后的社保公积金、失业登记、档案、退工等管理手续的衔接,避免产生新的矛盾。

【案情简介】

天津市某酒店(以下简称企业),系1992年在天津开发区成立的全民所有制企业,经营范围为住宿、饮食服务等。因企业经营遇到严重困难,根据管委会会议纪要精神,企业于2015年10月19日起停业,当时在册职工54名,除保留2名职工参与留守工作外,其他职工均休假待岗。

2016年6月,职工安置工作正式启动。职工认为自己为企业贡献几十年,劳动关系解除时的经济补偿金少得可怜,无法接受,不同意解除劳动关系。很多职工与企业在劳动关系存续期间存在大量历史遗留问题和劳动争议,涉及职级工资、病假工资、工伤待遇、停薪留职、违纪处理、侵权损害、社保公积金、福利等诸多问题,在这个时点全面爆发,相关群体性事件也在酝酿之中。

本案案情比较复杂,历史遗留问题多,各种类型争议多,这里节选几个涉及主要法律问题的焦点:

焦点一:国有企业职工工龄长,普遍在20年以上,如果在企业解散后的清算程序中进行职工安置,补偿年限按相关规定分段计算后(2008年1月1日之后按照《劳动合同法》计算),工作年限就剩下14.5年。为此职工提出种种诉求,例如要求考虑社会工龄(参加工作时间计算工龄)。

---

* 代理律师:高原、袁芳、闫宏峰,天津高地律师事务所。

焦点二:法律规定的经济补偿基数为劳动关系解除前12个月的月平均收入,但该企业长期经营困难,工资收入低,企业停业后又减按80%发放工资,这就使得职工经济补偿基数普遍较低,由此计算的职工补偿金大多在3万元左右。为此职工提出种种诉求,例如补偿基数按2015年开发区平均工资,保险、公积金上到退休(按现有保险基数),补充公积金加入补偿基数等。

焦点三:职工安置对象包括孕期女职工,孕期女工能否解除劳动关系,如果劳动关系解除,产前检查费、生育医疗费、生育津贴、哺乳假期工资等待遇如何保障。

焦点四:职工安置对象包括多名工伤职工,包括已认定工伤未评残的职工、未认定工伤未评残的职工、只能拿来就医证明的职工。能否与定残职工解除劳动关系,如果劳动关系解除,一次性伤残补助金、一次性工伤医疗补助金、一次性伤残就业补助金等待遇如何保障。

焦点五:企业尚未注销完毕能否终止劳动关系,对于未在企业解散前离职的职工,劳动关系在何等时点终止,企业解散后,组成清算组,清理债权债务的时间会比较长,全部清算工作完成后才会注销登记。职工提出只要企业没有注销,劳动关系就存续,要求将工资、保险公积金、福利待遇支付至企业注销前。

【代理意见】

首先制定职工安置方案,确立职工安置原则:(1)坚持依法合理原则,本次职工安置方案的制定,严格遵守现行法律法规及规范性文件,充分考虑职工诉求的合理性,保障职工合法权益。同时,对于超出合理合法范围的诉求,坚决予以驳回。(2)坚持自愿协商原则,本次职工安置建立在自愿、协商的基础上,在充分告知利害关系的情况下,尊重安置对象的个人意愿,不强迫安置对象接受解除劳动合同的人事安排。(3)坚持客观公正原则,本次职工安置过程中可能遇到各种历史遗留问题及争议,应本着尊重历史、重视客观、公正处置的原则处理。(4)坚持公开公平原则,本次职工安置涉及职工切身利益的人事安排予以公示,在各安置阶段,安置对象享有同等的政策及经济待遇。

本次职工安置按照企业解散清算进程分为两个实施阶段,各阶段安置方案如下:

一、协商安置阶段

1. 劳动关系:在企业依法作出解散决定之前,企业提出按照经济补偿条件解除劳动合同,向职工安置对象出具《告知书》,经与职工协商一致而解除劳动关系。

2. 补偿标准:(略)。

3. 协商期限:企业与职工在安置方案公布后指定期限前可以充分协商,协商一致的签订书面协议,履行离职补偿手续。协商期限届满,企业与职工未就解除合同达成一致，协商程序即告终止，职工劳动关系及待遇维持现状，待进入解散安置阶段进行安置。

4. 额外奖励：考虑企业职工补偿基数较低且职工年龄较大（再就业有一定困难），凡协商一致离职的，在上述补偿标准基础上额外支付适当奖励。

5. 离职手续：协商一致的签订《解除劳动合同协议书》，办理工作交接，支付经济补偿，企业出具《解除劳动关系证明》，办理社保减员、退工、退档、失业登记（如有）等手续，职工给予必要配合，配合义务及违约责任写入相关协议。

二、解散安置阶段

1. 劳动关系：在企业依法作出解散决定之日起，企业与职工的劳动关系依法自动终止。

2. 补偿标准：2007 年 12 月 31 日前的工作年限，每满一年支付 1 个月工资，最高不超过 6 个月，不满 1 年的，按 1 年计算。2008 年 1 月 1 日后的工作年限，每满一年支付 1 个月工资，6 个月以上不满 1 年的，按 1 年计算，不满 6 个月的，按照 0.5 年计算。月工资指职工劳动关系终止之日前 12 个月的平均工资。

3. 离职手续：企业办理解散公告及工商备案，下发终止劳动关系通知书，通知职工到企业办理经济补偿金领取手续、并配合办理社保公积金减员、退工、退档、失业登记（如有）等手续，配合义务及不利后果写入相关通知。

本次职工安置工作中对个别职工的个别争议或诉求，在尊重事实和法律的基础上个案处理：(1)孕期女职工，在协商一致的基础上解除劳动关系，企业承诺及时为职工办理失业登记，该由企业向社保缴纳的规费由企业负责缴纳，确保职工在领取失业金期间按规定享受产前检查费、生育医疗费、生育津贴待遇。(2)工伤职工先办理认定工伤手续，再办理劳动能力鉴定手续，在协商一致的基础上解除劳动关系，根据《天津市工伤保险若干规定》，一次性伤残补助金、一次性工伤医疗补助金由工伤保险基金按照规定标准及程序支付，企业协助职工办理申领手续，一次性伤残就业补助金由企业支付。不能认定工伤的或没有证据的，一律不予支付工伤待遇。

本次职工安置工作中，鼓励职工在企业解散前协商一致解除劳动关系，开发区管委会作为出资人有权决定全民所有制企业的解散事宜，企业解散决定日，尚未终止的劳动关系一律终止，符合《劳动合同法》第四十四条，《天津市人力资源和社会保障局关于劳动合同订立、履行、变更、解除和终止等有关问题的通知》（津人社局发〔2010〕12 号）第五条第十五项之规定。职工提出的工资保险及福利待遇支付至注销日前的诉求，没有法律依据，不予认可。

【裁判结果】

律师接受委托处理职工安置相关法律问题,包括但不限于安置方案的制定、调整、实施、安置协议谈判、签约、经济补偿金测算、法律法规及政策解释等。企业负责职工离职后的手续办理,包括但不限于退工、退档、社保减员、社保补缴、伤残鉴定、资金拨付等。

本次职工安置工作于2016年6月3日正式启动,至2016年8月10日企业解散前,已完成职工安置53人,1人不办理离职手续,进入解散安置阶段(2017年9月,该职工依法申请劳动仲裁,企业与职工通过法律程序解决争议),律师圆满完成案件处理,得到开发区高度认可。

【案例评析】

一、解除劳动关系的法律依据

《劳动合同法》第三十六条规定:"用人单位与劳动者协商一致,可以解除劳动合同。"

二、劳动关系终止的法律依据

1.《劳动合同法》第四十四条规定:"有下列情形之一的,劳动合同终止:(一)劳动合同期满的;(二)劳动者开始依法享受基本养老保险待遇的;(三)劳动者死亡,或者被人民法院宣告死亡或者宣告失踪的;(四)用人单位被依法宣告破产的;(五)用人单位被吊销营业执照、责令关闭、撤销或者用人单位决定提前解散的;(六)法律、行政法规规定的其他情形。"

2.《全民所有制工业企业法》第十九条规定:"企业由于下列原因之一终止:……(二)政府主管部门依照法律、法规的规定决定解散……"

三、经济补偿支付的法律依据

《劳动合同法》第四十六条规定:"有下列情形之一的,用人单位应当向劳动者支付经济补偿……(二)用人单位依照本法第三十六条规定向劳动者提出解除劳动合同并与劳动者协商一致解除劳动合同的……(六)依照本法第四十四条第四项、第五项规定终止劳动合同的……"

四、终止劳动合同经济补偿标准的法律依据

1.《天津市劳动和社会保障局关于用人单位终止或解除劳动合同支付经济补偿有关问题的通知》(津劳社局发〔2008〕165号)第一条规定:"用人单位和劳动者终止劳动合同的,劳动者在本单位2007年12月31日前的工作年限,计发经济补偿的标准为:按照2007年12月31日前劳动者在本单位的工作年限,每满一年用人单位向其支付相当于一个月工资的经济补偿,最高不超过六个月。劳动者在本单位的工作年限不满一年的,按一年计算。本条款中工资是指劳动者终止劳动合同前的十二个月的平均工资,劳动者月平均工资低于企业平均工资的,按企业平均工资计算,但不得低于上年度本市职工月平均工资的百分之六十。劳动者在本单位2008年1月1日后的工作年限,计发经济补偿的标准,按照《劳动合同法》的规定执行。"

2.《劳动合同法》第四十七条规定:"经济补偿按劳动者在本单位工作的年限,每满一年支付一个月工资的标准向劳动者支付。六个月以上不满一年的,按一年计算;不满六个月的,向劳动者支付半个月工资的经济补偿。劳动者月工资高于用人单位所在直辖市、设区的市级人民政府公布的本地区上年度职工月平均工资三倍的,向其支付经济补偿的标准按职工月平均工资三倍的数额支付,向其支付经济补偿的年限最高不超过十二年。本条所称月工资是指劳动者在劳动合同解除或者终止前十二个月的平均工资。"

3.《劳动合同法实施条例》第二十七条规定:"劳动合同法第四十七条规定的经济补偿的月工资按照劳动者应得工资计算,包括计时工资或者计件工资以及奖金、津贴和补贴等货币性收入。劳动者在劳动合同解除或者终止前12个月的平均工资低于当地最低工资标准的,按照当地最低工资标准计算。劳动者工作不满12个月的,按照实际工作的月数计算平均工资。"

五、离职手续的法律依据

1.《劳动合同法》第五十条第一款规定:"用人单位应当在解除或者终止劳动合同时出具解除或者终止劳动合同的证明,并在十五日内为劳动者办理档案和社会保险关系转移手续。"

2.《天津市人力资源和社会保障局关于劳动合同订立、履行、变更、解除和终止等有关问题的通知》(津人社局发〔2010〕12号)第十一条规定:"用人单位应当在解除劳动合同时出具《解除劳动合同证明书》,并在十五日内为劳动者办理档案和社会保险关系转移手续。用人单位在劳动者按照约定和用人单位的相关规定办结工作交接时,应依法一次性支付经济补偿。"第十三条规定:"用人单位与劳动者终止劳动合同时,应同时向劳动者发出《终止劳动合同证明书》,并在十五日内为劳动者办理档案和社会保险关系转移手续。劳动者按照约定或用人单位的相关规定办结工作交接时,用人单位依法一次性支付经济补偿和应结未结工资福利待遇。"

六、律师代理思路总结

面对如此复杂的非诉讼案件,律师的工作如同坐在火山口,稍有不慎,就会被迸发的岩浆吞没。律师在推动工作进程的同时,自保更加重要。律师的自我保护是本案处理技巧的隐含重点。

第一,是正名,名不正,则言不顺,言不顺,则事不成。律师介入之前应当履行严格的立案审查手续,了解案件背景,充分揭示业务风险,签订委托合同,取得必要的授权文书,特别是要得到委托企业的上级主管单位的信任和确认。操作过程中的重大行动,都要取得必要的授权和确认。

第二,是沟通,职工安置工作中的沟通,不仅仅是律师与委托企业、上级单位的沟通,还要牵涉劳动、社保、工会、公安、信访等多个政府或事业部门。律师协助企业制定职工安置工作方案和突发事件处置预案,必须事先与有关部门做好充分沟通,在方案实施前和过程中,随时进行跟踪汇报,听取意见和建议。

第三,是"三公",公开、公平、公正,是律师在操作层面要严格信守的红线。凡是通知、公告等信息公开事项,一定要及时,一定要完整,一定要留痕,经得起检查。公平,要求公平对待本次职工安置的全体对象,对于不同批次的离职者,要保证获得的安置待遇是一致的,鼓励先签约的职工,承诺后期待遇变动也可同样享受。公正,讲的是实质上的正义,包含合法性、合理性、客观性,依据事实和法律,尊重证据和政策。

此外,律师要注意把握职工安置工作的节奏,注意效率与公平的兼顾。职工安置工作,不设协商期限,久谈不决,所有的人都是观望态度,即使再公平,因为失去效率,就失去了意义。相反,一味求快,很多工作没有做扎实,必然会留有隐患,最终影响整体工作。

我们认为,前期摸查事实和方案论证,这个时间不能省,越细致越有利于实际操作的顺利实施。安置方案要分层,通过待遇标准等差异化的安排,引导和鼓励安置对象尽快完成签约手续,充分保护先签约的安置对象,避免在后期放宽安置待遇,造成新的不平衡。

46. 国家某政策性银行之融资租赁贷款项目在新加坡司法管理及印度尼西亚、巴拿马争议解决等综合性法律服务项目案

纪雪峰*

【案例要旨】

本项目贷款标的额巨大,当事人各方为在国内、国际具有极高知名度及举足轻重位置的金融机构或企业,涉及境外新加坡融资主体及多国相关诉讼的综合解决,同时涉及多种跨境金融协议安排及多方保证、担保等;此外,法律适用上涉及多国法律,中方律师除了需要针对适用中国法的保单提供精确、全面的法律意见、建议外,还须领导、组织、协调境外多国律师提供该属地法相关的律师意见,以完善中方律师作为项目法律服务总包方对整个项目法律风险的全局把握和有效防控。

【案情简介】

国家某政策性银行作为贷款方,向借款人A提供1.875亿美元的贷款作为其购置PT3000起重船的资金来源,借款人A以其购置的起重船作为抵押物向国家某政策性银行借款,该借款人为国内某大型融资租赁公司在BVI注册的项目公司。借款人A购置船舶后,作为船舶所有权人将该船舶出租给境外承租人新加坡某知名船工企业B公司;同时各方通过协议明确约定承租人B公司分期支付给借款人A的租金直接用于偿还该笔贷款。国家某政策性银行与借款人A针对此安排明确约定了分期还款的金额及时间。同时,国家某政策性银行、A作为共同被保险人针对该巨额租金从C保险公司购买保险并签署责任险保单。自2016年年初,船舶承租人B公司即面临破产危机,且于2016年3月正式启动新加坡破产法中的司法管理程序;因船舶承租人B公司已无力支付到期租金,致使借款人A无法通过租金收益偿还贷款,造成贷款连续逾期违约。在新加坡的司法管理程序进行的过程当中,

---

* 代理律师:纪雪峰,北京大成(天津)律师事务所。

在印尼的巴淡岛,A和B公司遭到当地最大的船舶修理厂起诉要求其支付欠付的维修款,并要求法院对该起重船进行诉讼保全;之后,在巴拿马该船舶因欠付燃油费,亦被牵扯到诉讼程序中,船旗被限制变更。

面对贷款逾期,国家某政策性银行决定立即委派中方律师,由其负责组织、协调新加坡、英国、印尼、巴拿马等多国境外律师,提供相关法律意见、建议,以期减少损失,维护其合法权益,同时,希望尽快启动针对逾期租金的C保险公司的保险索赔程序。

【代理意见】

接受国家某政策性银行委托后,作为项目总包律师,负责总体策划、组织、协调多国境外律师,通力合作,为这一纷繁复杂、头绪繁多的项目提供综合法律服务。

作为中方律师,首要职责是帮助客户尽快梳理大量的英文协议,并从中准确定位国家某政策性银行作为债权人的权利救济途径。其次,中方律师要通过领导、组织、协调以新加坡为主,英国、印尼、巴拿马为辅的境外律师共同研究适用不同法域法律的多份金融协议间的权益联结点及法律风险,以期尽快提出合法、有效的解决方案。最终,中方律师在确保国家某政策性银行作为债权人的行为合法合理、恰当尽责的基础上,确保其成功获得保险公司的巨额赔偿。

【裁判结果】

目前本项目法律服务已经基本完成,部分收尾工作仍在进行中。

【案例评析】

本项目不仅贷款标的额巨大,当事人各方皆为在国内、国际具有极高知名度及举足轻重位置的金融机构或企业,且涉及境外新加坡融资主体及多国相关诉讼综合解决,同时项目涉及多种跨境金融协议安排及多方保证、担保等;此外,从法律适用上亦涉及多国法律,其中保险单适用中国法,新加坡司法管理程序适用新加坡法律,本项目的贷款协议及光船租约适用英国法,同时,因船舶注册地和停靠地分别在巴拿马和印尼的巴淡岛,本项目还涉及巴拿马及印尼的法律适用问题。

本项目法律服务立项后,在各国际国内律所经过激烈的投标竞争角逐后,大成律师事务所中标成为项目总包律师,除针对适用中国法的保单提供精确、全面的法律意见、建议外,还须领导、组织、协调境外之英国、新加坡、印尼等多国律师,根据中方律师工作指示,提供该属地法相关的律师意见,以完善中方律师作为项目法律服务总包方对整个项目法律风险的全局把握和有效防控。本项目需要具有极强涉外法律服务能力、国际业务经验以及综合把控能力的中方律师直接代表国家某政策性银行利益，协调、监督、审核境外律师工作并要求其提供及时、准确、专业、全面的法律意见，将中国客户的权益与境外不同法域下法律程序和实体规定紧密连接，在法律服务上具有较高的难度，给中方律师提出了极高的要求。同时，本项目充分体现了在面对标的额巨大、周期长、法律关系多元且复杂、涉及多国实体及程序法律规定的复杂情况时，中方律师依然能够成功作为项目总包方，领导、统筹多国律师提供高效、优质、专业的法律服务。充分体现了纪雪峰律师带领的律师团队的整体实力，展示了在“走出去”倡议下，天津涉外律师业务水平不断提升、能力及见识日益不输英美大所牛所律师的精神与风采！

图书在版编目（CIP）数据

天津法律案例（2015～2017）精选丛书. 律师卷 / 陈灿平总主编. -- 北京 : 法律出版社, 2019
ISBN 978-7-5197-2896-0

Ⅰ. ①天… Ⅱ. ①陈… Ⅲ. ①案例－汇编－天津－2015-2017②律师业务－案例－汇编－天津－2015-2017 Ⅳ. ①D927.210.05

中国版本图书馆CIP数据核字（2018）第261032号

天津法律案例（2015～2017）精选丛书·律师卷
TIANJIN FALÜ ANLI（2015～2017）
JINGXUAN CONGSHU · LÜSHIJUAN

总主编 陈灿平
主　编 杨玉芙

策划编辑 谢清平
责任编辑 谢清平
装帧设计 贾丹丹

出版 法律出版社
总发行 中国法律图书有限公司
经销 新华书店
印刷 北京虎彩文化传播有限公司
责任印制 张建伟

编辑统筹 独立项目策划部
开本 720毫米×960毫米 1/16
印张 17.5
字数 279千
版本 2019年1月第1版
印次 2019年1月第1次印刷

法律出版社/北京市丰台区莲花池西里7号（100073）
网址/www.lawpress.com.cn
投稿邮箱/info@lawpress.com.cn
举报维权邮箱/jbwq@lawpress.com.cn
销售热线/010-83938336
咨询电话/010-63939796

中国法律图书有限公司/北京市丰台区莲花池西里7号（100073）
全国各地中法图分、子公司销售电话：
统一销售客服/400-660-6393
第一法律书店/010-83938334/8335
西安分公司/029-85330678
重庆分公司/023-67453036
上海分公司/021-62071639/1636
深圳分公司/0755-83072995

书号：ISBN 978-7-5197-2896-0
定价：59.00元
（如有缺页或倒装，中国法律图书有限公司负责退换）